FEDERICO GARCÍA

LIBRO DE POEMAS
POEMA DEL CANTE JONDO
ROMANCERO GITANO
POETA EN NUEVA YORK. ODAS
LLANTO POR SÁNCHEZ MEJÍAS
BODAS DE SANGRE
YERMA

PRÓLOGO

DE

SALVADOR NOVO

DECIMOSEXTA EDICION

EDITORIAL PORRÚA
AV. REPÚBLICA ARGENTINA, 15
MÉXICO, 2000

Primeras ediciones: *Libro de poemas,* Madrid, 1921; *Poema del cante jondo,* Madrid, 1931; *Romancero Gitano,* Madrid, 1928; *Poeta en Nueva York;* México, 1940; *Odas,* Madrid, 1926 y 1928; *Llanto por Ignacio Sánchez Mejías,* Madrid, 1935; *Bodas de sangre,* Madrid 1936; *Yerma,* Buenos Aires, 1937.

Primera edición en la Colección "Sepan Cuantos...", 1973

ISBN 970-07-1734-8 (Rústica)
ISBN 970-07-0250-2 (Tela)

IMPRESO EN MÉXICO
PRINTED IN MEXICO

LIBRO DE POEMAS
POEMA DEL CANTE JONDO
ROMANCERO GITANO
POETA EN NUEVA YORK, ODAS
LLANTO POR SÁNCHEZ MEJÍAS
BODAS DE SANGRE
YERMA

FEDERICO GARCÍA LORCA
(Dibujo de Moreno Villa)

PRÓLOGO

Rosalyn Peck

I LA ESPAÑA NUEVA DE LOS AÑOS VEINTES

Tropiezo, en el rincón de un estante, con unos pequeños tomos er. rústica amarillentos, envejecidos, ahí olvidados desde hace muchos años. Son los "Cuadernos Literarios" que por 1927 —pronto hará un medio siglo— llegaban al México literario de Ulises y de los Contemporáneos como portadores, heraldos, de un propósito de divulgación a la vez que de conjunción y fraternidad entre los autores españoles consagrados y los nuevos, los jóvenes del momento: los que encontraban resonancia, simbiosis, en Xavier Villaurrutia, Jaime Torres Bodet, José Gorostiza.

Releo la segunda de forros de uno de estos Cuadernos, tarifados de una a dos y media pesetas: "En el propósito de los Cuadernos Literarios está el responder con la fidelidad posible a las corrientes espirituales, quizá un poco antagónicas para vistas de cerca, que se van marcando en nuestros días. Junto a la obra del hombre consagrado con personalidad definida, cabe aquí la tentativa del escritor joven que ve claro su propósito. Pretenden, en suma, los Cuadernos Literarios, ser un reflejo de la vida literaria contemporánea, sin reducirla al círculo intelectual de un grupo, de una tendencia o de un país."

Eran los años en que la benemérita Biblioteca de Autores Españoles de Rivadeneyra, y la Nueva de igual tamaño, se veían actualizadas, manuables y legibles; dotados los autores de estudios, prólogos y notas por investigadores nuevos, en los "Clásicos Castellanos de La Lectura". Eran en España los "días alcióneos" de un renacimiento cultural nutrido en la flamante Ciudad Universitaria, nodriza próvida de talentos nacidos el año clave del 1898. A la erudición caudalosa, desbordada y undívaga de don Marcelino Menéndez y Pelayo, había sucedido el rigor crítico y de investigación de don Ramón Menéndez Pidal.

Significativamente, la "primera serie" de los Cuadernos aludidos reunía a Pío Baroja, Ramón y Cajal y don Ramón Menéndez Pidal con José Moreno Villa —diez años más tarde incorporado a México hasta su muerte— y con el mexicano a quien sentíamos, más allá de sus deberes diplomáticos, antena de nuestro país y representante de los escritores de acá: Alfonso Reyes. Años después, ya vecino del México a que por aquellos años había venido a dar conferencias —como otro ilustre prologuista de La Lectura, Américo Castro el año que publicó su Pensamiento de Cervantes—, Enrique Diez Canedo evocaba a sus propios Contemporáneos, que lo eran de nuestro Alfonso Reyes, en el ambiente madrileño en que sonaban— como las travesuras li-

terarias confiadas a la revista Índice (el Diálogo entre don Vino y
doña Cerveza), las "horas" de este o de aquel escritor. Recuerdo un
par de ellas, alegremente comunicadas por don Enrique:

> "Es la hora de Solalinde:
> el benjamín de los filólogos,
> que redacta notas y prólogos,
> de quien don Ramón no prescinde;
> es la hora de Solalinde."

o bien:

> "Es la hora de Julio Camba;
> con estos terribles bochornos
> va a tomar chocolate en Fornos
> o a tomar café en Tupinamba.
> Es la hora de Julio Camba."

Acababa de abandonarnos para mudarse al Buenos Aires donde lo
volví a ver, y justo en la ocasión en que conocí a Federico García
Lorca, un Maestro que aún bajo el porfirismo, había venido de su natal
Santo Domingo a estudiar en México y fundar, con otros jóvenes, un
Ateneo cuyos miembros dispondrían años más tarde, al triunfo y a
la institucionalización de la Revolución de 1910, de oportunidades bri-
llantes para llevar al cabo la revisión de la cultura, la filosofía, las
letras —y aun la pintura y la música— que fue dable a José Vasconce-
los auspiciar desde una restaurada Universidad, y desde una nueva
Secretaría de Educación Pública. En ambas tareas —Universidad y
Educación—, Pedro Henríquez Ureña aportó a su coatenefsta Vascon-
celos su oportuno consejo; y a la nueva generación de escritores, su
guía, su disciplina —y la relación con los escritores jóvenes de los
países de América y con los de la España nueva: aquella en que acaba-
ba de publicarse su *Versificación Irregular en la Poesía Castellana.*

Alfonso Reyes —a la vez compañero y discípulo de Pedro Henrí-
quez Ureña en el Ateneo de México— compartía en Madrid el ejer-
cicio de su vocación investigadora de las letras, ya acusada en su primer
libro: *Cuestiones Estéticas,* con la necesidad de ganarse el sustento me-
diante las colaboraciones periodísticas: crónicas, ensayos, que reunía
en libros para formar la serie de "Simpatías y Diferencias" a que Pedro
Henríquez Ureña nos aficionó; y cuya lectura, con la de los demás
libros de esa su muy fecunda época, inició nuestra relación con Alfonso
Reyes y cuanto ella servía a la vez de enlace entre los jóvenes escrito-
res españoles y los mexicanos.

Así los nombres de Pedro Salinas, de Benjamín Jarnés, de Mauricio
Bacarisse, de Rafael Albert: las pulcras ediciones *Índice,* en que nos
había llegado la *Visión de Anáhuac* de Alfonso Reyes y se nos presen-

taban los poetas nuevos de España: aquellos que a partir de Antonio
Machado cruzaran el puente críptico y delicado de Juan Ramón Ji-
ménez hacia nuestra más cordial comprensión, simpatía, inscripción
entre nuestras sinceras admiraciones juveniles. En esa flota de Argo-
nautas, una voz a que daba fondo la guitarra de Andrés Segovia:
preñada de una luna mágica y verde, medio el Greco y medio Dalí:
que contaba historias estrujantes, como los viejos romances; como si
los viejos romances hubiesen despertado de su sueño de siglos a re-
vivir en la imaginación y los labios de Federico García Lorca, llegó,
con su nombre, a nuestros oídos.

II. PERSPECTIVA DE GARCÍA LORCA

Los años transcurridos desde su culminación teatral hasta esta
fecha en que toda su obra ha alcanzado amplísima difusión mundial,
la enmarcan en una perspectiva que permite apreciar la genial me-
dida en que dentro del término forzosamente breve de una existencia
individual, se pudo repetir en García Lorca —prodigiosamente acele-
rado, comprimido— el largo, pero sólido y firme, proceso que en la
literatura española parte de los Romances Viejos en derechura y flo-
ración hacia y hasta el gran teatro del Siglo de Oro.

Lo que rinde al joven poeta la admiración, la atención, la sorpresa
y la adopción inmediata entre las revelaciones de nuestro tiempo, es en
efecto su Romancero Gitano. Dos corrientes lo nutren: la raigambre
popular, ancestral, de los romances viejos: en su máxima porción, na-
rrativos, dramáticos: genes naturales del teatro que adoptará sus octo-
sílabos como lenguaje y sus historias como temas: y la imaginería, la
adjetivación y la metáfora cultas en que se manifiesta un Góngora
resurrecto. En alguna parte de sus confidencias, entrevistas o reflexio-
nes, García Lorca señaló su propósito de restituir al romancero la vi-
talidad de que el neoclasicismo había, en apariencia, logrado privarlo,
despojarlo; la vitalidad que había, con el romance, dado sus últimas
boqueadas con el Duque de Rivas y con don José Zorrilla, para hacer
en el resto del XIX un mutis doloroso.

Cabe señalar que si en España sufrió el Romancero eventuales eclip-
ses, no le ocurrió lo mismo en un México adonde los primeros roman-
ces llegaron en los labios sedientos y jóvenes de los aventureros con-
quistadores. Bernal Díaz recuerda y recita romances viejos; los re-
cuerda (y los sufre agriados hasta el burdo epigrama) Cortés. El
romance se infiltra en el oído y en el gusto de la Nueva España,
condenada empero a la pesadez de las estrofas reales para la versifi-
cación de su epopeya (El Peregrino Indiano). Sor Juana lo escribe,
dentro y fuera de su escaso teatro. Y el pueblo lo hace suyo, lo canta
por ferias y plazas como los juglares antiguos. Es el Corrido mexicano,

romance vestido de charro, que conserva en el trasplante las virtudes
castellanas del honor, la pasión, los celos y la muerte.

A partir de Menéndez Pidal, mucho se ha investigado el arraigo,
la difusión y las metamorfosis de los romances castellanos en América,
y muy particularmente en México. El romancero mexicano no sufrió
quebranto ni eclipse durante el siglo XIX, sino todo lo contrario: sir-
vióse de él para narrar la Independencia y la Reforma, Guillermo Prie-
to, a quien sus contemporáneos acaban por llamar "el Romancero";
en romances cuenta leyendas lóbregas de las calles virreinales Juan de
Dios Peza. Y en nuestro siglo: dramáticamente ilustrados en papeles
de colores por Posadas y Vanegas Arroyo, los romances —esto es: los
corridos, cantan por todos los pueblos, plazas, ferias, las hazañas de los
héroes —¡tan medioevales!— de la Revolución.

He aquí por qué al llegar a nuestros ojos y oídos la voz de García
Lorca en su Romancero Gitano, nuestro entusiasmo no abría la puerta
a un extraño, sino los brazos al regreso de un hermano pródigo. El co-
rrido saludaba al romance. Y el romance regresaba a sus lares rico de
cuanta pedrería le había enjoyado —Marco Polo— Federico en sus
viajes.

III. CLÁSICOS Y ROMÁNTICOS

Sólo que los viajes de este audaz Marco Polo andaluz no habían
explorado espacios, sino anulado tiempo. Habían sido viajes alrededor
de su propio mundo: la literatura de su patria. Y la literatura de su
patria no se explica sino como su vida entrañable: es el paisaje; pero
como residencia del hombre y la mujer sin los cuales ese paisaje lan-
guidece y se extingue.

En los romances viejos habitan, cautivos y encantados, los perso-
najes en espera del mago o brujo capaz de hacerlos revivir, como ya
en otro siglo lográronlo Guillén de Castro o Lope de Vega. Cuando en
el nuestro Federico se acerca nuevamente al romancero, los caracte-
res, los personajes y los tipos que en ellos han preservado por siglos
la simiente de su humanidad, le acosarán para confiarle sus vidas, reen-
carnaciones, sus triunfos y derrotas; sus angustias, su muerte. El genio
de García Lorca habrá decantado en su alquimia los ingredientes más
probados y auténticos del gran teatro poético del siglo de Oro, para
ofrecernos su propio —y nacional— gran teatro poético.

Los estudiantes de teatro saben que este género admite (entre las
múltiples disecciones a que se le suele someter) una gran división en
dos rubros: teatro clásico y teatro romántico. Entendemos por teatro
estructuralmente clásico el que reglamentó en su Poética Aristóteles:
pero sobre todo, el que cronológicamente floreció antes de Cristo, y
está por ello impregnado en el determinismo que convierte al hé-
roe en juguete y siervo de los dioses. El héroe clásico: aunque suela

rebelarse contra su destino, lo cumple porque una caprichosa voluntad omnímoda lo fuerza a ello.

La moral cristiana introdujo en la vida un elemento —el libre albedrío —que al emancipar al hombre de la tiranía de los dioses, lo responsabiliza de su destino. Transfiere a sus propios hombros la carga que en cierto modo, era cómodo atribuir a los dioses. Por lo que hace al teatro, el libre albedrío como pivote de la conducta humana, dota a la máscara de un segundo rostro: origina, motiva al teatro romántico, por oposición al clásico. El héroe, por una parte, ha dejado de ser necesariamente rey o semidiós; puede ser simplemente humano. Y por la otra, está en aptitud de erguir su propio ideal, defenderlo o con él atacar, medir sus fuerzas contra quien o quienes o lo que, se le oponga. Y hacerlo con la posibilidad de triunfar. El conflicto deja así de tener un solo desenlace posible, para abrirse a muchos potenciales y no dictados ni condicionados por los dioses.

IV. EL SIGLO DE ORO

Dos grandes pueblos desarrollan, en el Renacimiento, sendos grandes teatros de raíces religiosas semejantes, pero de características propias: la Inglaterra que culmina en Shakespeare, y la España que derrama hasta Inglaterra la influencia de sus temas e historias —como por lo demás, lo hará hacia la Francia clasicista con *Le Menteur, Le Cid, Don Juan*. La española *Celestina* fue conocida en Londres, anónimamente traducida de una versión italiana, en 1578. Gran importancia e influencia (aun por su parecido con *Hamlet*) tuvo el "drama de venganza" que Thomas Kyd llamó *The Spanish Tragedy;* no menos que *The Spanish Gypsy*, de Middleton y Rowley, y *The City Nightcap*, curiosa versión del *Curioso Impertinente* cervantino, por Robert Davenport. Como lo observa Allardice Nicoll en su *Historia del Drama Inglés*, "la tragicomedia de molde romántico tuvo influencia indudable en el espíritu de los dramaturgos ingleses, y la intriga española llegó a usurpar más y más la atención. El drama español estaba magníficamente calificado para atraer en la época de los reyes Jaime y Carlos. Bajo Lope de Vega y Calderón, había ganado un sitio supremo en el mundo del arte. Al enfriarse los sentimientos que llegaron al rojo vivo en los días de la Armada Invencible, la Corte se volvió hacia España." Y analiza las razones de esta atracción, que hacía triunfar al teatro español del Siglo de Oro: "El teatro español se distinguía por tres características: el tono romántico que con frecuencia envolvía las escenas más serias; el énfasis en la intriga, o acción, a expensas de los caracteres; y el aire de una galanura aristocrática engendrada en un pueblo estrictamente monarquista entre convenciones de una etapa tardía de civilización."

V. DONDE HUBO FUEGO...

Un pesado telón de boca prolonga para el teatro español el intermedio provocado al cesar la línea barroca, romántica, de los Austrias, e infiltrarse en nuestra cultura el frío, formal, racional academismo de los Borbones. Había caído el telón sobre un Calderón de la Barca que rendiría la admiración de los alemanes; sobre el Tirso, maestro en intrigas, sobre el monstruo Lope. Todo empezaría a ser mesura, tres unidades, tipos; y a expresarse el teatro en el común hablar de la prosa.

Bajo este vasto silencio se percibe, empero, la alegría burlona: el rasgueo de guitarra, de don Ramón de la Cruz, quien afirma sacar sus textos "del teatro de la vida humana, que es donde leo" Cuando arraiga y prospera la popularidad de este fecundo sainetero, no se halla sólo en la lucha defensiva contra los escritores partidarios del teatro "a la francesa", ni en sus sátiras de las tragedias "a la Corneille". Le acompaña y aplaude el pueblo; el mismo que un siglo antes se miró complacido a los espejos mágicos que enmarcaban en romances y sonetos sus autores consentidos.

Si pues don Ramón de la Cruz custodia bajo la ceniza del siglo XVIII el fuego, o siquiera la chispa, del gran teatro español que le precedió, la ocasión de verlo surgir en llamarada efímera, la deparó el viento, o ventarrón, o temblor de tierra, de un Romanticismo cuyo epicentro se localiza en los países sajones, adonde parece haberse mudado en trueque. Desde esos países, volverá a España después de haber estallado en el grito alemán del *Sturm und Drang*. Las traducciones de Chateaubriand, Walter Scott, Lord Byron, Víctor Hugo, preparan el terreno (o, mejor, siembran en coto propicio) para el advenimiento triunfal del Martínez de la Rosa de *La Conjuración de Venecia* (1834); del Duque de Rivas y su *Don Álvaro o la Fuerza del Sino* (1835); de Antonio García Gutiérrez (visitante de México, obligado en Mérida a salir a escena para agradecer ovaciones) y su *Trovador* de 1836; de *Los Amantes de Teruel*, de Hartzenbusch, 1837 Las poesías de Espronceda (1839), la obra de Mariano José de Larra y el *Don Juan Tenorio* de su condoliente José Zorrilla (1844) anuncian el nuevo, pronto ocaso del romanticismo en el XIX. Mucho de cuyo material temático aprovechará el genio de Verdi para armar óperas que han de durar —¡ay!— más que los dramas que las nutren. Con agudeza observan Germán Bleiber y Julián Marías que "la vida española está inmersa en el romanticismo desde 1812 aproximadamente; pero se vierte literalmente durante tres lustros, en moldes neoclásicos."

Con un teatro compartido por Benavente y Muñoz Seca: en crisis la España que se asomaba al siglo XX, los escritores que las historias literarias emulsionan a pesar de sus diferencias y géneros como "la generación del 98" se planteaban interrogaciones acerca de si ya fuera a seguir la suerte de Grecia y de Roma: sucumbir; y qué podría hacerse para sacarla del marasmo. Parecía preciso volver a establecer, averiguar qué era España; cuál su esencia; qué le ocurría y cuál era su mal.

El siglo XIX tocaba a su fin cuando la racha del Modernismo, llevada por el americano Rubén Darío a una España necesitada de renovación, pareció indicar el camino, y aconsejar una renovación que no adulterase, sino que re-descubriera, sus gloriosas esencias eternas. Del ilustre catálogo de miembros de aquella Generación, aislemos a Valle-Inclán, los Machado y Juan Ramón Jiménez, como los espíritus más afines y más próximos en la poesía y para el teatro, a quien, nacido en ese año, fija en su primer libro a los veinte de edad las *Impresiones y Paisajes,* recogidos durante un viaje de estudiante universitario: Federico García Lorca.

VI.   ENTER LORCA

Le estaba reservado a este gran poeta catalizar todas las dudas, esperanzas, anhelos de su generación, y darles respuesta con una obra que recogía, remozaba, lavaba, sacudía, el lenguaje poético: le daba de boca a boca la respiración que empezaba a faltarle; y al re-descubrir el teatro poético, propiciaba el regreso triunfal de la "monarquía cómica" con la renovación más audaz intentada para la escena contemporánea en castellano.

Son las *Canciones* —1927— lo que primero llega a nuestra admiración: libro en que ya germinan, como en un almácigo, las simientes de una poesía que ha de diversificarse en las siguientes obras suyas. Como la tónica que habría de reiterarse en las posteriores creaciones, el *Romancero Gitano* madura el ritmo popular de canción, con reminiscencias infantiles; la metáfora relampagueante, y la angustia del misterio.

*

El paso de la poesía narrativa a la escena fue en García Lorca tan normal y maduro como el que conduce la flor al fruto. Hay poesía y empieza a haber teatro en el *Maleficio de la Mariposa,* inconclusa; ensayo de sus 21 años en 1919. A partir de ese ensayo, su balanza poética se inclinaría en el teatro alternativa, compensadoramente, por la evocación melancólica, tierna, del pasado cuyo ambiente y personajes sirvan a la poesía como *Mariana Pineda* o *Rosita la Soltera;* por el desenfado, el burlesco disfraz de una emoción lírica disimulada en las farsas como *La Zapatera Prodigiosa* o *Los Amores de don Perlimplín;* o con mayor hondura y peso artístico, por los dramas de tema popular, de que con obras cumbre *Bodas de Sangre, Yerma* y *La Casa de Ber-*

narda Alba. En estas tres tragedias, la pasión, el sexo, la frustración maternal, construyen en su choque con el viejo honor del teatro castellano en sus perdurables metamorfosis, una admirable galería de caracteres femeninos surgidos de la pluma de un poeta que con ellos, dota al teatro español de todos los tiempos de las mujeres que el Siglo de Oro recató; y de que asoman apenas, en el mejor Benavente, los perfiles de *La Malquerida* y de *Señora Ama.*

Por lo demás, el teatro de Federico García Lorca recibe, aparte la poesía o con ella, el concurso de todas las artes que su autor conocía y practicaba: música, canto, danza, pantomima; y decorados y vestuarios fantásticos. Su amistad con Manuel de Falla (con quien en 1923 prepara una original fiesta para los niños); con Adolfo Salazar (fallecido en México), con Dalí, con Buñuel; su personal habilidad para el piano, la guitarra, la declamación y el canto, le calificaron para emprender en 1932, con Eduardo Ugarte, el teatro trashumante de "La Barraca" que llevara —nuevo Tespis— por los pueblos de España sus propias versiones de *La Vida es Sueño, Fuente Ovejuna, El Burlador, los Entremeses,* de Cervantes. Ya para entonces, sus obras —después del temprano fracaso de *El Maleficio de la Mariposa*— habían pisado los escenarios españoles: *Mariana Pineda,* por la Xirgu, en el Teatro Fontalba el 12 de octubre de 1927.

Quien habría de introducir, presentar, revelar el teatro de García Lorca en México en 1936: Cipriano Rivas Cherif, ya había montado en su propio grupo teatral El Caracol, El *Amor de don Perlimplín,* en enero de 1929; y estrenado en el Teatro Español, el 24 de diciembre de 1930, la versión de *La Zapatera Prodigiosa,* con la Xirgu.

El 8 de marzo de 1933, la compañía de Josefina Díaz de Artigas estrenó en el Teatro Beatriz de Madrid las *Bodas de Sangre* que ese mismo año, Lola Membrives presentaría en Buenos Aires durante la estancia triunfal del poeta, del 12 de octubre de 1933, al 27 de marzo de 1934: las *Bodas de Sangre, Mariana Pineda,* y la versión ampliada de *La Zapatera Prodigiosa.*

El 12 de marzo de 1935, con motivo de las 100 representaciones de *Yerma* en el Teatro Español de Madrid, Federico dio lectura a su *Llanto por Ignacio Sánchez Mejías;* y el público madrileño conoció el 18 de marzo la versión ampliada de *La Zapatera,* en el Coliseum, por Lola Membrives, escenografía de Fontanals (fallecido en México después de colaborar asiduamente en nuestro cine) y dirección de Federico García Lorca.

Por esos días anunció el poeta haber terminado *Doña Rosita,* obra que la compañía de Margarita Xirgu leyó en el Teatro Studium de Barcelona en septiembre de 1935 y que dirigida por Cipriano Rivas Cherif constituiría, con los estrenos de *Bodas de Sangre* y *Yerma,* en Bellas Artes, la presentación teatral de un poeta ya aquí admirado como tal; y cuya llegada personal a gozar de su triunfo, se anunciaba como inminente. Él mismo había declarado, en mayo, su plan de viajar nuevamente a Nueva York, descansar en el tren a México, ver el estreno de sus obras y dar aquí una conferencia sobre el Quevedo que lo tenía fascinado. Entre junio y julio de 1936, en el Club Anfístora, se leyó con intención de montarla, una obra teatral más de Federico: *Así que pasen Cinco Años* —que en 1957 tuve el gusto de presentar en televisión dentro de la serie de Teatro Universal que entonces dirigí bajo el patrocinio de la Lotería Nacional.

VII. FEDERICO EN MI MEMORIA, O MEMORIA DE FEDERICO

En las páginas de mi *Continente Vacío, viaje a Sudamérica,* publicado en Madrid por Espasa-Calpe en 1935, aparece el Federico García Lorca a quien brevemente conocí y traté en Buenos Aires.

Lo de menos sería cometer aquí el auto-plagio de reproducir aquellas páginas. Renuncio a hacerlo. Prefiero, a la distancia de todos estos años, dejar que floten, surjan, los recuerdos que no hayan naufragado; sin el orden cronológico con que en aquel libro vertí las impresiones de unos cuantos días absorbidos por su personalidad arrolladora.

Durante el viaje por mar —¡18 días desde Nueva York a Montevideo, con apenas una pausa en Río de·Janeiro!— yo había escrito un poema bilingüe que titulé Seamen Rhymes. Cuando el poeta argentino Ricardo Molinari insistió en que fuésemos a saludar a Federico García Lorca, pues él había manifestado deseos de conocerme, llevé conmigo el poema.

Como el camerino de una estrella en noche de gala, el cuarto que Federico ocupaba en el hotel se hallaba, a medio día, lleno de admiradores. Él vestía aún el pijama a grandes rayas blancas y azules con que saltaba sobre la cama, reía, hablaba sin tregua. Pero un diálogo sin palabras se entabló entre nosotros, que dejaba a los demás fuera o al margen de una amistad forjada de un solo golpe. Me parece aún oir su voz: "Pa mí, l'amiztá é ya pa ziempre. E' cosa sagrá." Y exageraba el ceceo.

Cuando por fin partieron los visitantes, Federico se vistió como un transformista, y salimos a almorzar. Llevaba entonces, como una audacia personal, lo que llamaba "pulóver" —sweater cuello de tortuga— y lo que llamaba "mono" y nosotros overall, de tela corriente. No usaba el sombrero que la mayoría de la gente conservaba encima, a pesar de la prédica sinsombrerista de H. G. Wells.

Me explicó que su indumentaria era una especie de uniforme usado por todos los miembros de "La Barraca".

Mentiría si dijera que hablamos de cosas trascendentales o importantes. México, por supuesto, era un tema de nuestra conversación.

¿Cómo, si ya había estado en Nueva York y en la Habana, no llegó, no se desvió a México? "Nadie me invitó. Yo habría volado hacia allá." Mientras tanto, había conocido y tratado a algunos mexicanos: en Madrid, desde luego a nuestros diplomáticos: "Cómo está uzté", y hacía un ademán de cortesana, falsa cortesía. Y creo que en La Habana, a Emilio Amero y a Julio Castellanos. Y en Madrid, a Antonieta Rivas Mercado.

Pero él quería saber de México. No el México literario, sino... Le parecía imposible que no me gustaran los toros. No me lo creía. de la ciudad que le describía, le prometí ser en ella su cicerone a-literario, y procuré entusiasmarle a visitar a México lo antes posible.

Si no al siguiente, sí fue uno de esos días cuando Federico estrenaba *La Zapatera Prodigiosa*. El "todo Buenos Aires" —como decía Pedro Henríquez Ureña— se dio elegante cita en un teatro pletórico en que refulgían los prestigios locales de Oliverio Girondo, y ya más difundidos de Pablo Neruda. Hizo el Prólogo Federico: de frac, la chistera en la mano, de que en el momento climático de su improvisación hizo brotar una paloma que revoloteó por el teatro, sacudido por la ovación tributada al niño mimado de la temporada. Obvio es decir que su camerino, repleto de flores, fue un desfile interminable de damas y caballeros bonaerenses.

Enfermé. Y cuando menos lo esperaba, Federico irrumpió en el cuarto de mi hotel. Traía consigo cuatro dibujos que acababa de trazar para mi poema, y que (muchas veces reproducidos desde entonces: uno de ellos, en las obras completas de Aguilar como "amor novo") ilustraron la limitada y fina edición de cien ejemplares en diversos papeles que Molinari encargó de imprimir a don Francisco Colombo. Luego habló, habló; yendo de aquí para allá, seguro de poder alejar a los duendes de mi enfermedad mediante los conjuros gitanos que se divertía en recitar. Sólo que uno de los exorcismos más eficaces consistía en arrojar agua por la ventana, como lo hizo. El administrador del hotel no tardó en subir a reprochar que desde mi ventana, se hubiese humedecido a un transeúnte.

Teníamos pocos días para vernos, para andar juntos. Yo debía volver a Montevideo —sede de la Conferencia Panamericana de que era Relator— y Federico, ir a alguna ciudad del interior a dar conferencias. Aquel último día de nuestra coincidencia en Buenos Aires, era pues preciso pasarlo juntos y divertirnos como lo planeamos.

Plan que por un momento, pareció zozobrar. Pues cierto joven millonario con afición por la fotografía, nos hizo ir a su estudio y posar, juntos y aparte, para varios retratos. De ahí debíamos ir a su casa para tomar un copetín, pues su bella hermana daba un "recibo"

El apartamento, de lujo, estaba a nuestra llegada lleno de elegantes señoras y caballeros en tuxedo, todos admiradores de Federico. Se nos anunciaba un buen par de horas de sociedad hasta la saciedad. Pero nunca imaginé el recurso a que García Lorca acudiría para liberarnos. "Vas a ver" me sopló al oído con aire misterioso. Y de pronto: con el aire más ofendido del mundo, se plantó frente a su aristocrático, desconcertado anfitrión: "¡Es imperdonable! No nos dices que tu recibo ha de ser de etiqueta, como visten todos tus invitados! ¡Y aquí llegamos, Salvador como quiera, y yo con mono, para vernos ridículos entre todos estos elegantes! ¡Ah, no! ¡Eso no te lo perdono! ¡No te lo tolero! ¡Vámonos!" Y salimos, entre el asombro general. Ya en la calle: "¿Has visto qué fácil?", rió estruendosamente, y nos encaminamos hacia una noche bonaerense sin etiqueta.

*

Escribo este prólogo a los dos volúmenes con que Federico García Lorca ingresa en la colección "Sepan Cuantos...", a los treinta y nueve años de aquel fugaz encuentro con la persona cuyo genio, gracia, voz, ha permanecido, a la vez congelada y viva, inmóvil y dinámica, en mi recuerdo; sin posibilidad de cotejarla con la que en el curso de los años habría deteriorado su irremediable decadencia, de haber sobrevivido al vendabal que —fruto en madurez— lo desprendió del árbol.

Al México a que en 1934 me reintegré; donde apenas recibí suyas unas líneas que hablaban "al indiecito que llevas debajo de la tetilla izquierda", llegó el teatro de Federico. Lo traían Cipriano Rivas Cheriff, Pedro López Lagar, Margarita Xirgu. Fue para todos una revelación deslumbradora, que no faltó quien se diera fallida prisa en imitar.

Desde aquellos años, la obra y la vida de Federico García Lorca han sido en todo el mundo objeto de estudio, homenaje y admiración. Y México (donde la "Alcancía" de Justino Fernández y Edmundo O'Gorman, con un dibujo de Rodríguez Lozano, había dado primera edición a su Oda a Walt Whitman), el país en que su poesía sigue siendo tan profundamente sentida y apreciada, como adoptado su teatro por repertorio predilecto: de esfuerzos juveniles semejantes a los de su precursora Barraca, o de Compañías como las que estrenan las grandes obras suyas que el lector hallará en los dos volúmenes "Sepan Cuantos...", para los cuales me ha sido concedido el privilegio de escribir estas líneas a guisa de prólogo.

SALVADOR NOVO.

30 de julio de 1973.

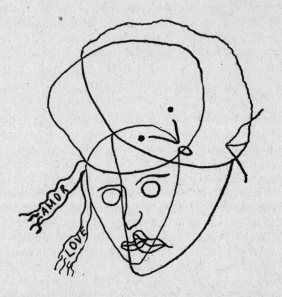

Este dibujo, y el que aparece en la pág. XXII, fueron
ejecutados por el poeta granadino especialmente para
Seamen Rhymes, de Salvador Novo, libro aparecido en
Buenos Aires en 1934.

CRONOLOGÍA DE LA VIDA Y OBRA DE
FEDERICO GARCÍA LORCA

1898. 5 de junio: Nace en Fuente Vaqueros, provincia de Granada, hijo de Federico García Rodríguez y Vicenta Lorca.

1913. Su familia se establece en Granada, y Federico García Lorca estudia en el Colegio del Sagrado Corazón de Jesús.

1914. Estudia Filosofía y Letras y Derecho en la Universidad de Granada. Toma lecciones de guitarra y piano.

1917. Escribe sus primeras poesías y publica un artículo con motivo del Centenario de Zorrilla en el "Boletín del Centro Artístico de Granada". Viaje de estudio por España.

1918. Publica en Granada *Impresiones y Paisajes*.

1919. Se aloja en la Residencia de Estudiantes de Madrid hasta 1928.

1920. 22 de marzo: Estrena el *Maleficio de la Mariposa* en Madrid, dirigida por Gregorio Martínez Sierra, con figurines de Barradas y bailes de La Argentinita.

1921. Publica en Madrid su primer libro de versos. Adolfo Salazar lo revela como un Poeta Nuevo.

1922. Organiza con Manuel de Falla (13 y 14 de junio) la Fiesta del Cante Jondo en Granada.

1923. Prepara con Falla en Granada una "Fiesta para los Niños". Se licencia en Derecho.

1924. Termina de escribir canciones y comienza el *Romancero Gitano*.

1925. Termina *Mariana Pineda*.

1926. Publica en la *Revista de Occidente* la "Oda" a Salvador Dalí.

1927. Es el año más movido y fecundo del poeta, con publicación de colaboraciones suyas en muchas revistas, exposición de 24 dibujos (25 de junio, 2 de julio) en Barcelona, estreno en Madrid de *Mariana Pineda* (12 de octubre), por la Xirgu y lectura en Granada de "La imagen poética de don Luis de Góngora".

1928. Funda "El Gallo" —dos números— y publica el *Romancero Gitano*, editado por la Revista de Occidente.

1929-30. Estancia en Nueva York y en Cuba. Regresa a Madrid en diciembre. Estreno de la versión breve de *La Zapatera prodigiosa*, por la Xirgu.

1931. Lee "Poeta" en Nueva York. Publica el *Poema del Cante jondo*, trabaja en el *Amor de Don Perlimplín*, y en *Así que pasen cinco años*.

1932. Dirige y funda el teatro universitario "La Barraca", con Eduardo Ugarte.

1933. Marzo: Se estrena *Bodas de sangre*, en Madrid, por Josefina Díaz de Artigas. Viaja a Buenos Aires. Grandes triunfos.

1934. *Llanto por Ignacio Sánchez Mejías.* Estreno de *Yerma,* en Madrid, por Margarita Xirgu.

1935. Se estrena en Nueva York *Bodas de Sangre* en inglés. Lee en privado *Doña Rosita,* que se estrena en Barcelona el 13 de diciembre.

1936. Publica *Bodas de Sangre* en las ediciones Cruz y Raya. Proyecta y anuncia su viaje a México a ver el estreno de sus obras, que ha traído la Xirgu a Bellas Artes. Lee La *Casa de Bernarda Alba* y ensaya *Así que pasen cinco años.* Muere el 19 de agosto, sin haber realizado el plan de visitar a México.

LIBRO DE POEMAS
POEMA DEL CANTE JONDO
ROMANCERO GITANO
POETA EN NUEVA YORK. ODAS
LLANTO POR SÁNCHEZ MEJÍAS
BODAS DE SANGRE
YERMA

LIBRO DE POEMAS
(1921)

A MI HERMANO
PAQUITO

POÉTICA

(De viva voz a G[erardo] D[iego].)

Pero, ¿qué voy a decir yo de la Poesía? ¿Qué voy a decir de esas nubes, de ese cielo? Mirar, mirar, mirarlas, mirarle y nada más. Comprenderás que un poeta no puede decir nada de la Poesía. Eso déjaselo a los críticos y profesores. Pero ni tú ni yo ni ningún poeta sabemos lo que es la Poesía.

Aquí está: mira. Yo tengo el fuego en mis manos. Yo lo entiendo y trabajo con él perfectamente, pero no puedo hablar de él sin literatura. Yo comprendo todas las poéticas; podría hablar de ellas si no cambiara de opinión cada cinco minutos. No sé. Puede que algún día me guste la poesía mala muchísimo, como me gusta (nos gusta) hoy la música mala con locura. Quemaré el Partenón por la noche para empezar a levantarlo por la mañana y no terminarlo nunca.

En mis conferencias he hablado a veces de la Poesía, pero de lo único que no puedo hablar es de mi poesía. Y no porque sea un inconsciente de lo que hago. Al contrario, si es verdad que soy poeta por la gracia de Dios —o del demonio—, también lo es que lo soy por la gracia de la técnica y del esfuerzo, y de darme cuenta en absoluto de lo que es un poema.

FEDERICO GARCÍA LORCA.

PALABRAS DE JUSTIFICACIÓN

Ofrezco en este libro, todo ardor juvenil, tortura y ambición sin medida, la imagen exacta de mis días de adolescencia y juventud, esos días que enlazan el instante de hoy con mi infancia reciente.

En estas páginas desordenadas va el reflejo fiel de mi corazón y de mis ansias teñido del matiz que le prestara, al poseerlo, la vida palpitante en torno, recién nacida para mi mirada.

Se hermana el nacimiento de cada una de estas poesías que tienes en tus manos, lector, al propio nacer de un brote nuevo del árbol músico de mi vida en flor. Ruindad fuera el menospreciar esta obra que tan enlazada está a mi propia vida.

Sobre su incorrección, sobre su limitación, segura, tendrá este libro la virtud, entre otras muchas que yo advierto, de recordarme en todo instante mi infancia apasionada correteando desnuda por las praderas de una vega, sobre un fondo de serranía.

(1921)

VELETA

Julio de 1920. *(Fuente Vaqueros, Granada.)*

Viento del Sur,
moreno, ardiente,
llegas sobre mi carne,
trayéndome semilla
de brillantes
miradas, empapado
de azahares.

Pones roja la luna
y sollozantes
los álamos cautivos, pero vienes
¡demasiado tarde!
¡ya he enrollado la noche de mi
en el estante!   [cuento

Sin ningún viento,
¡hazme caso!
gira, corazón;
gira, corazón.

Aire del Norte,
¡oso blanco del viento!
llegas sobre mi carne
tembloroso de auroras
boreales,
con tu capa de espectros
capitanes,
y riyéndote a gritos
del Dante,
¡oh pulidor de estrellas!
pero vienes
demasiado tarde.

Mi almario está musgoso
y he perdido la llave.

Sin ningún viento,
¡hazme caso!
gira, corazón;
gira, corazón.

Brisas, gnomos y vientos
de ninguna parte.
Mosquitos de la rosa
de pétalos pirámides.
Alisios destetados
entre los rudos árboles,
flautas en la tormenta,
¡dejadme!
tiene recias cadenas
mi recuerdo,
y está cautiva el ave
que dibuja con trinos
la tarde.

Las cosas que se van no vuelven
todo el mundo lo sabe   [nunca,
y entre el claro gentío de los vientos
es inútil quejarse.
¿Verdad, chopo, maestro de la bri-
¡es inútil quejarse!   [sa?

Sin ningún viento,
¡hazme caso!
gira, corazón;
gira, corazón.

LOS ENCUENTROS DE UN CARACOL AVENTURERO

Diciembre de 1918. *(Granada.)*

A Ramón P. Roda.

Hay dulzura infantil
en la mañana quieta.

Los árboles extienden
sus brazos a la tierra.

Un vaho tembloroso
cubre las sementeras,
y las arañas tienden
sus caminos de seda
—rayas al cristal limpio
del aire.—
      En la alameda
un manantial recita
su canto entre las hierbas.
Y el caracol, pacífico
burgués de la vereda,
ignorado y humilde,
el paisaje contempla..
La divina quietud
de la Naturaleza
le dio valor y fe,
y olvidando las penas
de su hogar, deseó
ver el fin de la senda.

Echó a andar e internóse
en un bosque de yedras
y de ortigas. En medio
había dos ranas viejas
que tomaban el sol,
aburridas y enfermas.

Esos cantos modernos,
murmuraba una de ellas,
son inútiles. Todos,
amiga, le contesta
la otra rana, que estaba
herida y casi ciega:
cuando joven creía
que si al fin Dios oyera
nuestro canto, tendría
compasión. Y mi ciencia,
pues ya he vivido mucho,
hace que no lo crea,
yo ya no canto más...

Las dos ranas se quejan
pidiendo una limosna
a una ranita nueva
que pasa presumida
apartando las hierbas.

Ante el bosque sombrío
el caracol se aterra.
Quiere gritar. No puede.
Las ranas se le acercan.

¿Es una mariposa?,
dice la casi ciega.
Tiene dos cuernecitos,

la otra rana contesta.
Es el caracol. ¿Vienes,
caracol, de otras tierras?

Vengo de mi casa y quiero
volverme muy pronto a ella.
Es un bicho muy cobarde,
exclama la rana ciega.
¿No cantas nunca? No canto,
dice el caracol. ¿Ni rezas?
Tampoco: nunca aprendí.
¿Ni crees en la vida eterna?
¿Qué es eso?
      Pues vivir siempre
en el agua más serena,
junto a una tierra florida
que a un rico manjar sustenta.
Cuando niño a mí me dijo,
un día, mi pobre abuela
que al morirme yo me iría
sobre las hojas más tiernas
de los árboles más altos.

Una hereje era tu abuela.
La verdad te la decimos
nosotras. Creerás en ella,
dicen las ranas furiosas.

¿Por qué quise ver la senda?
gime el caracol. Sí creo
por siempre en la vida eterna
que predicáis...

      Las ranas,
muy pensativas, se alejan,
y el caracol, asustado,
se va perdiendo en la selva.

Las dos ranas mendigas
como esfinges se quedan.
Una de ellas pregunta:
¿Crees tú en la vida eterna?
Yo no, dice muy triste
la rana herida y ciega.
¿Por qué hemos dicho, entonces,
al caracol que crea?
Porque... No sé por qué,
dice la rana ciega.
Me lleno de emoción
al sentir la firmeza
con que llaman mis hijos
a Dios desde la acequia...

El pobre caracol
vuelve atrás. Ya en la senda

un silencio ondulado
mana de la alameda.
Con un grupo de hormigas
encarnadas se encuentra.
Van muy alborotadas,
arrastrando tras ellas
a otra hormiga que tiene
tronchadas las antenas.
El caracol exclama:
hormiguitas, paciencia.
¿Por qué así maltratáis
a vuestra compañera?
Contadme lo que ha hecho.
Yo juzgaré en conciencia.
Cuéntalo tú, hormiguita.

La hormiga medio muerta,
dice muy tristemente:
yo he visto las estrellas.
¿Qué son estrellas?, dicen
las hormigas inquietas.
Y el caracol pregunta
pensativo: ¿estrellas?
Sí, repite la hormiga,
he visto las estrellas.
Subí al árbol más alto
que tiene la alameda
y vi miles de ojos
dentro de mis tinieblas.
El caracol pregunta:
¿pero qué son estrellas?
Son luces que llevamos
sobre nuestra cabeza.
Nosotras no las vemos,
las hormigas comentan.
Y el caracol: mi vista
sólo alcanza a las hierbas.

Las hormigas exclaman
moviendo sus antenas:
te mataremos, eres

perezosa y perversa.
El trabajo es tu ley.

Yo he visto a las estrellas,
dice la hormiga herida.
Y el caracol sentencia:
dejadla que se vaya,
seguid vuestras faenas.
Es fácil que muy pronto
ya rendida se muera.

Por el aire dulzón
ha cruzado una abeja.
La hormiga agonizandc
huele la tarde inmensa
y dice: es la que viene
a llevarme a una estrella.

Las demás hormiguitas
huyen al verla muerta.

El caracol suspira
y aturdido se aleja
lleno de confusión
por lo eterno. La senda
no tiene fin, exclama.
Acaso a las estrellas
se llegue por aquí.
Pero mi gran torpeza
me impedirá llegar.
No hay que pensar en ellas.

Todo estaba brumoso
de sol débil y niebla.
Campanarios lejanos
llaman gente a la iglesia.
Y el caracol, pacífico
burgués de la vereda,
aturdido e inquieto
el paisaje contempla.

CANCIÓN OTOÑAL

Noviembre de 1918. *(Granada.)*

Hoy siento en el corazón
un vago temblor de estrellas,
pero mi senda se pierde
en el alma de la niebla.
La luz me troncha las alas
y el dolor de mi tristeza

va mojando los recuerdos
en la fuente de la idea.

Todas las rosas son blancas,
tan blancas como mi pena,
y no son las rosas blancas,

que ha nevado sobre ellas.
Antes tuvieron el iris.
También sobre el alma nieva.
La nieve del alma tiene
copos de besos y'escenas
que se hundieron en la sombra
o en la luz del que las piensa.

La nieve cae de las rosas
pero la del alma queda,
y la garra de los años
hace un sudario con ellas.

¿Se deshelará la nieve
cuando la muerte nos lleva?
¿O después habrá otra nieve
y otras rosas más perfectas?

¿Será la paz con nosotros
como Cristo nos enseña?
¿O nunca será posible
la solución del problema?

¿Y si el amor nos engaña?
¿Quién la vida nos alienta
si el crepúsculo nos hunde

en la verdadera ciencia
del bien que quizá no exista
y del mal que late cerca?

¿Si la esperanza se apaga
y la Babel se comienza
qué antorcha iluminará
los caminos en la Tierra?

¿Si el azul es un ensueño
qué será de la inocencia?
¿Qué será del corazón
si el amor no tiene flechas?

¿Y si la muerte es la muerte
qué será de los poetas
y de las cosas dormidas
que ya nadie las recuerda?
¡Oh sol de las esperanzas!
¡Agua clara! ¡Luna nueva!
¡Corazones de los niños!
¡Almas rudas de las piedras!
Hoy siento en el corazón
un vago temblor de estrellas
y todas las rosas son
tan blancas como mi pena.

CANCIÓN PRIMAVERAL

28 de marzo de 1919. *(Granada.)*

I

Salen los niños alegres
de la escuela,
poniendo en el aire tibio
del abril, canciones tiernas.
¡Qué alegría tiene el hondo
silencio de la calleja!
Un silencio hecho pedazos
por risas de plata nueva.

II

Voy camino de la tarde
entre flores de la huerta,
dejando sobre el camino

el agua de mi tristeza.
En el monte solitario,
un cementerio de aldea
parece un campo sembrado
con granos de calaveras.
Y han florecido cipreses
como gigantes cabezas
que con órbitas vacías
y verdosas cabelleras,
pensativos y dolientes
el horizonte contemplan.

¡Abril divino, que vienes
cargado de sol y esencias,
llena con nidos de oro
las floridas calaveras!

CANCIÓN MENOR

Diciembre de 1918. *(Granada.)*

Tienen gotas de rocío
las alas del ruiseñor,
gotas claras de la luna
cuajadas por su ilusión.

Tiene el mármol de la fuente
el beso del surtidor,
sueño de estrellas humildes.

Las niñas de los jardines
me dicen todas adiós
cuando paso. Las campanas
también me dicen adiós.
Y los árboles se besan
en el crepúsculo. Yo
voy llorando por la calle,
grotesco y sin solución,
con tristeza de Cyrano
y de Quijote, redentor
de imposibles infinitos

con el ritmo del reloj.
Y veo secarse los lirios
al contacto de mi voz
manchada de luz sangrienta,
y en mi lírica canción
llevo galas de payaso
empolvado. El amor
bello y lindo se ha escondido
bajo una araña. El sol
como otra araña me oculta
con sus patas de oro. No
conseguiré mi ventura,
pues soy como el mismo Amor,
cuyas flechas son de llanto,
y el carcaj el corazón.

Daré todo a los demás
y lloraré mi pasión
como niño abandonado
en cuento que se borró.

ELEGÍA A DOÑA JUANA LA LOCA

Diciembre de 1918. *(Granada.)*

A Melchor Fernández Almagro.

Princesa enamorada sin ser correspondida.
Clavel rojo en un valle profundo y desolado.
La tumba que te guarda rezuma tu tristeza
a través de los ojos que ha abierto sobre el mármol.

Eras una paloma con alma gigantesca
cuyo nido fue sangre del suelo castellano,
derramaste tu fuego sobre un cáliz de nieve
y al querer alentarlo tus alas se troncharon.

Soñabas que tu amor fuera como el infante
que te sigue sumiso recogiendo tu manto.
Y en vez de flores, versos y collares de perlas,
te dio la Muerte rosas marchitas en un ramo.

Tenías en el pecho la formidable aurora
de Isabel de Segura. Melibea. Tu canto
como alondra que mira quebrarse el horizonte
se torna de repente monótono y amargo.

Y tu grito estremece los cimientos de Burgos
y oprime la salmodia del coro cartujano,
y choca con los ecos de las lentas campanas
perdiéndose en la sombra tembloroso y rasgado.

Tenías la pasión que da el cielo de España,
la pasión del puñal, de la ojera y el llanto.
¡Oh princesa divina de crepúsculo rojo
con la rueca de hierro y de acero lo hilado!

Nunca tuviste el nido, ni el madrigal doliente
ni el laúd juglaresco que solloza lejano.
Tu juglar fue un mancebo con escamas de plata
y un eco de trompeta su acento enamorado.

Y sin embargo, estabas para el amor formada,
hecha para el suspiro, el mimo y el desmayo,
para llorar tristezas sobre el pecho querido
deshojando una rosa de olor entre los labios.

Para mirar la luna bordada sobre el río
y sentir la nostalgia que en sí lleva el rebaño
y mirar los eternos jardines de la sombra,
¡oh princesa morena que duermes bajo el mármol!

¿Tienes los ojos negros abiertos a la luz
o se enredan serpientes a tus senos exhaustos...?
¿Dónde fueron tus besos lanzados a los vientos?
¿Dónde fue la tristeza de tu amor desgraciado?
En el cofre de plomo, dentro de tu esqueleto,
tendrás el corazón partido en mil pedazos.

Y Granada te guarda como santa reliquia,
¡oh princesa morena que duermes bajo el mármol!
Eloísa y Julieta fueron dos margaritas
pero tú fuiste un rojo clavel ensangrentado
que vino de la tierra dorada de Castilla,
a dormir entre nieve y cipresales castos.

Granada era tu lecho de muerte, Doña Juana,
los cipreses tus cirios, la sierra tu retablo.
Un retablo de nieve que mitigue tus ansias,
¡con el agua que pasa junto a ti! ¡La del Dauro!

Granada era tu lecho de muerte, Doña Juana,
la de las torres viejas y del jardín callado,
la de la yedra muerta sobre los muros rojos,
la de la niebla azul y el arrayán romántico.

Princesa enamorada y mal correspondida.
Clavel rojo en un valle profundo y desolado.
La tumba que te guarda rezuma tu tristeza
a través de los ojos que ha abierto sobre el mármol.

¡CIGARRA!

3 de agosto de 1918. *(Fuente Vaqueros, Granada.)*

A María Luisa.

¡Cigarra!
¡Dichosa tú!,
que sobre el lecho de tierra
mueres borracha de luz.

Tú sabes de las campiñas
el secreto de la vida,
y el cuento del hada vieja
que nacer hierba sentía
en ti quedóse guardado.

¡Cigarra!
¡Dichosa tú!,
pues mueres bajo la sangre
de un corazón todo azul.
La luz es Dios que desciende,
y el sol
brecha por donde se filtra.

¡Cigarra!
¡Dichosa tú!,
pues sientes en la agonía
todo el peso del azul.

Todo lo vivo que pasa
por las puertas de la muerte
va con la cabeza baja
y un aire blanco durmiente.
Con habla de pensamiento.
Sin sonidos...
Tristemente,
cubierto con el silencio
que es el manto de la muerte.

Mas tú, cigarra encantada,
derramando son te mueres
y quedas transfigurada
en sonido y luz celeste.

¡Cigarra!
¡Dichosa tú!,
pues te envuelve con su manto
el propio Espíritu Santo,
que es la luz.

¡Cigarra!
Estrella sonora
sobre los campos dormidos,
vieja amiga de las ranas
y de los oscuros grillos,
tienes sepulcros de oro
en los rayos tremolinos
del sol que dulce te hiere
en la fuerza del estío,
y el sol se lleva tu alma
para hacerla luz.

Sea mi corazón cigarra
sobre los campos divinos.
Que muera cantando lento
por el cielo azul herido
y cuando esté ya expirando
una mujer que adivino
lo derrame con sus manos
por el polvo.

Y mi sangre sobre el campo
sea rosado y dulce limo
donde claven sus azadas
los cansados campesinos.

¡Cigarra!
¡Dichosa tú!,
pues te hieren las espadas invisibles
del azul

BALADA TRISTE

(PEQUEÑO POEMA)

Abril de 1918. *(Granada.)*

¡Mi corazón es una mariposa,
niños buenos del prado!,
que presa por la araña gris del tiempo
tiene el polen fatal del desengaño.

De niño yo canté como vosotros,
niños buenos del prado,
solté mi gavilán con las temibles
cuatro uñas de gato,
Pasé por el jardín de Cartagena
la verbena invocando
y perdí la sortija de mi dicha
al pasar el arroyo imaginario.

Fui también caballero
una tarde fresquita de mayo.
Ella era entonces para mí el enigma,
estrella azul sobre mi pecho intacto.
Cabalgué lentamente hacia los cielos,
era un domingo de pipirigallo,
y vi que en vez de rosas y claveles
ella tronchaba lirios con sus manos.

Yo siempre fui intranquilo,
niños buenos del prado,
el *ella* del romance me sumía
en ensoñares claros:
¿Quién será la que coge los claveles
y las rosas de mayo?
¿Y por qué la verán sólo los niños
a lomos de Pegaso?
¿Será esa misma la que en los ron-
con tristeza llamamos   [dones

estrella, suplicándole que salga
a danzar por el campo?...

En abril de mi infancia yo cantaba,
niños buenos del prado,
la *ella* impenetrable del romance
donde sale Pegaso.
Yo decía en las noches la tristeza
de mi amor ignorado,
y la luna lunera ¡qué sonrisa
ponía entre sus labios!
¿Quién será la que corta los claveles
y las rosas de mayo?
Y de aquella chiquita, tan bonita,
que su madre ha casado,
¿en qué oculto rincón de cementerio
dormirá su fracaso?

Yo solo con mi amor desconocido,
sin corazón, sin llantos,
hacia el techo imposible de los cielos
con un gran sol por báculo.

¡Qué tristeza tan seria me da som-
niños buenos del prado,   [bra!
cómo recuerda dulce el corazón
los días ya lejanos...
¿Quién será la que corta los claveles
y las rosas de mayo?

MAÑANA

7 de agosto de 1918. *(Fuente Vaqueros, Granada.)*

A Fernando Marchesi.

Y la canción del agua
es una cosa eterna.

Es la savia entrañable
que madura los campos.
Es sangre de poetas
que dejaron sus almas
perderse en los senderos
de la Naturaleza.

¡Qué armonías derrama
al brotar de la peña!
Se abandona a los hombres
con sus dulces cadencias.

La mañana está clara.
Los hogares humean,
y son los humos brazos

que levanta la niebla.
Escuchad los romances
del agua en las choperas.
¡Son pájaros sin alas
perdidos entre hierbas!

Los árboles que cantan
se tronchan y se secan.
Y se tornan llanuras
las montañas serenas.
Mas la canción del agua
es una cosa eterna.

Ella es luz hecha canto
de ilusiones románticas.
Ella es firme y suave
llena de cielo y mansa.
Ella es niebla y es rosa

de la eterna mañana.
Miel de luna que fluye
de estrellas enterradas.
¿Qué es el santo bautismo,
sino Dios hecho agua
que nos unge las frentes
con su sangre de gracia?
Por algo Jesucristo
en ella confirmóse,
por algo las estrellas
en sus ondas descansan.
Por algo madre Venus
en su seno engendróse,
que amor de amor tomamos
cuando bebemos agua.
Es el amor que corre
todo manso y divino,
es la vida del mundo,
la historia de su alma.

Ella lleva secretos
de las bocas humanas,
pues todos la besamos
y la sed nos apaga.
Es un arca de besos
de bocas ya cerradas,

es eterna cautiva,
del corazón hermana.

Cristo debió decirnos:
"Confesaos con el agua
de todos los dolores,
de todas las infamias.
¿A quién mejor, hermanos,
entregar nuestras ansias
que a ella que sube al cielo
en envolturas blancas?"

No hay estado perfecto
como al tomar el agua,
nos volvemos más niños
y más buenos: y pasan
nuestras penas vestidas
con rosadas guirnaldas.
Y los ojos se pierden
en regiones doradas.
¡Oh fortuna divina
por ninguno ignorada!
Agua dulce en que tantos
sus espíritus lavan,
no hay nada comparable
con tus orillas santas
si una tristeza honda
nos ha dado sus alas.

LA SOMBRA DE MI ALMA

Diciembre de 1919. *(Madrid.)*

La sombra de mi alma
huye por un ocaso de alfabetos,
niebla de libros
y palabras.

¡La sombra de mi alma!

He llegado a la línea donde cesa
la nostalgia
y la gota de llanto se transforma
alabastro de espíritu.

(¡La sombra de mi alma!)

El copo del dolor
se acaba,
pero queda la razón y la sustancia
de mi viejo mediodía de labios,

de mi viejo mediodía
de miradas.

Un turbio laberinto
de estrellas ahumadas
enreda mi ilusión
casi marchita.

¡La sombra de mi alma!

Y una alucinación
me ordeña las miradas.
Veo la palabra amor
desmoronada.

¡Ruiseñor mío!
¡Ruiseñor!
¿Aún cantas?

LLUVIA

Enero de 1919. *(Granada.)*

La lluvia tiene un vago secreto de ternura,
algo de soñolencia resignada y amable.
Una música humilde se despierta con ella
que hace vibrar el alma dormida del paisaje.

Es un besar azul que recibe la Tierra,
el mito primitivo que vuelve a realizarse.
El contacto ya frío de cielo y tierra viejos
con una mansedumbre de atardecer constante.

Es la aurora del fruto. La que nos trae las flores
y nos unge de espíritu santo de los mares.
La que derrama vida sobre las sementeras
y en el alma tristeza de lo que no se sabe.

La nostalgia terrible de una vida perdida,
el fatal sentimiento de haber nacido tarde,
o la ilusión inquieta de un mañana imposible
con la inquietud cercana del dolor de la carne.

El amor se despierta en el gris de su ritmo,
nuestro cielo interior tiene un triunfo de sangre,
pero nuestro optimismo se convierte en tristeza,
al contemplar las gotas muertas en los cristales.

Y son las gotas ojos de infinito que miran
al infinito blanco que les sirvió de madre.

Cada gota de lluvia tiembla en el cristal turbio
y le dejan divinas heridas de diamante.
Son poetas del agua que han visto y que meditan
lo que la muchedumbre de los ríos no sabe.

¡Oh lluvia silenciosa, sin tormentas ni vientos,
lluvia mansa y serena de esquila y luz suave,
lluvia buena y pacífica que eres la verdadera,
la que amorosa y triste sobre las cosas caes!

¡Oh lluvia franciscana que llevas a tus gotas
almas de fuentes claras y humildes manantiales!
Cuando sobre los campos desciendes lentamente
las rosas de mi pecho con tus sonidos abres.

El canto primitivo que dices al silencio
y la historia sonora que cuentas al ramaje
los comenta llorando mi corazón desierto
en un negro y profundo pentagrama sin clave.

Mi alma tiene tristeza de la lluvia serena,
tristeza resignada de cosa irrealizable.
Tengo en el horizonte un lucero encendido
y el corazón me impide que corra a contemplarle.

¡Oh lluvia silenciosa que los árboles aman
y eres sobre el piano dulzura emocionante.
Das al alma las mismas nieblas y resonancias
que pones en el alma dormida del paisaje!

SI MIS MANOS PUDIERAN DESHOJAR

10 de noviembre de 1919. *(Granada.)*

Yo pronuncio tu nombre
en las noches oscuras,
cuando vienen los astros
a beber en la luna
y duermen los ramajes
de las frondas ocultas.
Y yo me siento hueco
de pasión y de música.
Loco reloj que canta
muertas horas antiguas.

Yo pronuncio tu nombre,
en esta noche oscura,

y tu nombre me suena
más lejano que nunca.
Más lejano que todas las estrellas
y más doliente que la mansa lluvia

¿Te querré como entonces
alguna vez? ¿Qué culpa
tiene mi corazón?
Si la niebla se esfuma
¿qué otra pasión me espera?
¿será tranquila y pura?
¡¡si mis dedos pudieran
deshojar a la luna!!

EL CANTO DE LA MIEL

Noviembre de 1918. *(Granada.)*

La miel es la palabra de Cristo,
el oro derretido de su amor.
El más allá del néctar,
la momia de la luz del paraíso.

La colmena es una estrella casta,
pozo de ámbar que alimenta el ritmo
de las abejas. Seno de los campos
tembloroso de aromas y zumbidos.

La miel es la epopeya del amor,
la materialidad de lo infinito.
Alma y sangre doliente de las flores
condensada a través de otro espíritu.

(Así la miel del hombre es la poesía
que mana de su pecho dolorido,

de un panal con la cera del recuerdo
formado por la abeja de lo íntimo.)

La miel es la bucólica lejana
del pastor, la dulzaina y el olivo,
hermana de la leche y las bellotas,
reinas supremas del dorado siglo.

La miel es como el sol de la mañana,
tiene toda la gracia del estío
y la frescura vieja del otoño.
Es la hoja marchita y es el trigo.

¡Oh divino licor de la humildad,
sereno como un verso primitivo!

La armonía hecha carne tú eres
el resumen genial de lo lírico.
En ti duerme la melancolía,
el secreto del beso y del grito.

Dulcísima. Dulce. Éste es tu adjetivo.
Dulce como los vientres de las hembras.
Dulce como los ojos de los niños.
Dulce como la sombra de la noche.
Dulce como una voz.
                    O como un lirio.

Para el que lleva la pena y la lira,
eres sol que ilumina el camino.
Equivales a todas las bellezas,
al color, a la luz, a los sonidos.

¡Oh! Divino licor de la esperanza,
donde la perfección del equilibrio
llegan alma y materia en unidad
como en la hostia cuerpo y luz de Cristo.

Y el alma superior es de las flores.
¡Oh licor que esas almas has unido!
El que te gusta no sabe que traga
un resumen dorado del lirismo.

ELEGÍA

Diciembre de 1918. *(Granada.)*

Como un incensario lleno de deseos,
pasas en la tarde luminosa y clara
con la carne oscura de nardo marchito
y el sexo potente sobre tu mirada.

Llevas en la boca tu melancolía
de pureza muerta, y en la dionisíaca
copa de tu vientre la araña que teje
el velo infecundo que cubre la entraña
nunca florecida con las vivas rosas
fruto de los besos.

                En tus manos blancas
llevas la madeja de tus ilusiones,
muertas para siempre, y sobre tu alma
la pasión hambrienta de besos de fuego
y tu amor de madre que sueña lejanas
visiones de cunas en ambientes quietos,
hilando en los labios lo azul de la nana.

Como Ceres dieras tus espigas de oro
si el amor dormido tu cuerpo tocara,
y como la virgen María pudieras
brotar de tus senos otra vía láctea.

Te marchitarás como la magnolia.
Nadie besará tus muslos de brasa.
Ni a tu cabellera llegarán los dedos
que la pulsen como las cuerdas de un arpa.

¡Oh mujer potente de ébano y de nardo!
cuyo aliento tiene blancor de biznagas.
Venus del mantón de Manila que sabe
del vino de Málaga y de la guitarra.

¡Oh cisne moreno!, cuyo lago tiene
lotos de saetas, olas de naranjas
y espumas de rojos claveles que aroman
los nidos marchitos que hay bajo sus alas.

Nadie te fecunda. Mártir andaluza,
tus besos debieron ser bajo una parra
plenos del silencio que tiene la noche
y del ritmo turbio del agua estancada.

Pero tus ojeras se van agrandando
y tu pelo negro va siendo de plata;
tus senos resbalan escanciando aromas
y empieza a curvarse tu espléndida espalda.

¡Oh mujer esbelta, maternal y ardiente!
Virgen dolorosa que tiene clavadas
todas las estrellas del cielo profundo
en su corazón ya sin esperanza.

Eres el espejo de una Andalucía
que sufre pasiones gigantes y calla,
pasiones mecidas por los abanicos
y por las mantillas sobre las gargantas

que tienen temblores de sangre, de nieve
y arañazos rojos hechos por miradas.

Te vas por la niebla del otoño, virgen
como Inés, Cecilia, y la dulce Clara,
siendo una bacante que hubiera danzado
de pámpanos verdes y vid coronada.

La tristeza inmensa que flota en tus ojos
nos dice tu vida rota y fracasada,
la monotonía de tu ambiente pobre
viendo pasar gente desde tu ventana,
oyendo la lluvia sobre la amargura
que tiene la vieja calle provinciana,
mientras que a lo lejos suenan los clamores
turbios y confusos de unas campanadas.

Mas en vano escuchaste los acentos del aire.
Nunca llegó a tu oído la dulce serenata.
Detrás de tus cristales aún miras anhelante.
¡Qué tristeza tan honda tendrás dentro del alma
al sentir en el pecho ya cansado y exhausto
la pasión de una niña recién enamorada!

Tu cuerpo irá a la tumba intacto de emociones.
Sobre la oscura tierra brotará una alborada.
De tus ojos saldrán dos claveles sangrientos
y de tus senos rosas como la nieve blancas.
Pero tu gran tristeza se irá con las estrellas,
como otra estrella digna de herirlas y eclipsarlas.

SANTIAGO

(BALADA INGENUA)

25 de julio de 1918. *(Fuente Vaqueros, Granada.)*

I

Esta noche ha pasado Santiago
su camino de luz en el cielo.
Lo comentan los niños jugando
con el agua de un cauce sereno.

¿Dónde va el peregrino celeste
por el claro, infinito sendero?
Va a la aurora que brilla en el fondo
en caballo blanco como el hielo.

¡Niños chicos, cantad en el prado
horadando con risas el viento!

Dice un hombre que ha visto a Santiago
en tropel con doscientos guerreros.
Iban todos cubiertos de luces,
con guirnaldas de verdes luceros,
y el caballo que monta Santiago
era un astro de brillos intensos.

Dice el hombre que cuenta la historia
que en la noche dormida se oyeron
tremolar plateado de alas
que en sus ondas llevóse el silencio.

¿Qué sería que el río paróse?
Eran ángeles los caballeros.

¡Niños chicos, cantad en el prado
horadando con risas el viento!

Es la noche de luna menguante.
¡Escuchad! ¿Qué se siente en el cielo,
que los grillos refuerzan sus cuerdas
y dan voces los perros vegueros?

—Madre abuela, ¿cuál es el camino,
madre abuela, que yo no lo veo?

—Mira bien y verás una cinta
de polvillo harinoso y espeso,
un borrón que parece de plata
o de nácar. ¿Lo ves?
                        —Ya lo veo.

—Madre abuela, ¿dónde está Santiago?
—Por allí marcha, con su cortejo,
la cabeza llena de plumajes
y de perlas muy finas el cuerpo,
con la luna rendida a sus plantas,
con el sol escondido en el pecho.

Esta noche en la vega se escuchan
los relatos brumosos del cuento.

¡Niños chicos, cantad en el prado,
horadando con risas el viento!

II

Una vieja que vive muy pobre
en la parte más alta del pueblo,
que posee una rueca inservible,
una virgen y dos gatos negros,
mientras hace la ruda calceta
con sus secos y temblones dedos,

rodeada de buenas comadres,
y de sucios chiquillos traviesos,
en la paz de la noche tranquila,
con las sierras perdidas en negro,
va contando con ritmos tardíos
la visión que ella tuvo en sus tiempos.

Ella vio en una noche lejana
como ésta, sin ruidos ni vientos,
al apóstol Santiago en persona,
peregrino en la tierra del cielo.

—Y comadre, ¿cómo iba vestido?—
le preguntan dos voces a un tiempo.

—Con bordón de esmeraldas y perlas
y una túnica de terciopelo.

Cuando hubo pasado la puerta,
mis palomas sus alas tendieron,
y mi perro, que estaba dormido,
fue tras él, sus pisadas lamiendo.
Era dulce el Apóstol divino,
más aún que la luna de enero.
A su paso dejó por la senda
un olor de azucena y de incienso.

—Y comadre, ¿no le dijo nada?—
le preguntan dos voces a un tiempo.

—Al pasar me miró sonriente
y una estrella dejóme aquí dentro.

—¿Dónde tienes guardada esa estrella?—
le pregunta un chiquillo travieso.

—¿Se ha apagado —dijéronle otros—
como cosa de un encantamiento?

—No, hijos míos, la estrella relumbra,
que en el alma clavada la llevo.

—¿Cómo son las estrellas aquí?
—Hijo mío, igual que en el cielo.

—Siga, siga la vieja comadre.
¿Dónde iba el glorioso viajero?

—Se perdió por aquellas montañas
con mis blancas palomas y el perro.
Pero llena dejóme la casa
de rosales y de jazmineros,
y las uvas verdes de la parra
maduraron, y mi troje lleno

encontré a la siguiente mañana.
Todo obra del Apóstol bueno.

—¡Grande suerte que tuvo, comadre!—
sermonearon dos voces a un tiempo.

Los chiquillos están ya dormidos
y los campos en hondo silencio.

—¡Niños chicos, pensad en Santiago
por los turbios caminos del sueño!

¡Noche clara, finales de julio!
¡Ha pasado Santiago en el cielo!

La tristeza que tiene mi alma,
por el blanco camino la dejo
para ver si la encuentran los niños
y en el agua la vayan hundiendo,
para ver si en la noche estrellada
a muy lejos la llevan los vientos.

EL DIAMANTE

Noviembre de 1920. *(Granada.)*

El diamante de una estrella
ha rayado el hondo cielo,
pájaro de luz que quiere
escapar del universo
y huye del enorme nido
donde estaba prisionero
sin saber que lleva atada
una cadena en el cuello.

Cazadores extrahumanos
están cazando luceros,
cisnes de plata maciza
en el agua del silencio.

Los chopos niños recitan
su cartilla; es el maestro
un chopo antiguo que mueve
tranquilo sus brazos muertos.
Ahora en el monte lejano
jugarán todos los muertos
a la baraja. ¡Es tan triste
la vida en el cementerio!

¡Rana, empieza tu cantar!
¡Grillo, sal de tu agujero!
Haced un bosque sonoro
con vuestras flautas. Yo vuelo
hacia mi casa intranquilo.

Se agitan en mi cerebro
dos palomas campesinas
y en el horizonte, ¡lejos!,
se hunde el arcaduz del día.
¡Terrible noria del tiempo!

MADRIGAL DE VERANO

Agosto de 1920. *(Vega de Zujaira.)*

Junta tu roja boca con la mía,
¡oh Estrella la gitana!

Bajo el oro solar del mediodía
morderé la manzana.

En el verde olivar de la colina,
hay una torre mora
del color de tu carne campesina
que sabe a miel y aurora.

Me ofreces en tu cuerpo requemado,
el divino alimento
que da flores al cauce sosegado
y luceros al viento.

¿Cómo a mí te entregaste, luz morena?
¿Por qué me diste llenos
de amor tu sexo de azucena
y el rumor de tus senos?

¿No fue por mi figura entristecida?
(¡Oh mis torpes andares!)
¿Te dio lástima acaso de mi vida,
marchita de cantares?

¿Cómo no has preferido a mis lamentos
los muslos sudorosos
de un San Cristóbal campesino, lentos
en el amor y hermosos?

Danaide del placer eres conmigo.
Femenino Silvano.
Huelen tus besos como huele el trigo
reseco del verano.

Entúrbiame los ojos con tu canto.
Deja tu cabellera
extendida y solemne como un manto
de sombra en la pradera.

Píntame con tu boca ensangrentada
un cielo del amor,
en un fondo de carne la morada
Estrella de dolor.

Mi pegaso andaluz está cautivo
de tus ojos abiertos,
volará desolado y pensativo
cuando los vea muertos.

Y aunque no me quisieras te querría
por tu mirar sombrío
como quiere la alondra al nuevo día,
sólo por el rocío.

Junta tu roja boca con la mía,
¡oh Estrella la gitana!
Déjame bajo el claro mediodía
consumir la manzana.

CANTOS NUEVOS

Agosto de 1920. *(Vega de Zujaira.)*

Dice la tarde: "¡Tengo sed de sombra!"
Dice la luna: "Yo, sed de luceros."
La fuente cristalina pide labios
y suspiros el viento.

Yo tengo sed de aromas y de risas,
sed de cantares nuevos
sin lunas y sin lirios,
y sin amores muertos.

Un cantar de mañana que estremezca
a los remansos quietos
del porvenir. Y llene de esperanza
sus ondas y sus cienos.

Un cantar luminoso y reposado
pleno de pensamiento,
virginal de tristezas y de angustias
y virginal de ensueños.

Cantar sin carne lírica que llene
de risas el silencio.
(Una bandada de palomas ciegas
lanzadas al misterio.)

Cantar que vaya al alma de las cosas
y al alma de los vientos
y que descanse al fin de la alegría
del corazón eterno.

ALBA

Abril de 1919. *(Granada.)*

Mi corazón oprimido
siente junto a la alborada
el dolor de sus amores
y el sueño de las distancias.
La luz de la aurora lleva
semilleros de nostalgias
y la tristeza sin ojos
de la médula del alma.
La gran tumba de la noche
su negro velo levanta
para ocultar con el día
la inmensa cumbre estrellada.

¡Qué haré yo sobre estos campos
cogiendo nidos y ramas,
rodeado de la aurora
y llena de noche el alma!
¡Qué haré si tienes tus ojos
muertos a las luces claras
y no ha de sentir mi carne
el calor de tus miradas!
¿Por qué te perdí por siempre
en aquella tarde clara?
Hoy mi pecho está reseco
como una estrella apagada.

EL PRESENTIMIENTO

Agosto de 1920. *(Vega de Zujaira.)*

El presentimiento
es la sonda del alma
en el misterio.
Nariz del corazón,
palo de ciego
que explora en la tiniebla
del tiempo.

Ayer es lo marchito,
el sentimiento
y el campo funeral
del recuerdo.

Anteayer
es lo muerto.
Madriguera de ideas moribundas,
de pegasos sin freno.
Malezas de memorias
y desiertos
perdidos en la niebla
de los sueños.

Nada turba los siglos
pasados.
No podemos
arrancar un suspiro

de lo viejo.
El pasado se pone
su coraza de hierro
y tapa sus oídos
con algodón del viento.
Nunca podrá arrancársele
un secreto.

Sus músculos de siglos
y su cerebro
de marchitas ideas
en feto
no darán el licor que necesita
el corazón sediento.

Pero el niño futuro
nos dirá algún secreto
cuando juegue en su cama
de luceros.
Y es fácil engañarle;
por eso,
démosle con dulzura
nuestro seno.
Que el topo silencioso
del presentimiento
nos traerá sus sonajas
cuando se esté durmiendo.

CANCIÓN PARA LA LUNA

Agosto de 1920.

Blanca tortuga,
luna dormida,
¡qué lentamente
caminas!
Cerrando un párpado
de sombra, miras
cual arqueológica
pupila.
Que quizá sea...
(Satán es tuerto)
una reliquia.
Viva lección
para anarquistas.
Jehová acostumbra

sembrar su finca
con ojos muertos
y cabecitas
de sus contrarias
milicias.

Gobierna rígido
la Faz divina
con su turbante
de niebla fría,
poniendo dulces
astros sin vida
al rubio cuervo
del día.

Por eso, luna,
¡luna dormida!
vas protestando
seca de brisas,
del gran abuso
la tiranía
de ese Jehová
que os encamina
por una senda
¡siempre la misma!
mientras Él goza
en compañía
de Doña Muerte,
que es su querida...

Blanca tortuga,
luna dormida,
casta Verónica
del sol que limpias
en el ocaso

su faz rojiza.
Ten esperanza,
muerta pupila,
que el Gran Lenin
de tu campiña
será la Osa
Mayor, la arisca
fiera del cielo
que irá tranquila
a dar su abrazo
de despedida,
al viejo enorme
de los seis días.

Y entonces, luna
blanca, vendría
el puro reino
de la ceniza.

(Ya habréis notado
que soy nihilista.)

ELEGÍA DEL SILENCIO

Julio de 1920.

Silencio, ¿dónde llevas
tu cristal empañado
de risas, de palabras
y sollozos del árbol?
¿Cómo limpias, silencio,
el rocío del canto
y las manchas sonoras
que los mares lejanos
dejan sobre la albura
serena de tu manto?
¿Quién cierra tus heridas
cuando sobre los campos
alguna vieja noria
clava su lento dardo
en tu cristal inmenso?
¿Dónde vas si al ocaso
te hieren las campanas
y quiebran tu remanso
las bandadas de coplas
y el gran rumor dorado
que cae sobre los montes
azules sollozando?

El aire del invierno
hace su azul pedazos,
y troncha tus florestas

el lamentar callado
de alguna fuente fría.
Donde posas tus manos,
la espina de la risa
o el caluroso hachazo
de la pasión encuentras.
Si te vas a los astros,
el zumbido solemne
de los azules pájaros
quiebra el gran equilibrio
de tu escondido cráneo.

Huyendo del sonido
eres sonido mismo,
espectro de armonía,
humo de grito y canto.
Vienes para decirnos
en las noches oscuras
la palabra infinita
sin aliento y sin labios.

Taladrado de estrellas
y maduro de música,
¿dónde llevas, silencio,
tu dolor extrahumano,
dolor de estar cautivo

en la araña melódica,
ciego ya para siempre
tu manantial sagrado?

Hoy arrastran tus ondas
turbias de pensamiento
la ceniza sonora
y el dolor del antaño.
Los ecos de los gritos
que por siempre se fueron.
El estruendo remoto
del mar, momificado.

Si Jehová se ha dormido
sube al trono brillante,
quiébrale en su cabeza
un lucero apagado,
y acaba seriamente
con la música eterna,
la armonía sonora
de luz y mientras tanto,
vuelve a tu manantial,
donde en la noche eterna,
antes que Dios y el tiempo,
manabas sosegado.

BALADA DE UN DÍA DE JULIO

Julio de 1919.

Esquilones de plata
llevan los bueyes.

—¿Dónde vas, niña mía,
de sol y nieve?

—Voy a las margaritas
del prado verde.

—El prado está muy lejos
y miedo tienes.

—Al airón y a la sombra
mi amor no teme.

—Teme al sol, niña mía,
de sol y nieve.

—Se fue de mis cabellos
ya para siempre.

—¿Quién eres, blanca niña?
¿De dónde vienes?

—Vengo de los amores
y de las fuentes.

Esquilones de plata
llevan los bueyes.

—¿Qué llevas en la boca
que se te enciende?

—La estrella de mi amante
que vive y muere.

—¿Qué llevas en el pecho
tan fino y leve?

—La espada de mi amante
que vive y muere.

—¿Qué llevas en los ojos,
negro y solemne?

—Mi pensamiento triste
que siempre hiere.

—¿Por qué llevas un manto
negro de muerte?

—¡Ay, yo soy la viudita
triste y sin bienes.

Del conde del Laurel
de los Laureles!

—¿A quién buscas aquí
si a nadie quieres?

—Busco el cuerpo del conde
de los Laureles.

—¿Tú buscas el amor,
viudita aleve?
Tú buscas un amor
que ojalá encuentres.

—Estrellitas del cielo
son mis quereres,
¿dónde hallaré a mi amante
que vive y muere?

—Está muerto en el agua,
niña de nieve,
cubierto de nostalgias
y de claveles.

—¡Ay! caballero errante
de los cipreses,
una noche de luna
mi alma te ofrece.

—¡Ah! Isis soñadora.
Niña sin mieles,
la que en bocas de niños
su cuento vierte.

Mi corazón te ofrezco,
corazón tenue,

herido por los ojos
de las mujeres.

—Caballero galante,
con Dios te quedes.
Voy a buscar al conde
de los Laureles.

—Adiós, mi doncellita,
rosa durmiente,
tú vas para el amor
y yo a la muerte.
Esquilones de plata
llevan los bueyes.

Mi corazón desangra
como una fuente.

IN MEMORIAM

Agosto de 1920.

Dulce chopo,
dulce chopo,
te has puesto
de oro.
Ayer estabas verde,
un verde loco
de pájaros
gloriosos.
Hoy estás abatido
bajo el cielo de agosto

como yo bajo el cielo
de mi espíritu rojo.
La fragancia cautiva
de tu tronco
vendrá a mi corazón
piadoso,
¡rudo abuelo del prado!
Nosotros
nos hemos puesto
de oro.

SUEÑO

Mayo de 1919.

Mi corazón reposa junto a la fuente fría.
        (Llénala con tus hilos,
        araña del olvido.)

El agua de la fuente su canción le decía.
        (Llénala con tus hilos,
        araña del olvido.)

Mi corazón despierto sus amores decía.
        (Araña del silencio,
        téjele tu misterio.)

El agua de la fuente lo escuchaba sombría.
  (Araña del silencio,
  téjele tu misterio.)

Mi corazón se vuelca sobre la fuente fría.
  (Manos blancas, lejanas,
  detened a las aguas.)

Y el agua se lo lleva cantando de alegría.
  (¡Manos blancas, lejanas,
  nada queda en las aguas!)

PAISAJE

Junio de 1920.

Las estrellas apagadas
llenan de ceniza el río
verdoso y frío.

La fuente no tiene trenzas.
Ya se han quemado los nidos
escondidos.

Las ranas hacen del cauce
una siringa encantada
desafinada.

Sale del monte la luna,
con su cara bonachona
de jamona.

Una estrella le hace burla
desde su casa de añil
infantil.

El débil color rosado
hace cursi el horizonte
del monte.

Y observo que el laurel tiene
cansancio de ser poético
y profético.

Como la hemos visto siempre
el agua se va durmiendo,
sonriyendo.

Todo llora por costumbre.
Todo el campo se lamenta
sin darse cuenta.

Yo, por no desafinar,
digo por educación:
"¡Mi corazón!"

Pero una grave tristeza
tiñe mis labios manchados
de pecados.

Yo voy lejos del paisaje.
Hay en mi pecho una hondura
de sepultura.

Un murciélago me avisa
que el sol se esconde doliente
en el poniente.

¡Pater noster por mi amor!
(Llanto de las alamedas
y arboledas.)

En el carbón de la tarde
miro mis ojos lejanos,
cual milanos.

Y despeino mi alma muerta
con arañas de miradas
olvidadas.

Ya es de noche, y las estrellas
clavan puñales al río
verdoso y frío.

NOVIEMBRE

Noviembre de 1920.

Todos los ojos
estaban abiertos
frente a la soledad
despintada por el llanto.
          Tin
          Tan,
          Tin
          Tan.

Los verdes cipreses
guardaban su alma
arrugada por el viento,
y las palabras como guadañas
segaban almas de flores.
          Tin
          Tan,
          Tin
          Tan.

El cielo estaba marchito.
¡Oh tarde cautiva por las nubes,
esfinge sin ojos!
Obelisco y chimeneas
hacían pompas de jabón.
          Tin

          Tan,
          Tin
          Tan.

Los ritmos se curvaban
y se curvaba el aire,
guerreros de niebla
hacían de los árboles
catapultas.
          Tin
          Tan,
          Tin
          Tan.

¡Oh tarde,
tarde de mi otro beso!
Tema lejano de mi sombra,
¡sin rayo de oro!
Cascabel vacío.
Tarde desmoronada
sobre piras de silencio.
          Tin
          Tan,
          Tin
          Tan.

PREGUNTAS

Mayo de 1918.

Un pleno de cigarras tiene el campo.
—¿Qué dices, Marco Aurelio,
de estas viejas filósofas del llano?
¡Pobre es tu pensamiento!

Corre el agua del río mansamente.
—¡Oh Sócrates! ¿Qué ves
en el agua que va a la amarga muerte?
¡Pobre y triste es tu fe!

Se deshojan las rosas en el lodo.
—¡Oh, dulce Juan de Dios!
¿Qué ves en estos pétalos gloriosos?
¡Chico es tu corazón!

LA VELETA YACENTE

Diciembre de 1920. *(Madrid.)*

El duro corazón de la veleta
entre el libro del tiempo
(una hoja la tierra
y otra hoja el cielo).
Aplastóse doliente sobre letras
de tejados viejos.
Lírica flor de torre
y luna de los vientos,
abandona el estambre de la cruz
y dispersa sus pétalos,
para caer sobre las losas frías
comida por la oruga
de los ecos.

Yaces bajo una acacia.
¡Memento!
No podías latir
porque eras de hierro...
mas poseíste la forma;
¡conténtate con eso!
y húndete bajo el verde
légamo,
en busca de tu gloria
de fuego,
aunque te llamen tristes
las torres desde lejos
y oigas en las veletas
chirriar tus compañeros.
Húndete bajo el paño
verdoso de tu lecho,
que ni la blanca monja,
ni el perro,
ni la luna menguante,
ni el lucero,
ni el turbio sacristán
del convento,
recordarán tus gritos
del invierno.
Húndete lentamente,
que si no, luego,
te llevarán los hombres
de los trapos viejos.
Y ojalá pudiera darte
por compañero...
este corazón mío
¡tan incierto!

CORAZÓN NUEVO

Junio de 1918. *(Granada.)*

Mi corazón, como una sierpe,
se ha desprendido de su piel,
y aquí la miro entre mis dedos
llena de heridas y de miel.

Los pensamientos que anidaron
en tus arrugas ¿dónde están?
¿dónde las rosas que aromaron
a Jesucristo y a Satán?

¡Pobre envoltura que ha oprimido
a mi fantástico lucero!
Gris pergamino dolorido
de lo que quise y ya no quiero.

Yo veo en ti fetos de ciencias,
momias de versos y esqueletos
de mis antiguas inocencias
y mis románticos secretos.

¿Te colgaré sobre los muros
de mi museo sentimental,
junto a los gélidos y oscuros
lirios durmientes de mi mal?

¿O te pondré sobre los pinos
—libro doliente de mi amor—
para que sepas de los trinos
que da a la aurora el ruiseñor?

SE HA PUESTO EL SOL

Agosto de 1920.

Se ha puesto el sol. Los árboles
meditan como estatuas.
Ya está el trigo segado.
¡Qué tristeza
de las norias paradas!

Un perro campesino
quiere comerse a Venus, y le ladra.
Brilla sobre su campo de pre-beso,
como una gran manzana.

Los mosquitos —Pegasos del rocío—
vuelan, el aire en calma.
La Penélope inmensa de la luz
teje una noche clara.

Hijas mías, dormid, que viene el lobo,
las ovejitas balan.
¿Ha llegado el otoño, compañeras?
dice una flor ajada.

Ya vendrán los pastores con sus nidos
por la sierra lejana,
ya jugarán las niñas en la puerta
de la vieja posada,
y habrá coplas de amor
que ya se saben
de memoria las casas.

PAJARITA DE PAPEL

Julio de 1920.

¡Oh pajarita de papel!
águila de los niños.
Con las plumas de letras,
sin palomo
y sin nido.

Las manos aún mojadas de misterio
te crean en un frío
anochecer de otoño, cuando mueren
los pájaros y el ruido
de la lluvia nos hace amar la lámpara,
el corazón y el libro.

Naces para vivir unos minutos
en el frágil castillo
de naipes que se eleva tembloroso
como el tallo de un lirio,
y meditas allí ciega y sin alas
que pudiste haber sido
el atleta grotesco que sonríe
ahorcado por un hilo,
el barco silencioso sin remeros ni velamen,
el lírico
buque fantasma del miedoso insecto,
o el triste borriquito
que escarnecen, haciéndolo Pegaso,
los soplos de los niños.

Pero en medio de tu meditación
van gotas de humorismo.
Hecha con la corteza de la ciencia
te ríes del destino,
y gritas: Blanca Flor no muere nunca,
ni se muere Luisito.
La mañana es eterna, es eterna
la fuente del rocío.

Y aunque no crees en nada dices esto,
no se enteren los niños
de que hay sombra detrás de las estrellas
y sombra en tu castillo.

En medio de la mesa, al derrumbarse
tu azul mansión, has visto
que el milano te mira ansiosamente:
Es un recién nacido,
una pompa de espuma sobre el agua
del sufrimiento vivo.

Y tú vas a sus labios luminosos
mientras ríen los niños,
y callan los papás, no se despierten
los dolores vecinos.

Así pájaro clown desapareces
para nacer en otro sitio,
así pájaro esfinge das tu alma
de ave fénix al limbo.

MADRIGAL

Octubre de 1920. *(Madrid.)*

Mi beso era una granada,   tu boca era rosa
profunda y abierta;   de papel.

El fondo un campo de nieve.

Mis manos eran hierros
para los yunques;
tu cuerpo era el ocaso
de una campanada.

El fondo un campo de nieve.

En la agujereada
calavera azul
hicieron estalactitas.
mis te quiero.

El fondo un campo de nieve.

Llenáronse de moho
mis sueños infantiles,
y taladró la luna
mi dolor salomónico.

El fondo un campo de nieve.

Ahora maestro grave
a la alta escuela,
a mi amor y a mis sueños
(caballitos sin ojos).

Y el fondo es un campo de nieve.

UNA CAMPANA

Octubre de 1920.

Una campana serena
crucificada en su ritmo
define a la mañana
con peluca de niebla
y arroyos de lágrimas.
Mi viejo chopo
turbio de ruiseñores
esperaba
poner entre las hierbas
sus ramas
mucho antes que el otoño
lo dorara.

Pero los puntales
de mis miradas
lo sostenían.
¡Viejo chopo, aguarda!
¿No sientes la madera
de mi amor desgarrada?
Tiéndete en la pradera
cuando cruja mi alma
que un vendaval de besos
y palabras
ha dejado rendida,
lacerada.

CONSULTA

Agosto de 1920.

¡Pasionaria azul!
Yunque de mariposas.
¿Vives bien en el limo
de las horas?

(¡Oh, poeta infantil,
quiebra tu reloj!)

Clara estrella azul,
ombligo de la aurora.
¿Vives bien en la espuma
de la sombra?

(¡Oh, poeta infantil,
quiebra tu reloj!)

Corazón azulado,
lámpara de mi alcoba.
¿Lates bien sin mi sangre
filarmónica?

(¡Oh, poeta infantil,
quiebra tu reloj!)

Os comprendo y me dejo
arrumbado en la cómoda
al insecto del tiempo.
Sus metálicas gotas
no se oirán en la calma
de mi alcoba.
Me dormiré tranquilo

como dormís vosotras,
pasionarias y estrellas,
que al fin la mariposa
volará en la corriente
de las horas
mientras nace en mi tronco
la rosa.

TARDE

Noviembre de 1919.

Tarde lluviosa en gris cansado,
y sigue el caminar.
Los árboles marchitos.
          Mi cuarto, solitario.
Y los retratos viejos
y el libro sin cortar...

Chorrea la tristeza por los muebles
y por mi alma.
          Quizá
no tenga para mí Naturaleza
el pecho de cristal.

Y me duele la carne del corazón
y la carne del alma.
          Y al hablar,
se quedan mis palabras en el aire
como corchos sobre agua.

Sólo por tus ojos
sufro yo este mal,
tristezas de antaño
y las que vendrán.

Tarde lluviosa en gris cansado,
y sigue el caminar.

HAY ALMAS QUE TIENEN...

8 de febrero de 1920.

Hay almas que tienen
azules luceros,
mañanas marchitas
entre hojas del tiempo,
y castos rincones
que guardan un viejo
rumor de nostalgias
y sueños.

Otras almas tienen
dolientes espectros
de pasiones. Frutas
con gusanos. Ecos
de una voz quemada
que viene de lejos

como una corriente
de sombras. Recuerdos
vacíos de llanto
y migajas de besos.

Mi alma está madura
hace mucho tiempo,
y se desmorona
turbia de misterio.
Piedras juveniles
roídas de ensueño
caen sobre las aguas
de mis pensamientos.
Cada piedra dice:
¡Dios está muy lejos!

PRÓLOGO

24 de julio de 1920. *(Vega de Zujaira.)*

Mi corazón está aquí,
Dios mío.
Hunde tu cetro en él, Señor.
Es un membrillo
demasiado otoñal
y está podrido.
Arranca los esqueletos
de los gavilanes líricos
que tanto, tanto lo hirieron,
y si acaso tienes pico
móndale su corteza
de hastío.

Mas si no quieres hacerlo,
me da lo mismo,
guárdate tu cielo azul
que es tan aburrido.
El rigodón de los astros.
Y tu Infinito,
que yo pediré prestado
el corazón de un amigo.
Un corazón con arroyos
y pinos,
y un ruiseñor de hierro
que resista
el martillo
de los siglos.

Además, Satanás me quiere mucho.
Fue compañero mío
en un examen de
lujuria, y el pícaro
buscará a Margarita
—me lo tiene ofrecido—.
Margarita morena,
sobre un fondo de viejos olivos,
con dos trenzas de noche
de estío,
para que yo desgarre
sus muslos limpios.
Y entonces, ¡oh Señor!
seré tan rico
o más que tú,
porque el vacío
no puede compararse
al vino
con que Satán obsequia
a sus buenos amigos.

Licor hecho con llanto.
¡Qué más da!
Es lo mismo
que tu licor compuesto
de trinos.

Dime, Señor,
¡Dios mío!
¿Nos hundes en la sombra
del abismo?
¿Somos pájaros ciegos
sin nidos?

La luz se va apagando.
¿Y el aceite divino?
Las olas agonizan.
¿Has querido
jugar como si fuéramos
soldaditos?
Dime, Señor,
¡Dios mío!
¿No llega el dolor nuestro
a tus oídos?
¿No han hecho las blasfemias
babeles sin ladrillos
para herirte, o te gustan
los gritos?
¿Estás sordo? ¿Estás ciego?
¿O eres bizco
de espíritu
y ves el alma humana
con tonos invertidos?

¡Oh Señor soñoliento!
¡Mira mi corazón
frío
como un membrillo
demasiado otoñal
que está podrido!

Si tu luz va a llegar
abre los ojos vivos
pero si continúas
dormido,
ven, Satanás errante,
sangriento peregrino,
ponme la Margarita
morena en los olivos

con las trenzas de noche
de estío,
que yo sabré encenderle
sus ojos pensativos
con mis besos manchados
de lirios.
Y oiré una tarde ciega
mi ¡Enrique! ¡Enrique!
lírico,
mientras todos mis sueños
se llenan de rocío.
Aquí, Señor, te dejo

mi corazón antiguo,
voy a pedir prestado
otro nuevo a un amigo.
Corazón con arroyos
y pinos.
Corazón sin culebras
ni lirios.
Robusto, con la gracia
de un joven campesino,
que atraviesa de un salto
el río.

BALADA INTERIOR

16 de julio de 1920. *(Vega de Zujaira.)*

A Gabriel.

El corazón
que tenía en la escuela
donde estuvo pintada
la cartilla primera,
¿está en ti,
noche negra?

(Frío, frío,
como el agua
del río.)

El primer beso
que supo a beso y fue
para mis labios niños
como la lluvia fresca,
¿está en ti,
noche negra?

(Frío, frío,
como el agua
del río.)

Mi primer verso,
la niña de las trenzas
que miraba de frente,
¿está en ti,
noche negra?

(Frío, frío,
como el agua
del río.)

Pero mi corazón
roído de culebras,
el que estuvo colgado
del árbol de la ciencia,
¿está en ti,
noche negra?

(Caliente, caliente,
como el agua
de la fuente.)

Mi amor errante,
castillo sin firmeza
de sombras enmohecidas,
¿está en ti,
noche negra?

(Caliente, caliente,
como el agua
de la fuente.)

¡Oh, gran dolor!
Admites en tu cueva
nada más que la sombra.
¿Es cierto,
noche negra?

(Caliente, caliente,
como el agua
de la fuente.)

¡Oh corazón perdido!
¡Requiem aeternam!

EL LAGARTO VIEJO

26 de julio de 1920. *(Vega de Zujaira.)*

En la angosta senda
he visto al buen lagarto
(gota de cocodrilo)
meditando.
Con su verde levita
de abate del diablo,
su talante correcto
y su cuello planchado,
tiene un aire muy triste
de viejo catedrático.
¡Esos ojos marchitos
de artista fracasado,
cómo miran la tarde
desmayada!

¿Es éste su paseo
crepuscular, amigo?
Usad bastón, ya estáis
muy viejo, don Lagarto,
y los niños del pueblo
pueden daros un susto.
¿Qué buscáis en la senda,
filósofo cegato,
si el fantasma indeciso
de la tarde agosteña
ha roto el horizonte?

¿Buscáis la azul limosna
del cielo moribundo?
¿Un céntimo de estrella?
¿O acaso
estudiasteis un libro
de Lamartine, y os gustan
los trinos platerescos
de los pájaros?

(Miras al sol poniente,
y tus ojos relucen,
¡oh, dragón de las ranas!,
con un fulgor humano.
Las góndolas sin remos
de las ideas, cruzan
el agua tenebrosa
de tus iris quemados.)

¿Venís quizá en la busca
de la bella lagarta,
verde como los trigos
de mayo,
como las cabelleras
de las fuentes dormidas,
que os despreciaba, y luego
se fue de vuestro campo?
¡Oh, dulce idilio roto
sobre la fresca juncia!

¡Pero vivid! ¡Qué diantre!
Me habéis sido simpático.
El lema de "me opongo
a la serpiente" triunfa
en esa gran papada
de arzobispo cristiano.

Ya se ha disuelto el sol
en la copa del monte,
y enturbian el camino
los rebaños.
Es hora de marcharse.
Dejad la angosta senda
y no continuéis
meditando.
Qué lugar tendréis luego
de mirar las estrellas
cuando os coman sin prisa
los gusanos.

¡Volved a vuestra casa
bajo el pueblo de grillos!
¡Buenas noches, amigo
don Lagarto!

Ya está el campo sin gente,
los montes apagados
y el camino desierto;
sólo de cuando en cuando
canta un cuco en la umbría
de los álamos.

PATIO HÚMEDO

1920

Las arañas
iban por los laureles.

La casualidad
se va tornando en nieve,
y los años dormidos
ya se atreven
a clavar los telares
del siempre.

La quietud hecha esfinge
se ríe de la muerte
que canta melancólica

en un grupo
de lejanos cipreses.

La yedra de las gotas
tapiza las paredes
empapadas de arcaicos
misereres.

¡Oh, torre vieja! Llora
tus lágrimas mudéjares
sobre este grave patio
que no tiene fuente.

Las arañas
iban por los laureles.

BALADA DE LA PLACETA

1919.

Cantan los niños
en la noche quieta:
¡Arroyo claro,
fuente serena!

LOS NIÑOS

¿Qué tiene tu divino
corazón en fiesta?

Yo

Un doblar de campanas
perdidas en la niebla.

LOS NIÑOS

Ya nos dejas cantando
en la plazuela.
¡Arroyo claro,
fuente serena!

¿Qué tienes en tus manos
de primavera?

Yo

Una rosa de sangre
y una azucena.

LOS NIÑOS

Mójalas en el agua
de la canción añeja.
¡Arroyo claro,
fuente serena!

¿Qué sientes en tu boca
roja y sedienta?

Yo

El sabor de los huesos
de mi gran calavera.

LOS NIÑOS

Bebe el agua tranquila
de la canción añeja.
¡Arroyo claro,
fuente serena!

¿Porque te vas tan lejos
de la plazuela?

Yo

¡Voy en busca de magos
y de princesas!

Los niños

¿Quién te enseñó el camino
de los poetas?

Yo

La fuente y el arroyo
de la canción añeja.

Los niños

¿Te vas lejos, muy lejos
del mar y de la tierra?

Yo

Se ha llenado de luces
mi corazón de seda,

de campanas perdidas,
de lirios y de abejas,
y yo me iré muy lejos,
más allá de esas sierras,
más allá de los mares,
cerca de las estrellas,
para pedirle a Cristo
Señor que me devuelva
mi alma antigua de niño,
madura de leyendas,
con el gorro de plumas
y el sable de madera.

Los niños

Ya nos dejas cantando
en la plazuela,
¡arroyo claro,
fuente serena!

Las pupilas enormes
de las frondas resecas
heridas por el viento
lloran las hojas muertas.

ENCRUCIJADA

Julio de 1920.

¡Oh, qué dolor el tener
versos en la lejanía
de la pasión, y el cerebro
todo manchado de tinta!

¡Oh, qué dolor no tener
la fantástica camisa
del hombre feliz: la piel
—alfombra del sol— curtida.

(Alrededor de mis ojos
bandadas de letras giran.)

¡Oh, qué dolor el dolor
antiguo de la poesía,
este dolor pegajoso
tan lejos del agua limpia!

¡Oh, dolor de lamentarse

por sorber la vena lírica!
¡Oh, dolor de fuente ciega
y molino sin harina!

¡Oh, qué dolor no tener
dolor y pasar la vida,
sobre la hierba incolora
de la vereda indecisa!

¡Oh, el más profundo dolor,
el dolor de la alegría,
reja que nos abre surcos
donde el llanto fructifica!

(Por un monte de papel
asoma la luna fría.)
¡Oh dolor de la verdad!
¡Oh dolor de la mentira!

HORAS DE ESTRELLAS

1920.

El silencio redondo de la noche
sobre el pentagrama
del infinito.

Yo me salgo desnudo a la calle,
maduro de versos
perdidos.
Lo negro, acribillado
por el canto del grillo,
tiene ese fuego fatuo,
muerto,
del sonido.
Esa luz musical
que percibe
el espíritu.

Los esqueletos de mil mariposas
duermen en mi recinto.

Hay una juventud de brisas locas
sobre el río.

EL CAMINO

No conseguirá nunca
tu lanza
herir al horizonte.
La montaña
es un escudo
que lo guarda.

No sueñes con la sangre de la luna
y descansa.
Pero deja, camino,
que mis plantas
exploren la caricia
de la rociada.

¡Quiromántico enorme!
¿Conocerás las almas

por el débil tatuaje
que olvidan en tu espalda?
Si eres un Flammarión
de las pisadas,
¡cómo debes amar
a los asnos que pasan
acariciando con ternura humilde
tu carne desgarrada!
Ellos solos meditan dónde puede
llegar tu enorme lanza.
Ellos solos, que son
los Budas de la Fauna,
cuando viejos y heridos deletrean
tu libro sin palabras.

¡Cuánta melancolía
tienes entre las casas
del poblado!
¡Qué clara
es tu virtud! Aguantas
cuatro carros dormidos,
dos acacias,
y un pozo del antaño
que no tiene agua.

Dando vueltas al mundo,
no encontrarás posada.
No tendrás camposanto
ni mortaja,
ni el aire del amor renovará
tu sustancia.

Pero sal de los campos
y en la negra distancia
de lo eterno, si tallas
la sombra con tu lima
blanca, ¡oh, camino!
¡Pasarás por el puente
de Santa Clara!

EL CONCIERTO INTERRUMPIDO

1920.

A Adolfo Salazar.

Ha roto la armonía
de la noche profunda,
el calderón helado y soñoliento

de la media luna.
Las acequias protestan sordamente
arropadas con juncias,

y las ranas, muecines de la sombra,
se han quedado mudas.

En la vieja taberna del poblado
cesó la triste músïca,
y ha puesto la sordina a su aristón
la estrella más antigua.

El viento se ha sentado en los torca-
de la montaña oscura,   [les
y un chopo solitario —el Pitágoras
de la casta llanura—
quiere dar con su mano centenaria,
un cachete a la luna.

CANCIÓN ORIENTAL

1920.

Es la granada olorosa
un cielo cristalizado.
(Cada grano es una estrella,
cada velo es un ocaso.)
Cielo seco y comprimido
por la garra de los años.

La granada es como un seno
viejo y apergaminado,
cuyo pezón se hizo estrella
para iluminar el campo.

Es colmena diminuta
con panal ensangrentado,
pues con bocas de mujeres
sus abejas la formaron.
Por eso al estallar, ríe
con púrpuras de mil labios...

La granada es corazón
que late sobre el sembrado,
un corazón desdeñoso
donde no pican los pájaros,
un corazón que por fuera
es duro como el humano,
pero da al que lo traspasa
o!or y sangre de mayo.
La granada es el tesoro
del viejo gnomo del prado,
el que habló con niña Rosa,
en el bosque solitario,
aquel de la blanca barba
y del traje colorado.
Es el tesoro que aún guardan
las verdes hojas del árbol.
Arca de piedras preciosas
en entraña de oro vago.

La espiga es el pan. Es Cristo
en vida y muerte cuajado.

El olivo es la firmeza
de la fuerza y el trabajo.

La manzana es lo carnal,
fruta esfinge del pecado,
gota de siglos que guarda
de Satanás el contacto.

La naranja es la tristeza
del azahar profanado,
pues se torna fuego y oro
lo que antes fue puro y blanco.

Las vidas son la lujuria
que se cuaja en el verano,
de las que la iglesia saca
con bendición, licor santo.

Las castañas son la paz
del hogar. Cosas de antaño.
Crepitar de leños viejos,
peregrinos descarriados.

La bellota es la serena
poesía de lo rancio,
y el membrillo de oro débil
la limpieza de lo sano.

Mas la granada es la sangre,
sangre del cielo sagrado,
sangre de la tierra herida
por la aguja del regato.
Sangre del viento que viene
del rudo monte arañado.
Sangre de la mar tranquila,

sangre del dormido lago.
La granada es la prehistoria
de la sangre que llevamos,
la idea de sangre, encerrada
en glóbulo duro y agrio,
que tiene una vaga forma
de corazón y de cráneo.

¡Oh granada abierta!, que eres
una llama sobre el árbol,
hermana en carne de Venus,
risa del huerto oreado.

Te cercan las mariposas
creyéndote sol parado.
Y por miedo de quemarse
huyen de ti los gusanos.

Porque eres luz de la vida,
hembra de las frutas. Claro
lucero de la floresta
del arroyo enamorado.

¡Quién fuera como tú, fruta,
todo pasión sobre el campo!

CHOPO MUERTO

1920.

¡Chopo viejo!
Has caído
en el espejo
del remanso dormido,
abatiendo tu frente
ante el poniente.
No fue el vendaval ronco
el que rompió tu tronco,
ni fue el hachazo grave
del leñador, que sabe
has de volver
a nacer.

Fue tu espíritu fuerte
el que llamó a la muerte,
al hallarse sin nidos, olvidado
de los chopos infantes del prado.
Fue que estabas sediento
de pensamiento,
y tu enorme cabeza centenaria,
solitaria
escuchaba los lejanos
cantos de tus hermanos.

En tu cuerpo guardabas
las lavas
de tu pasión,
y en tu corazón,
el semen sin futuro de Pegaso,
la terrible simiente
de un amor inocente
por el sol de ocaso.

¡Qué amargura tan honda
para el paisaje,
el héroe de la fronda
sin ramaje!

Ya no serás la cuna
de la luna,
ni la mágica risa
de la brisa,
ni el bastón de un lucero
caballero.
No tornará la primavera
de tu vida,
ni verás la sementera
florecida.
Serás nidal de ranas
y de hormigas.
Tendrás por verdes canas
las ortigas,
y un día la corriente
llevará tu corteza
con tristeza.

¡Chopo viejo!
Has caído
en el espejo
del remanso dormido.
Yo te vi descender
en el atardecer
y escribo tu elegía,
que es la mía.

CAMPO

1920.

El cielo es de ceniza,
los árboles son blancos,
y son negros carbones
los rastrojos quemados.
Tiene sangre reseca
la herida del ocaso,
y el papel incoloro
del monte, está arrugado.
El polvo del camino
se esconde en los barrancos,

están las fuentes turbias
y quietos los remansos.
Suena en un gris rojizo
la esquila del rebaño,
y la noria materna
acabó su rosario.

El cielo es de ceniza.
Los árboles son blancos.

LA BALADA DEL AGUA DEL MAR

1920.

A Emilio Prados. (Cazador de estrellas.)

El mar
sonríe a lo lejos.
Dientes de espuma,
labios de cielo.

—¿Qué vendes, oh joven turbia
con los senos al aire?

—Vendo, señor, el agua
de los mares.

—¿Qué llevas, oh negro joven,
mezclado con tu sangre?

—Llevo, señor, el agua
de los mares.

—¿Esas lágrimas salobres
de dónde vienen, madre?

—Lloro, señor, el agua
de los mares.

—Corazón; y esta amargura
seria, ¿de dónde nace?

—¡Amarga mucho el agua
de los mares!

El mar
sonríe a lo lejos.
Dientes de espuma,
labios de cielo.

ÁRBOLES

1919.

¡Árboles!
¿Habéis sido flechas
caídas del azul?
¿Qué terribles guerreros os lanza-
                         [ron?
¿Han sido las estrellas?

Vuestras músicas vienen del alma
de los ojos de Dios, [de los pájaros,
de la pasión perfecta.
¡Árboles!
¿Conocerán vuestras raíces toscas
mi corazón en tierra?

LA LUNA Y LA MUERTE

1919.

La luna tiene dientes de marfil.
¡Qué vieja y triste asoma!
Están los cauces secos,
los campos sin verdores
y los árboles mustios,
sin nidos y sin hojas.
Doña Muerte, arrugada,
pasea por sauzales
con su absurdo cortejo
de ilusiones remotas.
Va vendiendo colores
de cera y de tormenta

como un hada de cuento
mala y enredadora.

La luna le ha comprado
pinturas a la muerte.
En esta noche turbia
¡está la luna loca!

Yo mientras tanto pongo
en mi pecho sombrío
una feria sin músicas
con las tiendas de sombra.

MADRIGAL

1919.

Yo te miré a los ojos
cuando era niño y bueno.
Tus manos me rozaron
y me distes un beso.

(Los relojes llevan la misma cadencia,
y las noches tienen las mismas estrellas.)

Y se abrió mi corazón
como una flor bajo el cielo
los pétalos de lujuria
y los estambres de sueño.

(Los relojes llevan la misma cadencia,
y las noches tienen las mismas estrellas.)

En mi cuarto sollozaba
como el príncipe del cuento
por Estrellita de oro
que se fue de los torneos.

(Los relojes llevan la misma cadencia,
y las noches tienen las mismas estrellas.)

Yo me alejé de tu lado
queriéndote sin saberlo,
no sé cómo son tus ojos,
tus manos ni tus cabellos.
Sólo me queda en la frente
la mariposa del beso.

(Los relojes llevan la misma cadencia,
y las noches tienen las mismas estrellas.)

DESEO

1920.

Sólo tu corazón caliente,
y nada más.

Mi paraíso un campo
sin ruiseñor
ni liras,
con un río discreto
y una fuentecilla.

Sin la espuela del viento
sobre la fronda,
ni la estrella que quiere
ser hoja.

Una enorme luz
que fuera
luciérnaga
de otra,
en un campo de
miradas rotas.

Un reposo claro
y allí nuestros besos,
lunares sonoros
del eco,
se abrirían muy lejos.

Y tu corazón caliente,
nada más.

LOS ÁLAMOS DE PLATA

Mayo de 1919.

Los álamos de plata
se inclinan sobre el agua.
Ellos todo lo saben pero nunca hablarán.
El lirio de la fuente
no grita su tristeza.
¡Todo es más digno que la humanidad!

La ciencia del silencio frente al cielo estrellado,
la posee la flor y el insecto no más.
La ciencia de los cantos por los cantos, la tienen
los bosques rumorosos
y las aguas del mar.

El silencio profundo de la vida en la tierra,
nos lo enseña la rosa
abierta en el rosal.

¡Hay que dar el perfume
que encierran nuestras almas!
Hay que ser todo cantos,
todo luz y bondad.
¡Hay que abrirse del todo
frente a la noche negra,
para que nos llenemos de rocío inmortal!

¡Hay que acostar al cuerpo
dentro del alma inquieta!
Hay que cegar los ojos con la luz del más allá.
Tenemos que asomarnos
a la sombra del pecho,
y arrancar las estrellas que nos puso Satán.

¡Hay que ser como el árbol
que siempre está rezando,
como el agua del cauce
fija en la eternidad!

¡Hay que arañarse el alma con garras de tristeza
para que entren las llamas
del horizonte astral!

Brotaría en la sombra del amor carcomido
una fuente de aurora
tranquila y maternal.
Desaparecerían ciudades en el viento
y a Dios en una nube
veríamos pasar.

ESPIGAS

Junio de 1919.

El trigal se ha entregado a la muerte.
Ya las hoces cortan las espigas.
Cabecean los chopos hablando
con el alma sutil de la brisa.

El trigal sólo quiere silencio.
Se cuajó con el sol, y suspira
por el amplio elemento en que moran
los ensueños despiertos.
                    El día,
ya maduro de luz y sonido,
por los montes azules declina.

¿Qué misterioso pensamiento
conmueve a las espigas?
¿Qué ritmo de tristeza soñadora
los trigales agita?...

¡Parecen las espigas viejos pájaros
que no pueden volar! Son cabecitas,
que tienen el cerebro de oro puro
y expresiones tranquilas.

Todas piensan lo mismo, todas llevan
un secreto profundo que meditan.

Arrancan a la tierra su oro vivo
y cual dulces abejas del sol, liban
el rayo abrasador con que se visten
para formar el alma de la harina.

¡Oh, qué alegre tristeza me causáis,
dulcísimas espigas!
Venís de las edades más profundas,
cantasteis en la Biblia,
y tocáis cuando os rozan los silencios
un concierto de liras.

Brotáis para alimento de los hombres.
¡Pero mirad las blancas margaritas
y los lirios que nacen *porque sí!*
¡Momias de oro sobre las campiñas!
La flor silvestre nace para el sueño
y vosotras nacéis para la vida.

MEDITACIÓN BAJO LA LLUVIA

3 de enero de 1919.

A José Mora.

Ha besado la lluvia al jardín provinciano
dejando emocionantes cadencias en las hojas.
El aroma sereno de la tierra mojada
inunda al corazón de tristeza remota.

Se rasgan nubes grises en el mudo horizonte.
Sobre el agua dormida de la fuente, las gotas
se clavan, levantando claras perlas de espuma.
Fuegos fatuos que apaga el temblor de las ondas.

La pena de la tarde estremece a mi pena.
Se ha llenado el jardín de ternura monótona.
¿Todo mi sufrimiento se ha de perder, Dios mío,
como se pierde el dulce sonido de las frondas?

¿Todo el eco de estrellas que guardo sobre el alma
será luz que me ayude a luchar con mi forma?
¿Y el alma verdadera se despierta en la muerte?
¿Y esto que ahora pensamos se lo traga la sombra?

¡Oh, qué tranquilidad del jardín con la lluvia!
Todo el paisaje casto mi corazón transforma
en un ruido de ideas humildes y apenadas
que pone en mis entrañas un batir de palomas.

Sale el sol. El jardín desangra en amarillo.
Late sobre el ambiente una pena que ahoga.
Yo siento la nostalgia de mi infancia intranquila,
mi ilusión de ser grande en el amor, las horas

pasadas como ésta contemplando la lluvia
con tristeza nativa.
                    Caperucita roja
iba por el sendero....
Se fueron mis historias, hoy medito, confuso,
ante la fuente turbia que del amor me brota.

¿Todo mi sufrimiento se ha de perder, Dios mío,
como se pierde el dulce sonido de las frondas?

Vuelve a llover.
El viento va trayendo a las sombras.

MANANTIAL

(FRAGMENTO)

1919.

La sombra se ha dormido en la pradera.
Los manantiales cantan.

Frente al ancho crepúsculo de invierno
mi corazón soñaba.
¿Quién pudiera entender los manantiales,
el secreto del agua
recién nacida, ese cantar oculto
a todas las miradas
del espíritu, dulce melodía
más allá de las almas...?

Luchando bajo el peso de la sombra
un manantial cantaba.
Yo me acerqué para escuchar su canto
pero mi corazón no entiende nada.

Era un brotar de estrellas invisibles
sobre la hierba casta,
nacimiento del Verbo de la tierra
por un sexo sin mancha.

Mi chopo centenario de la vega
sus hojas meneaba
y eran las hojas trémulas de ocaso
como estrellas de plata.
El resumen de un cielo de verano
era el gran chopo.
                    Mansas
y turbias de penumbra yo sentía
las canciones del agua.

¿Qué alfabeto de auroras ha compuesto
sus oscuras palabras?

¿Qué labios las pronuncian? ¿Y qué dicen
a la estrella lejana?
¡Mi corazón es malo, Señor! Siento en mi carne
la implacable brasa
del pecado. Mis mares interiores
se quedaron sin playas.
Tu faro se apagó. ¡Ya los alumbra
mi corazón de llamas!
Pero el negro secreto de la noche
y el secreto del agua
¿son misterios tan sólo para el ojo
de la conciencia humana?
¿La niebla del misterio no estremece
al árbol, al insecto y la montaña?
¿El terror de la sombra no lo sienten
las piedras y las plantas?
¿Es sonido tan sólo esta voz mía?
¿Y el casto manantial no dice nada?

Mas yo siento en el agua
algo que me estremece... como un aire
que agita los ramajes de mi alma.

¡Sé árbol!
            (Dijo una voz en la distancia.)
Y hubo un torrente de luceros
sobre el cielo sin mancha.

Yo me incrusté en el chopo centenario
con tristeza y con ansia,
cual Dafne varonil que huye miedosa
de un Apolo de sombra y de nostalgia.
Mi espíritu fundióse con las hojas
y fue mi sangre savia.
En untuosa resina convirtióse
la fuente de mis lágrimas.
El corazón se fue con las raíces,
y mi pasión humana,
haciendo heridas en la ruda carne,
fugaz me abandonaba.

Frente al ancho crepúsculo de invierno
yo torcía las ramas
gozando de los ritmos ignorados
entre la brisa helada.

Sentí sobre mis brazos dulces nidos,
acariciar de alas,
y sentí mil abejas campesinas
que en mis dedos zumbaban.
¡Tenía una colmena de oro vivo
en las viejas entrañas!
El paisaje y la tierra se perdieron,
sólo el cielo quedaba,
y escuché el débil ruido de los astros
y el respirar de las montañas.

¿No podrán comprender mis dulces hojas
el secreto del agua?
¿Llegarán mis raíces a los reinos
donde nace y se cuaja?
Incliné mis ramajes hacia el cielo
que las ondas copiaban,
mojé las hojas en el cristalino
diamante azul que canta,
y sentí borbotar los manantiales
como de humano yo los escuchara.
Era el mismo fluir lleno de música
y de ciencia ignorada.

Al levantar mis brazos gigantescos
frente al azul, estaba
lleno de niebla espesa, de rocío
y de luz marchitada.

Tuve la gran tristeza vegetal,
el amor a las alas
para poder lanzarse con los vientos
a las estrellas blancas.
Pero mi corazón en las raíces
triste me murmuraba:
si no comprendes a los manantiales
¡muere y troncha tus ramas!

¡Señor, arráncame del suelo! ¡Dame oídos
que entiendan a las aguas!
Dame una voz que por amor arranque
su secreto a las ondas encantadas;
para encender su faro sólo pido
aceite de palabras.

¡Sé ruiseñor!, dice una voz perdida
en la muerta distancia,
y un torrente de cálidos luceros
brotó del seno que la noche guarda.
....
....

MAR

Abril de de 1919.

El mar es
el Lucifer del azul.
El cielo caído
por querer ser la luz.

¡Pobre mar condenado
a eterno movimiento,
habiendo antes estado
quieto en el firmamento!

Pero de tu amargura
te redimió el amor.
Pariste a Venus pura,
y quedóse tu hondura
virgen y sin dolor.

Tus tristezas son bellas,
mar de espasmos gloriosos.
Mas hoy en vez de estrellas
tienes pulpos verdosos.

Aguanta tu sufrir,
formidable Satán.

Cristo anduvo por ti,
mas también lo hizo Pan.

La estrella Venus es
la armonía del mundo.
¡Calle el Eclesiastés!
Venus es lo profundo
del alma...

...Y el hombre miserable
es un ángel caído.
La tierra es el probable
paraíso perdido.

SUEÑO

Mayo de 1919.

Iba yo montado sobre
un macho cabrío.
El abuelo me habló
y me dijo:
—Ése es tu camino.
¡Es ése!, gritó mi sombra,
disfrazada de mendigo.
¡Es aquel de oro!, dijeron
mis vestidos.
Un gran cisne me guiñó,
diciendo: ¡Vente conmigo!
Y una serpiente mordía
mi sayal de peregrino.

Mirando al cielo, pensaba:
Yo no tengo camino.
Las rosas del fin serán

como las del principio.
En la niebla se convierte
la carne y el rocío.

Mi caballo fantástico me lleva
por un campo rojizo.
¡Déjame!, clamó, llorando,
mi corazón pensativo.
Yo lo abandoné en la tierra,
lleno de tristeza.
                    Vino
la noche llena de arrugas
y de sombras.
                    Alumbran el camino,
los ojos luminosos y azulados
de mi macho cabrío.

OTRO SUEÑO

1919.

¡Una golondrina vuela
hacia muy lejos!...

Hay floraciones de rocío
sobre mi sueño,
y mi corazón da vueltas,
lleno de tedio,
como un "tíovivo" en que la Muerte
pasea a sus hijuelos.
¡Quisiera en estos árboles
atar al tiempo

con un cable de noche negra,
y pintar luego
con mi sangre las riberas
pálidas de mis recuerdos!

¿Cuántos hijos tiene la Muerte?
¡Todos están en mi pecho!

¡Una golondrina viene
de muy lejos!

ENCINA

1919.

Bajo tu casta sombra, encina vieja,
quiero sondar la fuente de mi vida
y sacar de los fangos de mi sombra
las esmeraldas líricas.

Echo mis redes sobre el agua turbia
y las saco vacías.
¡Más abajo del cieno tenebroso
están mis pedrerías!

¡Hunde en mi pecho tus ramajes santos,
oh solitaria encina!
Y deja en mi sub-alma
tus secretos y tu pasión tranquila.

Esta tristeza juvenil se pasa,
¡ya lo sé! La alegría
otra vez dejará sus guirnaldas
sobre mi frente herida,
aunque nunca mis redes pescarán
la oculta pedrería
de tristeza inconsciente que reluce
al fondo de mi vida.

Pero mi gran dolor trascendental
es tu dolor, encina.
Es el mismo dolor de las estrellas
y de la flor marchita.

Mis lágrimas resbalan a la tierra
y, como tus resinas,
corren sobre las aguas del gran cauce
que va a la noche fría.
Y nosotros también resbalaremos,
yo con mis pedrerías,
y tú plenas las ramas de invisibles
bellotas metafísicas.

No me abandones nunca en mis pesares,
esquelética amiga.
Cántame con tu boca vieja y casta
una canción antigua,
con palabras de tierra entrelazadas
en la azul melodía.

Vuelvo otra vez a echar las redes sobre
la fuente de mi vida,
redes hechas con hilos de esperanza,
nudos de poesía,

y saco piedras falsas entre un cieno
de pasiones dormidas.

Con el sol del otoño toda el agua
de mi fontana vibra,
y noto que sacando sus raíces
huye de mí la encina.

INVOCACIÓN AL LAUREL

1919.

A Pepe Cienfuegos.

Por el horizonte confuso y doliente
venía la noche preñada de estrellas.
Yo, como el barbudo mago de los cuentos,
sabía lenguaje de flores y piedras.

Aprendí secretos de melancolía,
dichos por cipreses, ortigas y yedras;
supe del ensueño por boca del nardo,
canté con los lirios canciones serenas.

En el bosque antiguo, lleno de negrura,
todos me mostraban sus almas cual eran:
el pinar, borracho de aroma y sonido;
los olivos viejos, cargados de ciencia;
los álamos muertos, nidales de hormigas;
el musgo, nevado de blancas violetas.

Todo hablaba dulce a mi corazón
temblando en los hilos de sonora seda
con que el agua envuelve las cosas paradas
como telaraña de armonía eterna.

Las rosas estaban soñando en la lira,
tejen las encinas oros de leyendas,
y entre la tristeza viril de los robles
dicen los enebros temores de aldea.

Yo comprendo toda la pasión del bosque;
ritmo de la hoja, ritmo de la estrella.
Mas decidme, ¡oh cedros!, si mi corazón
dormirá en los brazos de la luz perfecta.

Conozco la lira que presientes, rosa;
formé su cordaje con mi vida muerta.
¡Dime en qué remanso podré abandonarla
como se abandonan las pasiones viejas!

¡Conozco el misterio que cantas, ciprés;
soy hermano tuyo en noche y en pena;
tenemos la entraña cuajada de nidos,
tú de ruiseñores y yo de tristezas!

¡Conozco tu encanto sin fin, padre olivo,
al darnos la sangre que extraes de la Tierra;
como tú, yo extraigo con mi sentimiento
el óleo bendito que tiene la idea!

Todos me abrumáis con vuestras canciones;
yo sólo os pregunto por la mía incierta;
ninguno queréis sofocar las ansias
de este fuego casto que el pecho me quema.

¡Oh laurel divino, de alma inaccesible,
siempre silencioso, lleno de nobleza!
¡Vierte en mis oídos tu historia divina,
tu sabiduría profunda y sincera!

¡Árbol que produces frutos de silencio,
maestro de besos y mago de orquestas,
formado del cuerpo rosado de Dafne
con savia potente de Apolo en tus venas!

¡Oh gran sacerdote del saber antiguo!
¡Oh mudo solemne cerrado a las quejas!
Todos tus hermanos del bosque me hablan;
¡sólo tú, severo, mi canción desprecias!

Acaso, ¡oh, maestro del ritmo!, medites
lo inútil del triste llorar del poeta.
Acaso tus hojas, manchadas de luna,
pierdan la ilusión de la primavera.

La dulzura tenue del anochecer,
cual negro rocío, tapizó la senda,
teniendo de inmenso dosel a la noche,
que venía grave, preñada de estrellas.

RITMO DE OTOÑO

1920.

A Manuel Ángeles.

Amargura dorada en el paisaje,
el corazón escucha.

En la tristeza húmeda
el viento dijo:
—Yo soy todo de estrellas derretidas,
sangre del infinito.
Con mi roce descubro los colores
de los fondos dormidos.
Voy herido de místicas miradas,
yo llevo los suspiros
en burbujas de sangre invisibles
hacia el sereno triunfo

del Amor inmortal lleno de noche.
Me conocen los niños,
y me cuajo en tristezas.
Sobre cuentos de reinas y castillos
soy copa de luz. Soy incensario
de cantos desprendidos
que cayeron envueltos en azules
transparencias del ritmo.
En mi alma perdiéronse solemnes
carne y alma de Cristo,
y finjo la tristeza de la tarde
melancólico y frío.
Soy la eterna armonía de la Tierra,
'el bosque innumerable.

Llevo las carabelas de los sueños
a lo desconocido.
Y tengo la amargura solitaria
de no saber mi fin ni mi destino—

Las palabras del viento eran suaves,
con hondura de lirios.
Mi corazón durmióse en la tristeza
del crepúsculo.

Sobre la parda tierra de la estepa
los gusanos dijeron sus delirios.

—Soportamos tristezas
al borde del camino.
Sabemos de las flores de los bosques,
del canto monocorde de los grillos,
de la lira sin cuerdas que pulsamos,
del oculto sendero que seguimos.
Nuestro ideal no llega a las estrellas,
es sereno, sencillo;
quisiéramos hacer miel, como abejas,
o tener dulce voz o fuerte grito,
o fácil caminar sobre las hierbas,
o senos donde mamen nuestros hijos.

Dichosos los que nacen mariposas
o tienen luz de luna en su vestido.
¡Dichosos los que cortan la rosa
y recogen el trigo!
¡Dichosos los que dudan de la Muerte
teniendo Paraíso,
y el aire que recorre lo que quiere
seguro de infinito!
Dichosos los gloriosos y los fuertes,
los que jamás fueron compadecidos,
los que bendijo y sonrió triunfante
el hermano Francisco.
Pasamos mucha pena
cruzando los caminos.

Quisiéramos saber lo que nos hablan
los álamos del río—.

Y en la muda tristeza de la tarde
respondióles el polvo del camino:
—Dichosos, ¡oh, gusanos!, que tenéis
justa conciencia de vosotros mismos,
y formas y pasiones
y hogares encendidos.
Yo en el sol me disuelvo
siguiendo al peregrino,
y cuando pienso ya en la luz quedarme
caigo al suelo dormido—.

Los gusanos lloraron y los árboles,
moviendo sus cabezas pensativos,
dijeron: —El azul es imposible.
Creíamos alcanzarlo cuando niños,
y quisiéramos ser como las águilas
ahora que estamos por el rayo heridos.
De las águilas es todo el azul—.
Y el águila a lo lejos:
—¡No, no es mío!
Porque el azul lo tienen las estrellas
entre sus claros brillos—.
Las estrellas: —Tampoco lo tenemos:
Está sobre nosotros escondido—.
Y la negra distancia: —El azul
lo tiene la esperanza en su recinto—.
Y la esperanza dice quedamente
desde el reino sombrío:
—Vosotros me inventasteis corazones—.
Y el corazón:
—¡Dios mío!

El otoño ha dejado ya sin hojas
los álamos del río.
El agua ha adormecido en plata vieja
al polvo del camino.
Los gusanos se hunden soñolientos
en sus hogares fríos.
El águila se pierde en la montaña;
el viento dice: "Soy eterno ritmo."
Se oyen las nanas a las cunas pobres,
y el llanto del rebaño en el aprisco.

La mojada tristeza del paisaje
enseña como un lirio
las arrugas severas que dejaron
los ojos pensadores de los siglos.

Y mientras que descansan las estrellas
sobre el azul dormido,
mi corazón ve su ideal lejano
y pregunta:

¡Dios mío!
Pero, Dios mío, ¿a quién?
¿Quién es Dios mío?
¿Por qué nuestra esperanza se adormece
y sentimos el fracaso lírico
y los ojos se cierran comprendiendo
todo el azul?

Sobre el paisaje viejo y el hogar humeante
quiero lanzar mi grito,
sollozando de mí como el gusano
deplora su destino.
Pidiendo lo del hombre, Amor inmenso
y azul como los álamos del río.
Azul de corazones y de fuerza,
el azul de mí mismo,
que me ponga en las manos la gran llave
que fuerce al infinito.
Sin terror y sin miedo ante la muerte
escarchado de amor y de lirismo.
Aunque me hiera el rayo como al árbol
y me quede sin hojas y sin grito.

Ahora tengo en la frente rosas blancas
y la copa rebosando vino.

AIRE DE NOCTURNO

1919.

Tengo mucho miedo
de las hojas muertas,
miedo de los prados
llenos de rocío.
Yo voy a dormirme;
si no me despiertas,
dejaré a tu lado mi corazón frío.

¿Qué es eso que suena
muy lejos,
amor? El viento en las vidrieras,
¡amor mío!

Te puse collares
con gemas de aurora.
¿Por qué me abandonas
en este camino?
Si te vas muy lejos
mi pájaro llora

y la verde viña
no dará su vino.

¿Qué es eso que suena
muy lejos,
amor? El viento en las vidrieras,
¡amor mío!

Tú no sabrás nunca,
esfinge de nieve,
lo mucho que yo
te hubiera querido
esas madrugadas
cuando tanto llueve
y en la rama seca
se deshace el nido.

¿Qué es eso que suena
muy lejos,
amor? El viento en las vidrieras,
¡amor mío!

NIDO

1919.

¿Qué es lo que guardo en estos
momentos de tristeza?
¡Ay, quién tala mis bosques
dorados y floridos!
¿Qué leo en el espejo
de plata conmovida
que la aurora me ofrece
sobre el agua del río?

¿Qué gran olmo de idea
se ha tronchado en mi bosque?
¿Qué lluvia de silencio
me deja estremecido?
Si a mi amor dejé muerto
en la ribera triste,
¿qué zarzales me ocultan
algo recién nacido?

OTRA CANCIÓN

1919. *(Otoño.)*

¡El sueño se deshizo para siempre!
En la tarde lluviosa
mi corazón aprende
la tragedia otoñal
que los árboles llueven.

Y en la dulce tristeza
del paisaje que muere
mis voces se quebraron.
El sueño se deshizo para siempre.
¡Para siempre! ¡Dios mío!
Va cayendo la nieve
en el campo desierto
de mi vida,
y teme

la ilusión, que va lejos,
de helarse o de perderse.

¡Cómo me dice el agua
que el sueño se deshizo para siem
¿El sueño es infinito?   [pre!
La niebla lo sostiene,
y la niebla es tan sólo
cansancio de la nieve.

Mi ritmo va contando
que el sueño se deshizo para siem
Y en la tarde brumosa   [pre.
mi corazón aprende
la tragedia otoñal
que los árboles llueven.

EL MACHO CABRÍO

1919.

El rebaño de cabras ha pasado
junto al agua del río.
En la tarde de rosa y de zafiro,
llena de paz romántica,
yo miro
al gran macho cabrío.

¡Salve, demonio mudo!
Eres el más

intenso animal.
Místico eterno
del infierno
carnal...

¡Cuántos encantos
tiene tu barba,
tu frente ancha,
rudo Don Juan!

¡Qué gran acento el de tu mirada
mefistofélica
y pasional!

Vas por los campos
con tu manada,
hecho un eunuco
¡siendo un sultán!
Tu sed de sexo
nunca se apaga;
¡bien aprendiste
del padre Pan!

La cabra,
lenta te va siguiendo,
enamorada con humildad;
mas tus pasiones son insaciables;
Grecia vieja
te comprenderá.

¡Oh ser de hondas leyendas santas,
de ascetas flacos y Satanás
con piedras negras y cruces toscas,
con fieras mansas y cuevas hondas
donde te vieron entre la sombra
soplar la llama
de lo sexual!

¡Machos cornudos
de bravas barbas!
¡Resumen negro a lo medieval!
Nacisteis juntos con Filomnedes
entre la espuma casta del mar,
y vuestras bocas
la acariciaron
bajo el asombro del mundo astral.

Sois de los bosques llenos de rosas
donde la luz es huracán;
sois de los prados de Anacreonte,
llenos con sangre de lo inmortal.

¡Machos cabríos!
Sois metamorfosis
de viejos sátiros
perdidos ya.
Vais derramando lujuria virgen
como no tuvo otro animal.

¡Iluminados del Mediodía!
Pararse en firme
para escuchar
que desde el fondo de las campiñas
el gallo os dice:
¡Salud!, al pasar.

FIN DE
«LIBRO DE POEMAS»

POEMA DEL CANTE JONDO

BALADILLA DE LOS TRES RÍOS

A Salvador Quintero.

El río Guadalquivir
va entre naranjos y olivos.
Los dos ríos de Granada
bajan de la nieve al trigo.

¡Ay, amor
que se fue y no vino!

El río Guadalquivir
tiene las barbas granates.
Los dos ríos de Granada,
uno llanto y otro sangre.

¡Ay, amor
que se fue por el aire!

Para los barcos de vela
Sevilla tiene un camino;
por el agua de Granada
sólo reman los suspiros.

¡Ay, amor
que se fue y no vino!

Guadalquivir, alta torre
y viento en los naranjales.
Dauro y Genil, torrecillas
muertas sobre los estanques.

¡Ay, amor
que se fue por el aire!

¡Quién dirá que el agua lleva
un fuego fatuo de gritos!

¡Ay, amor
que se fue y no vino!

Lleva azahar, lleva olivas,
Andalucía, a tus mares.

¡Ay, amor
que se fue por el aire!

POEMA DE LA SIGUIRIYA GITANA

A Carlos Morla Vicuña.

PAISAJE

El campo
de olivos
se abre y se cierra
como un abanico.
Sobre el olivar
hay un cielo hundido
y una lluvia oscura
de luceros fríos.
Tiembla junco y penumbra
a la orilla del río.
Se riza el aire gris.

Los olivos
están cargados
de gritos.
Una bandada
de pájaros cautivos,
que mueven sus larguísimas
colas en lo sombrío.

LA GUITARRA

Empieza el llanto
de la guitarra.

Se rompen las copas
de la madrugada.
Empieza el llanto
de la guitarra.
Es inútil callarla.
Es imposible
callarla.
Llora monótona
como llora el agua,
como llora el viento
sobre la nevada.
Es imposible
callarla.
Llora por cosas
lejanas.
Arena del Sur caliente
que pide camelias blancas.
Llora flecha sin blanco,
la tarde sin mañana,
y el primer pájaro muerto
sobre la rama.
¡Oh, guitarra!
Corazón malherido
por cinco espadas.

EL GRITO

La elipse de un grito,
va de monte
a monte.

Desde los olivos,
será un arco iris negro
sobre la noche azul.

¡Ay!

Como un arco de viola
el grito ha hecho vibrar
largas cuerdas del viento.

¡Ay!

(Las gentes de las cuevas
asoman sus velones.)

¡Ay!

EL SILENCIO

Oye, hijo mío, el silencio.
Es un silencio ondulado,
un silencio

donde resbalan valles y ecos
y que inclina las frentes
hacia el suelo.

EL PASO DE LA SIGUIRIYA

Entre mariposas negras,
va una muchacha morena
junto a una blanca serpiente
de niebla.

Tierra de luz,
cielo de tierra.

Va encadenada al temblor
de un ritmo que nunca llega,
tiene el corazón de plata
y un puñal en la diestra.
¿A dónde vas, siguiriya,
con un ritmo sin cabeza?
¿Qué luna recogerá
tu dolor de cal y adelfa?

Tierra de luz,
cielo de tierra.

DESPUÉS DE PASAR

Los niños miran
un punto lejano.

Los candiles se apagan.
Unas muchachas ciegas
preguntan a la luna,
y por el aire ascienden
espirales de llanto.

Las montañas miran
un punto lejano.

Y DESPUÉS

Los laberintos
que crea el tiempo
se desvanecen.

(Sólo queda
el desierto.)..

El corazón,
fuente del deseo,
se desvanece.

(Sólo queda
el desierto.)

La ilusión de la aurora
y los besos,
se desvanecen.

Sólo queda
el desierto.
Un ondulado
desierto.

POEMA DE LA SOLEÁ

A Jorge Zalamea.

TIERRA SECA...

Tierra seca,
tierra quieta
de noches
inmensas.

(Viento en el olivar,
viento en la sierra.)

Tierra
vieja
del candil
y la pena.
Tierra
de las hondas cisternas.

Tierra
de la muerte sin ojos
y las flechas.

(Viento por los caminos.
Brisa en las alamedas.)

PUEBLO

Sobre el monte pelado,
un calvario.
Agua clara
y olivos centenarios.
Por las callejas
hombres embozados,
y en las torres
veletas girando.
Eternamente
girando.
¡Oh, pueblo perdido,
en la Andalucía del llanto!

PUÑAL

El puñal
entra en el corazón,
como la reja del arado
en el yermo.

No.
No me lo claves.
No.

El puñal,
como un rayo de sol,
incendia las terribles
hondonadas.

No.
No me lo claves.
No.

ENCRUCIJADA

Viento del Este,
un farol
y el puñal
en el corazón.
La calle
tiene un temblor
de cuerda
en tensión,
un temblor
de enorme moscardón.
Por todas partes
yo
veo el puñal
en el corazón.

¡AY!

El grito deja en el viento
una sombra de ciprés.

(Dejadme en este campo,
llorando.)

Todo se ha roto en el mundo.
No queda más que el silencio.

(Dejadme en este campo,
llorando.)

Ei horizonte sin luz
está mordido de hogueras.

(Ya os he dicho que me dejéis
en este campo,
llorando.)

SORPRESA

Muerto se quedó en la calle
con un puñal en el pecho.
No lo conocía nadie.
¡Cómo temblaba el farol!
Madre.
¡Cómo temblaba el farolito
de la calle!
Era madrugada. Nadie
pudo asomarse a sus ojos
abiertos al duro aire.
Que muerto se quedó en la calle
que con un puñal en el pecho
y que no lo conocía nadie.

LA SOLEÁ

Vestida con mantos negros
piensa que el mundo es chiquito
y el corazón es inmenso.

Vestida con mantos negros.

Piensa que el suspiro tierno
y el grito, desaparecen
en la corriente del viento.

Vestida con mantos negros.

Se dejó el balcón abierto
y al alba por el balcón
desembocó todo el cielo.

*¡Ay yayayayay,
que vestida con mantos negros!*

CUEVA

De la cueva salen
largos sollozos.

(Lo cárdeno
sobre lo rojo.)

El gitano evoca
países remotos.

(Torres altas y hombres
misteriosos.)

En la voz entrecortada
van sus ojos.

(Lo negro
sobre lo rojo.)

Y la cueva encalada
tiembla en el oro.

(Lo blanco
sobre lo rojo.)

ENCUENTRO

Ni tú ni yo estamos
en disposición
de encontrarnos.
Tú... por lo que ya sabes.
¡Yo la he querido tanto!
Sigue esa veredita.
En las manos
tengo los agujeros
de los clavos.
¿No ves cómo me estoy
desangrando?
No mires nunca atrás,
vete despacio
y reza como yo
a San Cayetano,
que ni tu ni yo estamos
en disposición
de encontrarnos.

ALBA

Campanas de Córdoba
en la madrugada.
Campanas de amanecer
en Granada.
Os sienten todas las muchachas
que lloran a la tierna
soleá enlutada.
Las muchachas
de Andalucía la alta

y la baja.
Las niñas de España
de pie menudo
y temblorosas faldas,
que han llenado de luces
las encrucijadas.
¡Oh, campanas de Córdoba
en la madrugada,
y oh, campanas de amanecer
en Granada!

POEMA DE LA SAETA

A Francisco Iglesias.

ARQUEROS

Los arqueros oscuros
a Sevilla se acercan.

Guadalquivir abierto.

Anchos sombreros grises,
largas capas lentas.

¡Ay, Guadalquivir!

Vienen de los remotos
países de la pena.

Guadalquivir abierto.

Y van a un laberinto.
Amor, cristal y piedra.

¡Ay, Guadalquivir!

NOCHE

Cirio, candil,
farol y luciérnaga.

La constelación
de la saeta.

Ventanitas de oro
tiemblan,
y en la aurora se mecen
cruces superpuestas.

Cirio, candil,
farol y luciérnaga.

SEVILLA

Sevilla es una torre
llena de arqueros finos.

Sevilla para herir.
Córdoba para morir.

Una ciudad que acecha
largos ritmos,
y los enrosca
como laberintos.
Como tallos de parra
encendidos.

¡Sevilla para herir!

Bajo el arco del cielo,
sobre su llano limpio,
dispara la constante
saeta de su río.

¡Córdoba para morir!

Y loca de horizonte,
mezcla en su vino
lo amargo de Don Juan
y lo perfecto de Dionisio.

Sevilla para herir.
¡Siempre Sevilla para herir!

PROCESIÓN

Por la calleja vienen
extraños unicornios.
¿De qué campo,
de qué bosque mitológico?
Más cerca
ya parecen astrónomos.
Fantásticos Merlines
y el Ecce Homo,
Durandarte encantado,
Orlando furioso.

PASO

Virgen con miriñaque,
virgen de la Soledad,
abierta como un inmenso
tulipán.
En tu barco de luces
vas
por la alta marea
de la ciudad,
entre saetas turbias
y estrellas de cristal.
Virgen con miriñaque,
tú vas
por el río de la calle
¡hasta el mar!

SAETA

Cristo moreno
pasa
de lirio de Judea
a clavel de España.

¡Miradlo por dónde viene!

De España.
Cielo limpio y oscuro,
tierra tostada,
y cauces donde corre
muy lenta el agua.

Cristo moreno,
con las guedejas quemadas,
los pómulos salientes
y las pupilas blancas.

¡Miradlo por dónde va!

BALCÓN

La Lola
canta saetas.
Los toreritos
la rodean,
y el barberillo,
desde su puerta,
sigue los ritmos
con la cabeza.
Entre la albahaca
y la hierbabuena,
la Lola canta
saetas.
La Lola aquella,
que se miraba
tanto en la alberca.

MADRUGADA

Pero como el amor,
los saeteros
están ciegos.

Sobre la noche verde,
las saetas
dejan rastros de lirio
caliente.

La quilla de la luna
rompe nubes moradas
y las aljabas
se llenan de rocío.

¡Ay, pero como el amor
los saeteros
están ciegos!

GRÁFICO DE LA PETENERA

A Eugenio Montes.

CAMPANA

BORDÓN

En la torre
amarilla
dobla una campana.

Sobre el viento
amarillo
se abren las campanadas.

En la torre
amarilla
cesa la campana.

El viento con el polvo
hace proras de plata.

CAMINO

Cien jinetes enlutados,
¿dónde irán,
por el cielo yacente
del naranjal?
Ni a Córdoba ni a Sevilla
llegarán.
Ni a Granada, la que suspira
por el mar.
Esos caballos soñolientos
los llevarán
al laberinto de las cruces
donde tiembla el cantar.
Con siete ayes clavados,
¿dónde irán
los cien jinetes andaluces
del naranjal?

LAS SEIS CUERDAS

La guitarra
hace llorar a los sueños.
El sollozo de las almas
perdidas
se escapa por su boca
redonda.
Y como la tarántula,
teje una gran estrella
para cazar suspiros,
que flotan en su negro
aljibe de madera.

DANZA

EN EL HUERTO DE LA PETENERA

En la noche del huerto,
seis gitanas
vestidas de blanco
bailan.

En la noche del huerto,
coronadas
con rosas de papel
y biznagas.

En la noche del huerto,
sus dientes de nácar
escriben la sombra
quemada.

Y en la noche del huerto
sus sombras se alargan
y llegan hasta el cielo
moradas.

MUERTE DE LA PETENERA

En la casa blanca muere
la perdición de los hombres.

Cien jacas caracolean.
Sus jinetes están muertos.

Bajo las estremecidas
estrellas de los velones,
su falda de moaré tiembla
entre sus muslos de cobre.

Cien jacas caracolean.
Sus jinetes están muertos.

Largas sombras afiladas
vienen del turbio horizonte,

y el bordón de una guitarra
se rompe.

Cien jacas caracolean.
Sus jinetes están muertos.

FALSETA

¡Ay, petenera gitana!
¡Yayay petenera!
Tu entierro no tuvo niñas
buenas.
Niñas que le dan a Cristo Muerto
sus guedejas,
y llevan blancas mantillas
en las ferias.
Tu entierro fue de gente
siniestra.
Gente con el corazón
en la cabeza,
que te siguió llorando
por las callejas.
¡Ay, petenera gitana!
¡Yayay petenera!

"DE PROFUNDIS"

Los cien enamorados
duermen para siempre
bajo tierra seca.
Andalucía tiene

largos caminos rojos.
Córdoba, olivos verdes
donde poner cien cruces
que los recuerden.
Los cien enamorados
duermen para siempre.

CLAMOR

En las torres
amarillas
doblan las campanas.

Sobre los vientos
amarillos
se abren las campanadas.

Por un camino va
la muerte, coronada
de azahares marchitos.

Canta y canta
una canción
en su vihuela blanca,
y canta y canta y canta.

En las torres amarillas
cesan las campanas.

El viento con el polvo
hace proras de plata.

DOS MUCHACHAS

A Máximo Quijano.

LA LOLA

Bajo el naranjo, lava
pañales de algodón.
Tiene verdes los ojos
y violeta la voz.

¡Ay, amor,
bajo el naranjo en flor!

El agua de la acequia
iba llena de sol;

en el olivarito
cantaba un gorrión.

¡Ay, amor,
bajo el naranjo en flor!

Luego, cuando la Lola
gaste todo el jabón,
vendrán los torerillos.

¡Ay, amor,
bajo el naranjo en flor!

AMPARO

Amparo,
¡qué sola estás en tu casa,
vestida de blanco!

(Ecuador entre el jazmín
y el nardo.)

Oyes los maravillosos
surtidores de tu patio,

y el débil trino amarillo
del canario.

Por la tarde ves temblar
los cipreses con los pájaros,
mientras bordas lentamente
letras sobre el cañamazo.

Amparo,
¡qué sola estás en tu casa,
vestida de blanco!
Amparo,
¡y qué difícil decirte:
yo te amo!

VIÑETAS FLAMENCAS

A Manuel Torres, "Niño de Jerez",
que tiene tronco de Faraón.

RETRATO DE SILVERIO FRANCONETTI

Entre italiano
y flamenco,
¿cómo cantaría
aquel Silverio?
La densa miel de Italia,
con el limón nuestro,
iba en el hondo llanto
del siguiriyero.
Su grito fue terrible.
Los viejos
dicen que se erizaban
los cabellos
y se abría el azogue
de los espejos.
Pasaba por los tonos
sin romperlos.
Y fue un creador
y un jardinero.
Un creador de glorietas
para el silencio.
Ahora su melodía
duerme con los ecos.
Definitiva y pura.
¡Con los últimos ecos!

JUAN BREVA

Juan Breva tenía
cuerpo de gigante

y voz de niña.
Nada como su trino.
Era la misma
pena cantando
detrás de una sonrisa.
Evoca los limonares
de Málaga la dormida,
y hay en su llanto dejos
de sal marina.
Como Homero, cantó
ciego. Su voz tenía
algo de mar sin luz
y naranja exprimida.

CAFÉ CANTANTE

Lámparas de cristal
y espejos verdes.

Sobre el tablado oscuro,
la Parrala sostiene
una conversación
con la muerte.
La llama,
no viene,
y la vuelve a llamar.
Las gentes
aspiran los sollozos.
Y en los espejos verdes,
largas colas de seda
se mueven.

LAMENTACIÓN DE LA MUERTE

A Miguel Benítez.

Sobre *el cielo negro*,
culebrinas amarillas.
Vine a este mundo con ojos
y me voy sin ellos.
¡Señor del mayor dolor!
Y luego,
un velón y una manta
en el suelo.

Quise llegar adonde
llegaron los buenos.
¡Y he llegado, Dios mío!...
Pero luego,
un velón y una manta
en el suelo.

Limoncito amarillo,
limonero.
Echad los limoncitos
al viento.
¡Ya lo sabéis!... Porque luego,
luego,
un velón y una manta
en el suelo.

Sobre el cielo negro,
culebrinas amarillas.

CONJURO

La mano crispada
como una Medusa
ciega el ojo doliente
del candil.

As de bastos.
Tijeras en cruz.

Sobre el humo blanco
del incienso, tiene
algo de topo y
mariposa indecisa.

As de bastos.
Tijeras en cruz.

Aprieta un corazón
invisible, ¿la veis?
Un corazón
reflejado en el viento.

As de bastos.
Tijeras en cruz.

MEMENTO

Cuando yo me muera,
enterradme con mi guitarra
bajo la arena.

Cuando yo me muera,
entre los naranjos
y la hierbabuena.

Cuando yo me muera,
enterradme, si queréis,
en una veleta.

¡Cuando yo me muera!

TRES CIUDADES

A Pilar Zubiaurre.

MALAGUEÑA

La muerte
entra y sale
de la taberna.

Pasan caballos negros
y gente siniestra
por los hondos caminos
de la guitarra.

Y hay un olor a sal
y a sangre de hembra
en los nardos febriles
de la marina.

La muerte
entra y sale
y sale y entra
la muerte
de la taberna.

Barrio de Córdoba.

TÓPICO NOCTURNO

En la casa se defienden
de las estrellas.
La noche se derrumba.
Dentro, hay una niña muerta,
con una rosa encarnada
oculta en la cabellera.
Seis ruiseñores la lloran
en la reja.

Las gentes van suspirando
con las guitarras abiertas.

BAILE

La Carmen está bailando
por las calles de Sevilla.
Tiene blancos los cabellos
y brillantes las pupilas.

¡Niñas,
corred las cortinas!

En su cabeza se enrosca
una serpiente amarilla,
y va soñando en el baile
con galanes de otros días.

¡Niñas,
corred las cortinas!

Las calles están desiertas
y en los fondos se adivinan
corazones andaluces
buscando viejas espinas.

¡Niñas,
corred las cortinas!

SEIS CAPRICHOS

A Regino Sáinz de la Maza.

ADIVINANZA
DE LA GUITARRA

En la redonda
encrucijada,
seis doncellas
bailan.
Tres de carne
y tres de plata.
Los sueños de ayer las buscan,
pero las tiene abrazadas
un Polifemo de oro.
¡La guitarra!

CANDIL

¡Oh, qué grave medita
la llama del candil!

Como un faquir indio
mira su entraña de oro
y se eclipsa soñando
atmósfera sin viento.

Cigüeña incandescente
pica desde su nido
a las sombras macizas
y se asoma temblando
a los ojos redondos
del gitanillo muerto.

CRÓTALO

Crótalo.
Crótalo.
Crótalo.
Escarabajo sonoro.

En la araña
de la mano
rizas el aire
cálido
y te ahogas en tu trino
de palo.

Crótalo.
Crótalo.
Crótalo.
Escarabajo sonoro.

CHUMBERA

Laocoonte salvaje.

¡Qué bien estás
bajo la media luna!

Múltiple pelotari.

¡Qué bien estás
amenazando al viento!

Dafne y Atis
saben de tu dolor.
Inexplicable.

PITA

Pulpo petrificado.

Pones cinchas cenicientas
al vientre de los montes
y muelas formidables
a los desfiladeros.

Pulpo petrificado.

CRUZ

La cruz.
(Punto final
del camino.)

Se mira en la acequia.
(Puntos suspensivos.)

ESCENA DEL TENIENTE CORONEL
DE LA GUARDIA CIVIL

CUARTO DE BANDERAS

TENIENTE CORONEL.—Yo soy el teniente coronel de la Guardia civil.
SARGENTO.—Sí.
TENIENTE CORONEL. — Y no hay quien me desmienta.
SARGENTO.—No.
TENIENTE CORONEL.—Tengo tres estrellas y veinte cruces.
SARGENTO.—Sí.
TENIENTE CORONEL.—Me ha saludado el cardenal arzobispo con sus veinticuatro borlas moradas.
SARGENTO.—Sí.
TENIENTE CORONEL.—Yo soy el teniente. Yo soy el teniente. Yo soy el teniente coronel de la Guardia civil.

(Romeo y Julieta, celeste, blanco y oro, se abrazan sobre el jardín de tabaco de la caja de puros. El militar acaricia el cañón de un fusil lleno de sombra submarina. Una voz fuera.)

Luna, luna, luna, luna,
del tiempo de la aceituna.
Cazorla enseña su torre
y Benamejí la oculta.

Luna, luna, luna, luna,
un gallo canta en la luna.
Señor alcalde, sus niñas
están mirando a la luna.

TENIENTE CORONEL.—¿Qué pasa?
SARGENTO.—¡Un gitano!

(La mirada de mulo joven del gitanillo ensombrece y agiganta los ojirris del TENIENTE CORONEL de la Guardia civil.)

TENIENTE CORONEL.—Yo soy el teniente coronel de la Guardia civil.

SARGENTO.—Sí.

TENIENTE CORONEL. — ¿Tú quién eres?

GITANO.—Un gitano.

TENIENTE CORONEL.—¿Y qué es un gitano?

GITANO.—Cualquier cosa.

TENIENTE CORONEL.—¿Cómo te llamas?

GITANO.—Eso.

TENIENTE CORONEL.—¿Qué dices?

GITANO.—Gitano.

SARGENTO.—Me lo encontré y lo he traído.

TENIENTE CORONEL.—¿Dónde estabas?

GITANO.—En la puente de los ríos

TENIENTE CORONEL.—Pero ¿de qué ríos?

GITANO.—De todos los ríos.

TENIENTE CORONEL.—¿Y qué hacías allí?

GITANO.—Una torre de canela.

TENIENTE CORONEL.—¡Sargento!

SARGENTO.—A la orden, mi teniente coronel de la Guardia civil.

GITANO.—He inventado unas alas para volar, y vuelo. Azufre y rosa en mis labios.

TENIENTE CORONEL.—¡Ay!

GITANO.—Aunque no necesito alas, porque vuelo sin ellas. Nubes y anillos en mi sangre.

TENIENTE CORONEL.—¡Ayy!

GITANO.—En enero tengo azahar.

TENIENTE CORONEL.—(Retorciéndose.) ¡Ayyyyy!

GITANO.—Y naranjas en la nieve.

TENIENTE CORONEL.—¡Ayyyyy, pum, pim, pam! (Cae muerto.)

(El alma de tabaco y café con leche del TENIENTE CORONEL de la Guardia civil sale por la ventana.)

SARGENTO.—¡Socorro!

*

(En el patio del cuartel, cuatro guardias civiles apalean al gitanillo.)

CANCIÓN DEL
GITANO APALEADO

Veinticuatro bofetadas.
Veinticinco bofetadas;
después, mi madre, a la noche
me pondrá en papel de plata.

Guardia civil caminera,
dadme unos sorbitos de agua.
Agua con peces y barcos.
Agua, agua, agua, agua.

¡Ay, mandor de los civiles
que estás arriba en tu sala!
¡No habrá pañuelos de seda
para limpiarme la cara!

DIÁLOGO DEL AMARGO

CAMPO

UNA VOZ.—
Amargo.
Las adelfas de mi patio.
Corazón de almendra amarga.
Amargo.

(Llegan tres jóvenes con anchos sombreros.)

JOVEN 1º—Vamos a llegar tarde.

JOVEN 2º—La noche se nos echa encima.

JOVEN 1º—¿Y ése?

JOVEN 2º—Viene detrás.

JOVEN 1º—(En alta voz.) ¡Amargo!

AMARGO.—(Lejos.) Ya voy.

JOVEN 2º—(A voces.) ¡Amargo!

AMARGO.—(Con calma.) ¡Ya voy! (Pausa.)

JOVEN 1º—¡Qué hermosos olivares!

JOVEN 2º—Sí.

(Largo silencio.)

JOVEN 1º—No me gusta andar de noche.
JOVEN 2º—Ni a mí tampoco.
JOVEN 1º—La noche se hizo para dormir.
JOVEN 2º—Es verdad.

(Ranas y grillos hacen la glorieta del estío andaluz. El AMARGO camina con las manos en la cintura.)

AMARGO.—
Ay yayayay.
Yo le pregunté a la muerte.
Ay yayayay.

(El grito de su canto pone un acento circunflejo sobre el corazón de los que lo han oído.)

JOVEN 1º — *(Desde muy lejos.)* ¡Amargo!
JOVEN 2º—*(Caso perdido.)* ¡Amargooo!

(Silencio.)

(El AMARGO está solo en medio de la carretera. Entorna sus grandes ojos verdes y se ciñe la chaqueta de pana alrededor del talle. Altas montañas le rodean. Su gran reloj de plata le suena oscuramente en el bolsillo a cada paso.)

(Un JINETE viene galopando por la carretera.)

JINETE. — *(Parando el caballo.)* ¡Buenas noches!
AMARGO.—A la paz de Dios.
JINETE.—¿Va usted a Granada?
AMARGO.—A Granada voy.
JINETE.—Pues vamos juntos.
AMARGO.—Eso parece.
JINETE.—¿Por qué no monta en la grupa?
AMARGO.—Porque no me duelen los pies.
JINETE.—Yo vengo de Málaga.
AMARGO.—Bueno.
JINETE.—Allí están mis hermanos.

AMARGO.—*(Displicente.)* ¿Cuántos?
JINETE.—Son tres. Venden cuchillos. Ése es el negocio.
AMARGO.—De salud les sirve.
JINETE.—De plata y oro.
AMARGO.—De salud les sirva. ser más que cuchillo.
JINETE.—Se equivoca.
AMARGO.—Gracias.
JINETE.—Los cuchillos de oro se van solos al corazón. Los de plata cortan el cuello como una brizna de hierba.
AMARGO.—¿No sirven para partir el pan?
JINETE. — Los hombres parten el pan con las manos.
AMARGO.—¡Es verdad!

(El caballo se inquieta.)

JINETE.—¡Caballo!
AMARGO.—Es la noche.

(El camino ondulante salomoniza la sombra del animal.)

JINETE.—¿Quieres un cuchillo?
AMARGO.—No.
JINETE.—Mira que te lo regalo.
AMARGO.—Pero yo no lo acepto.
JINETE.—No tendrás otra ocasión.
AMARGO.—¿Quién sabe?
JINETE.—Los otros cuchillos no sirven. Los otros cuchillos son blandos y se asustan de la sangre. Los que nosotros vendemos son fríos. ¿Entiendes? Entran buscando el sitio de más calor y allí se paran.

(El AMARGO calla. Su mano derecha se le enfría como si agarrase un pedazo de oro.)

JINETE.—¡Qué hermoso cuchillo!
AMARGO.—¿Vale mucho?
JINETE.—Pero ¿no quieres éste?

(Saca un cuchillo de oro. La punta brilla como una llama de candil.)

AMARGO.—He dicho que no.
JINETE.—¡Muchacho, súbete conmigo!
AMARGO.—Todavía no estoy cansado.

(El caballo se vuelve a espantar.)

JINETE.—*(Tirando de las bridas.)* Pero ¡qué caballo éste!
AMARGO.—Es lo oscuro.
(Pausa.)
JINETE.—Como te iba diciendo, en Málaga están mis tres hermanos. ¡Qué manera de vender cuchillos! En la catedral compraron dos mil para adornar todos los altares y poner una corona a la torre. Muchos barcos escribieron en ellos sus nombres; los pescadores más humildes de la orilla del mar se alumbran de noche con el brillo que despiden sus hojas afiladas.
AMARGO.—¡Es una hermosura!
JINETE.—¿Quién lo puede negar?

(La noche se espesa como un vino de cien años. La serpiente gorda del Sur abre sus ojos en la madrugada y hay en los durmientes un deseo infinito de arrojarse por el balcón a la magia perversa del perfume y la lejanía.)

AMARGO. — Me parece que hemos perdido el camino.
JINETE.—*(Parando el caballo.)* ¿Sí?
AMARGO.—Con la conversación.
JINETE.—¿No son aquéllas las luces de Granada?
AMARGO.—No sé.
JINETE.—El mundo es muy grande.
AMARGO.—Como que está deshabitado.
JINETE.—Tú lo estás diciendo.
AMARGO.—¡Me da una desesperanza! ¡Ay yayayay!
JINETE.—Porque llegas allí. ¿Qué haces?
AMARGO.—¿Qué hago?
JINETE.—Y si te estás en tu sitio, ¿para qué quieres estar?

AMARGO.—¿Para qué?
JINETE.—Yo monto este caballo y vendo cuchillos, pero si no lo hiciera, ¿qué pasaría?
AMARGO.—¿Qué pasaría?

(Pausa.)

JINETE.—Estamos llegando a Granada.
AMARGO.—¿Es posible?
JINETE.—Mira cómo relumbran los miradores.
AMARGO.—Sí, ciertamente.
JINETE.—Ahora no te negarás a montar conmigo.
AMARGO.—Espera un poco.
JINETE.—¡Vamos, sube! Sube de prisa. Es necesario llegar antes de que amanezca... Y toma este cuchillo. ¡Te lo regalo!
AMARGO.—¡Ay yayayay!

(El JINETE *ayuda al* AMARGO. *Los dos emprenden el camino de Granada. La sierra del fondo se cubre de cicutas y de ortigas.)*

CANCIÓN DE LA MADRE
DEL AMARGO

Lo llevan puesto en mi sábana,
mis adelfas y mi palma.

Día veintisiete de agosto
con un cuchillito de oro.

La cruz. ¡Y vamos andando!
Era moreno y amargo.

Vecinas, dadme una jarra
de azófar con limonada.

La cruz. No llorad ninguna.
El Amargo está en la luna.

FIN DE
«POEMA DEL CANTE JONDO»

ROMANCERO GITANO

ROMANCE DE LA LUNA, LUNA

A Conchita García Lorca

La luna vino a la fragua
con su polisón de nardos.
El niño la mira mira.
El niño la está mirando.
En el aire conmovido
mueve la luna sus brazos
y enseña, lúbrica y pura,
sus senos de duro estaño.
—Huye, luna, luna, luna.
Si vinieran los gitanos,
harían con tu corazón
collares y anillos blancos.
—Niño, déjame que baile.
Cuando vengan los gitanos,
te encontrarán sobre el yunque
con los ojillos cerrados.
—Huye, luna, luna, luna,
que ya siento sus caballos.
—Niño, déjame; no pises
mi blancor almidonado.

El jinete se acercaba
tocando el tambor del llano.
Dentro de la fragua el niño
tiene los ojos cerrados.

Por el olivar venían,
bronce y sueño, los gitanos.
Las cabezas levantadas
y los ojos entornados.

Cómo canta la zumaya,
¡ay, cómo canta en el árbol!
Por el cielo va la luna
con un niño de la mano.

Dentro de la fragua lloran,
dando gritos, los gitanos.
El aire la vela, vela.
El aire la está velando.

PRECIOSA Y EL AIRE

A Dámaso Alonso

Su luna de pergamino
Preciosa tocando viene
por un anfibio sendero
de cristales y laureles.
El silencio sin estrellas,
huyendo del sonsonete,
cae donde el mar bate y canta
su noche llena de peces.
En los picos de la sierra
los carabineros duermen
guardando las blancas torres
donde viven los ingleses.
Y los gitanos del agua
levantan por distraerse

glorietas de caracolas
y ramas de pino verde.

Su luna de pergamino
Preciosa tocando viene.
Al verla se ha levantado
el viento que nunca duerme.
San Cristobalón desnudo,
lleno de lenguas celestes,
mira a la niña tocando
una dulce gaita ausente.
—Niña, deja que levante
tu vestido para verte.
Abre en mis dedos antiguos
la rosa azul de tu vientre.

85

Preciosa tira el pandero
y corre sin detenerse.
El viento-hombrón la persigue
con una espada caliente.

Frunce su rumor el mar.
Los olivos palidecen.
Cantan las flautas de umbría
y el liso gong de la nieve.

¡Preciosa, corre, Preciosa,
que te coge el viento verde!
¡Preciosa, corre, Preciosa!
¡Míralo por dónde viene!
Sátiro de estrellas bajas
con sus lenguas relucientes.

Preciosa, llena de miedo,
entra en la casa que tiene,

más arriba de los pinos,
el cónsul de los ingleses.

Asustados por los gritos
tres carabineros vienen,
sus negras capas ceñidas
y los gorros en las sienes.

El inglés da a la gitana
un vaso de tibia leche,
y una copa de ginebra
que Preciosa no se bebe.

Y mientras cuenta, llorando,
su aventura a aquella gente,
en las tejas de pizarra
el viento, furioso, muerde.

REYERTA

A Rafael Méndez

En la mitad del barranco
las navajas de Albacete,
bellas de sangre contraria,
relucen como los peces.
Una dura luz de naipe
recorta en el agrio verde
caballos enfurecidos
y perfiles de jinetes.
En la copa de un olivo
lloran dos viejas mujeres.
El toro de la reyerta
se sube por las paredes.
Ángeles negros traían
pañuelos y agua de nieve.
Ángeles con grandes alas
de navajas de Albacete.
Juan Antonio el de Montilla
rueda muerto la pendiente,
su cuerpo lleno de lirios
y una granada en las sienes.

Ahora monta cruz de fuego,
carretera de la muerte.

El juez, con guardia civil,
por los olivares viene.
Sangre resbalada gime
muda canción de serpiente.
—Señores guardias civiles;
aquí pasó lo de siempre.
Han muerto cuatro romanos
y cinco cartagineses.

La tarde loca de higueras
y de rumores calientes
cae desmayada en los muslos
heridos de los jinetes.
Y ángeles negros volaban
por el aire del poniente.
Ángeles de largas trenzas
y corazones de aceite.

ROMANCE SONÁMBULO

A Gloria Giner y a Fernando de los Ríos

Verde que te quiero verde.
Verde viento. Verdes ramas.

El barco sobre la mar
y el caballo en la montaña.

Con la sombra en la cintura
ella sueña en su baranda,
verde carne, pelo verde,
con ojos de fría plata.
Verde que te quiero verde.
Bajo la luna gitana,
las cosas la están mirando
y ella no puede mirarlas.

Verde que te quiero verde.
Grandes estrellas de escarcha
vienen con el pez de sombra
que abre el camino del alba.
La higuera frota su viento
con la lija de sus ramas,
y el monte, gato garduño,
eriza sus pitas agrias.
Pero ¿quién vendrá? ¿Y por dón-
Ella sigue en su baranda,   [de...?
verde carne, pelo verde,
soñando en la mar amarga.

—Compadre, quiero cambiar
mi caballo por su casa,
mi montura por su espejo,
mi cuchillo por su manta.
Compadre, vengo sangrando,
desde los puertos de Cabra.
—Si yo pudiera, mocito,
ese trato se cerraba.
Pero yo ya no soy yo,
ni mi casa es ya mi casa.
—Compadre, quiero morir
decentemente en mi cama.
De acero, si puede ser,
con las sábanas de holanda.
¿No ves la herida que tengo
desde el pecho a la garganta?
—Trescientas rosas morenas
lleva tu pechera blanca.
Tu sangre rezuma y huele
alrededor de tu faja.
Pero yo ya no soy yo,
ni mi casa es ya mi casa.

—Dejadme subir al menos
hacia las altas barandas.
¡dejadme subir!, dejadme,
hasta las verdes barandas.
Barandales de la luna
por donde retumba el agua.

Ya suben los dos compadres
hacia las altas barandas.
Dejando un rastro de sangre.
Dejando un rastro de lágrimas.
Temblaban en los tejados
farolillos de hojalata.
Mil panderos de cristal
herían la madrugada.

Verde que te quiero verde,
verde viento, verdes ramas.
Los dos compadres subieron.
El largo viento dejaba
en la boca un raro gusto
de hiel, de menta y de albahaca.
¡Compadre! ¿Dónde está, dime,
dónde está tu niña amarga?
¡Cuántas veces te esperó!
¡Cuántas veces te esperara
cara fresca, negro pelo,
en esta verde baranda!

Sobre el rostro del aljibe
se mecía la gitana
verde carne, pelo verde,
con ojos de fría plata.
Un carámbano de luna
la sostiene sobre el agua.
La noche se puso íntima
como una pequeña plaza.
Guardias civiles borrachos
en la puerta golpeaban.
Verde que te quiero verde.
Verde viento. Verdes ramas.
El barco sobre la mar.
Y el caballo en la montaña.

LA MONJA GITANA

A José Moreno Villa

Silencio de cal y mirto.
Malvas en las hierbas finas.

La monja borda alhelíes
sobre una tela pajiza.

Vuelan en la araña gris
siete pájaros del prisma.
La iglesia gruñe a lo lejos
como un oso panza arriba.
¡Qué bien borda! ¡Con qué gracia!
Sobre la tela pajiza
ella quisiera bordar
flores de su fantasía.
¡Qué girasol! ¡Qué magnolia
de lentejuelas y cintas!
¡Qué azafranes y qué lunas
en el mantel de la misa!
Cinco toronjas se endulzan
en la cercana cocina.
Las cinco llagas de Cristo
cortadas en Almería.

Por los ojos de la monja
galopan dos caballistas.
Un rumor último y sordo
le despega la camisa,
y al mirar nubes y montes
en las yertas lejanías,
se quiebra su corazón
de azúcar y yerbaluisa.
¡Oh, qué llanura empinada
con veinte soles arriba!
¡Qué ríos puestos de pie
vislumbra su fantasía!
Pero sigue con sus flores,
mientras que de pie, en la brisa,
la luz juega el ajedrez
alto de la celosía.

LA CASADA INFIEL

A Lydia Cabrera y a su negrita

Y que yo me la llevé al río
creyendo que era mozuela,
pero tenía marido.

Fue la noche de Santiago
y casi por compromiso.
Se apagaron los faroles
y se encendieron los grillos.
En las últimas esquinas
toqué sus pechos dormidos,
y se me abrieron de pronto
como ramos de jacintos.
El almidón de su enagua
me sonaba en el oído
como una pieza de seda
rasgada por diez cuchillos.
Sin luz de plata en sus copas
los árboles han crecido,
y un horizonte de perros
ladra muy lejos del río.

Pasadas las zarzamoras,
los juncos y los espinos,
bajo su mata de pelo
hice un hoyo sobre el limo.
Yo me quité la corbata.
Ella se quitó el vestido.
Yo el cinturón con revólver.
Ella sus cuatro corpiños.

Ni nardos ni caracolas
tienen el cutis tan fino,
ni los cristales con luna
relumbran con ese brillo.
Sus muslos se me escapaban
como peces sorprendidos,
la mitad llenos de lumbre,
la mitad llenos de frío.
Aquella noche corrí
el mejor de los caminos,
montado en potra de nácar
sin bridas y sin estribos.
No quiero decir, por hombre,
las cosas que ella me dijo.
La luz del entendimiento
me hace ser muy comedido.
Sucia de besos y arena,
yo me la llevé del río.
Con el aire se batían
las espadas de los lirios.

Me porté como quien soy.
Como un gitano legítimo.
La regalé un costurero
grande, de raso pajizo,
y no quise enamorarme
porque teniendo marido
me dijo que era mozuela
cuando la llevaba al río.

ROMANCE DE LA PENA NEGRA

A José Navarro Pardo

Las piquetas de los gallos
cavan buscando la aurora,
cuando por el monte oscuro
baja Soledad Montoya.
Cobre amarillo su carne,
huele a caballo y a sombra.
Yunques ahumados sus pechos,
gimen canciones redondas.
—Soledad, ¿por quién preguntas
sin compaña y a estas horas?
—Pregunte por quien pregunte,
dime: ¿a ti qué se te importa?
Vengo a buscar lo que busco,
mi alegría y mi persona.
—Soledad de mis pesares,
caballo que se desboca
al fin encuentra la mar
y se lo tragan las olas.
—No me recuerdes el mar,
que la pena negra brota
en las tierras de aceituna
bajo el rumor de las hojas.
—¡Soledad, qué pena tienes!
¡Qué pena tan lastimosa!

Lloras zumo de limón
agrio de espera y de boca.
—¡Qué pena tan grande! Corro
mi casa como una loca,
mis dos trenzas por el suelo,
de la cocina a la alcoba.
¡Qué pena! Me estoy poniendo
de azabache carne y ropa.
¡Ay, mis camisas de hilo!
¡Ay, mis muslos de amapola!
—Soledad, lava tu cuerpo
con agua de las alondras,
y deja tu corazón
en paz, Soledad Montoya.

Por abajo canta el río:
volante de cielo y hojas.
Con flores de calabaza
la nueva luz se corona.
¡Oh pena de los gitanos!
Pena limpia y siempre sola.
¡Oh pena de cauce oculto
y madrugada remota!

SAN MIGUEL

(GRANADA)

A Diego Buigas de Dalmau

Se ven desde las barandas,
por el monte, monte, monte,
mulos y sombras de mulos
cargados de girasoles.

Sus ojos en las umbrías
se empañan de inmensa noche.
En los recodos del aire
cruje la aurora salobre.

Un cielo de mulos blancos
cierra sus ojos de azogue
dando a la quieta penumbra
un final de corazones,

y el agua se pone fría
para que nadie la toque.
Agua loca y descubierta,
por el monte, monte, monte.

San Miguel, lleno de encajes
en la alcoba de su torre,
enseña sus bellos muslos
ceñidos por los faroles.

Arcángel domesticado
en el gesto de las doce,
finge una cólera dulce
de plumas y ruiseñores.

San Miguel canta en los vidrios;
efebo de tres mil noches,
fragante de agua colonia
y lejano de las flores.

El mar baila por la playa
un poema de balcones.
Las orillas de la luna
pierden juncos, ganan voces.
Vienen manolas comiendo
semillas de girasoles,
los culos grandes y ocultos
como planetas de cobre.
Vienen altos caballeros
y damas de triste porte,
morenas por la nostalgia

de un ayer de ruiseñores.
Y el obispo de Manila,
ciego de azafrán y pobre,
dice misa con dos filos
para mujeres y hombres.

San Miguel se estaba quieto
en la alcoba de su torre,
con las enaguas cuajadas
de espejitos y entredoses.

San Miguel, rey de los globos
y de los números nones,
en el primor berberisco
de gritos y miradores.

SAN RAFAEL

(CÓRDOBA)

A Juan Izquierdo Croselles

I

Coches cerrados llegaban
a las orillas de juncos
donde las ondas alisan
romano torso desnudo.
Coches que el Guadalquivir
tiende en su cristal maduro,
entre láminas de flores
y resonancias de nublos.
Los niños tejen y cantan
el desengaño del mundo,
cerca de los viejos coches
perdidos en el nocturno.
Pero Córdoba no tiembla
bajo el misterio confuso,
pues si la sombra levanta
la arquitectura del humo,
un pie de mármol afirma
su casto fulgor enjuto.
Pétalos de lata débil
recaman los grises puros
de la brisa, desplegada
sobre los arcos de triunfo.
Y mientras el puente sopla
diez rumores de Neptuno,
vendedores de tabaco
huyen por el roto muro.

II

Un solo pez en el agua
que a las dos Córdobas junta:
blanca Córdoba de juncos,
Córdoba de arquitectura.
Niños de cara impasible
en la orilla se desnudan,
aprendices de Tobías
y Merlines de cintura,
para fastidiar al pez
en irónica pregunta
si quiere flores de vino
o saltos de media luna.
Pero el pez, que dora el agua
y los mármoles enluta,
les da lección y equilibrio
de solitaria columna.
El Arcángel aljamiado
de lentejuelas oscuras,
en el mitin de las ondas
buscaba rumor y cuna.

Un solo pez en el agua.
Dos Córdobas de hermosura.
Córdoba quebrada en chorros.
Celeste Córdoba enjuta.

SAN GABRIEL
(SEVILLA)

A don Agustín Viñuales

I

Un bello niño de junco,
anchos hombros, fino talle,
piel de nocturna manzana,
boca triste y ojos grandes,
nervio de plata caliente,
ronda la desierta calle.
Sus zapatos de charol
rompen las dalias del aire
con los dos ritmos que cantan
breves lutos celestiales.
En la ribera del mar
no hay palma que se le iguale,
ni emperador coronado,
ni lucero caminante.
Cuando la cabeza inclina
sobre su pecho de jaspe,
la noche busca llanuras
porque quiere arrodillarse.
Las guitarras suenan solas
para San Gabriel Arcángel,
domador de palomillas
y enemigo de los sauces.
—San Gabriel: el niño llora
en el vientre de su madre.
No olvides que los gitanos
te regalaron el traje.

II

Anunciación de los Reyes,
bien lunada y mal vestida,
abre la puerta al lucero
que por la calle venía.
El Arcángel San Gabriel,
entre azucena y sonrisa,
bisnieto de la Giralda,
se acercaba de visita.
En su chaleco bordado
grillos ocultos palpitan.
Las estrellas de la noche
se volvieron campanillas.
—San Gabriel: Aquí me tienes
con tres clavos de alegría.
Tu fulgor abre jazmines
sobre mi cara encendida.
—Dios te salve, Anunciación.
Morena de maravilla.
Tendrás un niño más bello
que los tallos de la brisa.
—¡Ay, San Gabriel de mis ojos!
¡Gabrielillo de mi vida!
Para sentarte yo sueño
un sillón de clavellinas.
—Dios te salve, Anunciación,
bien lunada y mal vestida.
Tu niño tendrá en el pecho
un lunar y tres heridas.
—¡Ay, San Gabriel que reluces!
¡Gabrielillo de mi vida!
En el fondo de mis pechos
ya nace la leche tibia.
—Dios te salve, Anunciación.
Madre de cien dinastías.
Áridos lucen tus ojos,
paisajes de caballista.

El niño canta en el seno
de Anunciación sorprendida.
Tres balas de almendra verde
tiemblan en su vocecita.

Ya San Gabriel en el aire
por una escala subía.
Las estrellas de la noche
se volvieron siemprevivas.

PRENDIMIENTO DE ANTOÑITO EL CAMBORIO
EN EL CAMINO A SEVILLA

A Margarita Xirgu

Antonio Torres Heredia,
hijo y nieto de Camborios,
con una vara de mimbre
va a Sevilla a ver los toros.

Moreno de verde luna,
anda despacio y garboso.
Sus empayonados bucles
le brillan entre los ojos.
A la mitad del camino
cortó limones redondos,
y los fue tirando al agua
hasta que la puso de oro.
Y a la mitad del camino,
bajo las ramas de un olmo,
guardia civil caminera
lo llevó codo con codo.

El día se va despacio,
la tarde colgada a un hombro,
dando una larga torera
sobre el mar y los arroyos.
Las aceitunas aguardan
la noche de Capricornio,
y una corta brisa, ecuestre,
salta los montes de plomo.
Antonio Torres Heredia,
hijo y nieto de Camborios,

viene sin vara de mimbre
entre los cinco tricornios.

—Antonio, ¿quién eres tú?
Si te llamaras Camborio,
hubieras hecho una fuente
de sangre con cinco chorros.
Ni tú eres hijo de nadie,
ni legítimo Camborio.
¡Se acabaron los gitanos
que iban por el monte solos!
Están los viejos cuchillos
tiritando bajo el polvo.

A las nueve de la noche
lo llevan al calabozo,
mientras los guardias civiles
beben limonada todos.
Y a las nueve de la noche
le cierran el calabozo,
mientras el cielo reluce
como la grupa de un potro.

MUERTE DE ANTOÑITO EL CAMBORIO

A José Antonio Rubio Sacristán

Voces de muerte sonaron
cerca del Guadalquivir.
Voces antiguas que cercan
voz de clavel varonil.
Les clavó sobre las botas
mordiscos de jabalí.
En la lucha daba saltos
jabonados de delfín.
Bañó con sangre enemiga
su corbata carmesí,
pero eran cuatro puñales
y tuvo que sucumbir.
Cuando las estrellas clavan
rejones al agua gris,
cuando los erales sueñan
verónicas de alhelí,
voces de muerte sonaron
cerca del Guadalquivir.

—Antonio Torres Heredia,
Camborio de dura crín,
moreno de verde luna,
voz de clavel varonil:

¿Quién te ha quitado la vida
cerca del Guadalquivir?
—Mis cuatro primos Heredias,
hijos de Benamejí.
Lo que en otros no envidiaban,
ya lo envidiaban en mí.
Zapatos color corinto,
medallones de marfil,
y este cutis amasado
con aceituna y jazmín.
—¡Ay, Antoñito el Camborio,
digno de una Emperatriz!
Acuérdate de la Virgen
porque te vas a morir.
—¡Ay, Federico García,
llama a la Guardia Civil!
Ya mi talle se ha quebrado
como caña de maíz.

Tres golpes de sangre tuvo
y se murió de perfil.
Viva moneda que nunca
se volverá a repetir.

Un ángel marchoso pone
su cabeza en un cojín.
Otros de rubor cansados
encendieron un candil.,

Y cuando los cuatro primos
llegan a Benamejí,
voces de muerte cesaron
cerca del Guadalquivir.

MUERTO DE AMOR

A Margarita Manso

¿Qué es aquello que reluce
por los altos corredores?
—Cierra la puerta, hijó mío:
acaban de dar las once..
—En mis ojos, sin querer,
relumbran cuatro faroles.
—Será que la gente aquella
estará fregando el cobre.

Ajo de agónica plata
la luna menguante, pone
cabelleras amarillas
a las amarillas torres.
La noche llama temblando
al cristal de los balcones,
perseguida por los mil
perros que no la conocen,
y un olor de vino y ámbar
viene de los corredores.

Brisas de caña mojada
y rumor de viejas voces
resonaban por el arco
roto de la medianoche.
Bueyes y rosas dormían.
Sólo por los corredores
las cuatro luces clamaban
con el furor de San Jorge.

Tristes mujeres del valle
bajaban su sangre de hombre,
tranquila de flor cortada
y amarga de muslo joven.
Viejas mujeres del río
lloraban al pie del monte
un minuto intransitable
de cabelleras y nombres.
Fachadas de cal ponían
cuadrada y blanca la noche.
Serafines y gitanos
tocaban acordeones.
—Madre, cuando yo me muera
que se enteren los señores.
Pon telegramas azules
que vayan del Sur al Norte.
Siete gritos, siete sangres,
siete adormideras dobles,
quebraron opacas lunas
en los oscuros salones.
Lleno de manos cortadas
y coronitas de flores,
el mar de los juramentos
resonaba, no sé dónde.
Y el cielo daba portazos
al brusco rumor del bosque,
mientras clamaban las luces
en los altos corredores.

ROMANCE DEL EMPLAZADO

Para Emilio Aladrén

¡Mi soledad sin descanso!
Ojos chicos de mi cuerpo
y grandes de mi caballo,
no se cierran por la noche
ni miran al otro lado,

donde se aleja tranquilo
un sueño de trece barcos.
Sino que, limpios y duros
escuderos desvelados,
mis ojos miran un norte

de metales y peñascos,
donde mi cuerpo sin venas
consulta naipes helados.

Los densos bueyes del agua
embisten a los muchachos
que se bañan en las lunas
de sus cuernos ondulados.
Y los martillos cantaban
sobre los yunques sonámbulos
el insomnio del jinete
y el insomnio del caballo.

El veinticinco de junio
le dijeron a el Amargo:
—Ya puedes cortar, si gustas,
las adelfas de tu patio.
Pinta una cruz en la puerta
y pon tu nombre debajo,
porque cicutas y ortigas
nacerán en tu costado
y agujas de cal mojada
te morderán los zapatos.
Será de noche, en lo oscuro,
por los montes imantados,
donde los bueyes del agua

beben los juncos soñando.
Pide luces y campanas.
Aprende a cruzar las manos
y gusta los aires fríos
de metales y peñascos.
Porque dentro de dos meses
yacerás amortajado.

Espadón de nebulosa
mueve en el aire Santiago.
Grave silencio, de espalda,
manaba el cielo combado.

El veinticinco de junio
abrió sus ojos Amargo,
y el veinticinco de agosto
se tendió para cerrarlos.
Hombres bajaban la calle
para ver al emplazado,
que fijaba sobre el muro
su soledad con descanso.
Y la sábana impecable,
de duro acento romano,
daba equilibrio a la muerte
con las rectas de sus paños.

ROMANCE DE LA GUARDIA CIVIL ESPAÑOLA

GUERRA

A Juan Guerrero
Cónsul general de la Poesía

Los caballos negros son.
Las herraduras son negras.
Sobre las capas relucen
manchas de tinta y de cera.
Tienen, por eso no lloran,
de plomo las calaveras.
Con el alma de charol
vienen por la carretera.
Jorobados y nocturnos,
por donde animan ordenan
silencios de goma oscura
y miedos de fina arena.
Pasan, si quieren pasar,
y ocultan en la cabeza
una vaga astronomía
de pistolas inconcretas.

¡Oh ciudad de los gitanos!
En las esquinas, banderas.

La luna y la calabaza
con las guindas en conserva.
¡Oh ciudad de los gitanos!
¿Quién te vio y no te recuerda?
Ciudad de dolor y almizcle,
con las torres de canela.

Cuando llegaba la noche,
noche que noche nochera,
los gitanos en sus fraguas
forjaban soles y flechas.
Un caballo malherido
llamaba a todas las puertas.
Gallos de vidrio cantaban
por Jerez de la Frontera.
El viento vuelve desnudo
la esquina de la sorpresa,
en la noche platinoche,
noche que noche nochera.

La Virgen y San José
perdieron sus castañuelas,
y buscan a los gitanos
para ver si las encuentran.
La Virgen viene vestida
con un traje de alcaldesa,
de papel de chocolate
con los collares de almendras.
San José mueve los brazos
bajo una capa de seda.
Detrás va Pedro Domecq
con tres sultanes de Persia.
La media luna soñaba
un éxtasis de cigüeña.
Estandartes y faroles
invaden las azoteas.
Por los espejos sollozan
bailarinas sin caderas.
Agua y sombra, sombra y agua
por Jerez de la Frontera.

¡Oh, ciudad de los gitanos!
En las esquinas, banderas.
Apaga tus verdes luces
que viene la benemérita.
¡Oh ciudad de los gitanos!
¿Quién te vio y no te recuerda?
Dejadla lejos del mar,
sin peines para sus crenchas.

Avanzan de dos en fondo
a la ciudad de la fiesta.
Un rumor de siemprevivas
invade las cartucheras.
Avanzan de dos en fondo.
Doble nocturno de tela.
El cielo se les antoja
una vitrina de espuelas.

La ciudad, libre de miedo,
multiplicaba sus puertas.
Cuarenta guardias civiles
entran a saco por ellas.
Los relojes se pararon,
y el coñac de las botellas
se disfrazó de noviembre
para no infundir sospechas.

Un vuelo de gritos largos
se levantó en las veletas.
Los sables cortan las brisas
que los cascos atropellan.
Por las calles de penumbra
huyen las gitanas viejas
con los caballos dormidos
y las orzas de monedas.
Por las calles empinadas
suben las capas siniestras,
dejando detrás fugaces
remolinos de tijeras.

En el portal de Belén
los gitanos se congregan.
San José, lleno de heridas,
amortaja a una doncella.
Tercos fusiles agudos
por toda la noche suenan.
La Virgen cura a los niños
con salivilla de estrella.
Pero la Guardia Civil
avanza sembrando hogueras,
donde joven y desnuda
la imaginación se quema.
Rosa la de los Camborios
gime sentada en su puerta
con sus dos pechos cortados
puestos en una bandeja.
Y otras muchachas corrían
perseguidas por sus trenzas,
en un aire donde estallan
rosas de pólvora negra.
Cuando todos los tejados
eran surcos en la tierra,
el alba meció sus hombros
en largo perfil de piedra.

¡Oh, ciudad de los gitanos!
La Guardia Civil se aleja
por un túnel de silencio
mientras las llamas te cercan.

¡Oh, ciudad de los gitanos!
¿Quién te vio y no te recuerda?
Que te busquen en mi frente.
Juego de luna y arena.

TRES ROMANCES HISTÓRICOS
MARTIRIO DE SANTA OLALLA

A Rafael Martínez Nadal

I

PANORAMA DE MÉRIDA

Por la calle brinca y corre
caballo de larga cola,
mientras juegan o dormitan
viejos soldados de Roma.
Medio monte de Minervas
abre sus brazos sin hojas.
Agua en vilo redoraba
las aristas de las rocas.
Noche de torsos yacentes
y estrellas de nariz rota
aguarda grietas del alba
para derrumbarse toda.
De cuando en cuando sonaban
blasfemias de cresta roja.
Al gemir, la santa niña
quiebra el cristal de las copas.
La rueda afila cuchillos
y garfios de aguda comba.
Brama el toro de los yunques,
y Mérida se corona
de nardos casi despiertos
y tallos de zarzamora.

II

EL MARTIRIO

Flora desnuda se sube
por escalerillas de agua.
El Cónsul pide bandeja
para los senos de Olalla.
Un chorro de venas verdes
le brota de la garganta.
Su sexo tiembla enredado
como un pájaro en las zarzas.
Por el suelo, ya sin norma,
brincan sus manos cortadas
que aún pueden cruzarse en tenue
oración decapitada.
Por los rojos agujeros
donde sus pechos estaban

se ven cielos diminutos
y arroyos de leche blanca.
Mil arbolillos de sangre
le cubren toda la espalda
y oponen húmedos troncos
al bisturí de las llamas.
Centuriones amarillos
de carne gris, desvelada,
llegan al cielo sonando
sus armaduras de plata.
Y mientras vibra confusa
pasión de crines y espadas,
el Cónsul porta en bandeja
senos ahumados de Olalla.

III

INFIERNO Y GLORIA

Nieve ondulada reposa.
Olalla pende del árbol.
Su desnudo de carbón
tizna los aires helados.
Noche tirante reluce.
Olalla muerta en el árbol.
Tinteros de las ciudades
vuelcan la tinta despacio.
Negros maniquíes de sastre
cubren la nieve del campo
en largas filas que gimen
su silencio mutilado.
Nieve partida comienza
Olalla blanca en el árbol.
Escuadras de níquel juntan
los picos en su costado.

Una custodia reluce
sobre los cielos quemados,
entre gargantas de arroyo
y ruiseñores en ramos.
¡Saltan vidrios de colores!
Olalla blanca en lo blanco.
Ángeles y serafines
dicen: Santo, Santo, Santo.

BURLA DE DON PEDRO A CABALLO
ROMANCE CON LAGUNAS

A Jean Cassou

Por una vereda
venía don Pedro.
¡Ay cómo lloraba
el caballero!
Montado en un, ágil
caballo sin freno,
venía en la busca
del pan y del beso.
Todas las ventanas
preguntan al viento
por el llanto oscuro
del caballero.

PRIMERA LAGUNA

Bajo el· agua
siguen las palabras.
Sobre el agua
una luna redonda
se baña,
dando envidia a la otra
¡tan alta!
En la orilla,
un niño
ve las lunas y dice:
—¡Noche, toca los platillos!

SIGUE

A una ciudad lejana
ha llegado don Pedro.
Una ciudad de oro
entre un bosque de cedros.
¿Es Belén? Por el aire
yerbaluisa y romero.
Brillan las azoteas
y las nubes. Don .Pedro
pasa por arcos rotos.
Dos mujeres y un viejo
con velones de plata
le salen al encuentro.

Los chopos dicen: No.
Y el ruiseñor: Veremos.

SEGUNDA LAGUNA

Bajo el agua
siguen las palabras.
Sobre el peinado del agua
un círculo de pájaros y llamas.
Y por los cañaverales,
testigos que conocen lo que falta.
Sueño concreto y sin norte
de madera de guitarra.

SIGUE

Por el camino llano
dos mujeres y un viejo
con velones de plata
van al cementerio.
Entre los azafranes
han encontrado muerto
el sombrío caballo
de don Pedro.
Voz secreta de tarde
balada por el cielo.
Unicornio de ausencia
rompe en cristal su cuerno.
La gran ciudad lejana
está ardiendo,
y un hombre va llorando
tierras adentro.
Al Norte hay una estrella.
Al Sur un marinero.

ÚLTIMA LAGUNA

Bajo· el agua
están las palabras.
Limo de voces perdidas.
Sobre la flor enfriada
está don Pedro olvidado
¡ay! jugando con las ramas.

THAMAR Y AMNÓN

Para Alfonso García-Valdecasas

La luna gira en el cielo
sobre las tierras sin agua
mientras el verano siembra
rumores de tigre y llama.
Por encima de los techos
nervios de metal sonaban.
Aire rizado venía
con los balidos de lana.
La tierra se ofrece llena
de heridas cicatrizadas,
o estremecida de agudos
cauterios de luces blancas.

Thamar estaba soñando
pájaros en su garganta,
al son de panderos fríos
y cítaras enlunadas.
Su desnudo en el alero,
agudo norte de palma,
pide copos a su vientre
y granizo a sus espaldas.
Thamar estaba cantando
desnuda por la terraza.
Alrededor de sus pies,
cinco palomas heladas.
Amnón delgado y concreto,
en la torre la miraba,
llenas las ingles de espuma
y oscilaciones la barba.
Su desnudo iluminado
se tendía en la terraza
con un rumor entre dientes
de flecha recién clavada.
Amnón estaba mirando
la luna redonda y baja,
y vio en la luna los pechos
durísimos de su hermana.

Amnón a las tres y media
se tendió sobre la cama.
Toda la alcoba sufría
con sus ojos llenos de alas.
La luz, maciza, sepulta
pueblos en la arena parda,
o descubre transitorio
coral de rosas y dalias.
Linfa de pozo oprimida
brota silencio en las jarras.
En el musgo de los troncos

la cobra tendida canta.
Amnón gime por la tela
fresquísima de la cama.
Yedra del escalofrío
cubre su carne quemada.
Thamar entró silenciosa
en la alcoba silenciada,
color de vena y Danubio,
turbia de huellas lejanas.
—Thamar, bórrame los ojos
con tu fija madrugada.
Mis hilos de sangre tejen
volantes sobre tu falda.
—Déjame tranquila, hermano.
Son tus besos en mi espalda
avispas y vientecillos
en doble enjambre de flautas.
—Thamar, en tus pechos altos
hay dos peces que me llaman,
y en las yemas de tus dedos
rumor de rosa encerrada.

Los cien caballos del rey
en el patio relinchaban.
Sol en cubos resistía
la delgadez de la parra.
Ya la coge del cabello,
ya la camisa le rasga.
Corales tibios dibujan
arroyos en rubio mapa.

¡Oh, qué gritos se sentían
por encima de las casas!
Qué espesuras de puñales
y túnicas desgarradas.
Por las escaleras tristes
esclavos suben y bajan.
Émbolos y muslos juegan
bajo las nubes paradas.
Alrededor de Thamar
gritan vírgenes gitanas
y otras recogen las gotas
de su flor martirizada.
Paños blancos enrojecen
en las alcobas cerradas.
Rumores de tibia aurora
pámpanos y peces cambian.

Violador enfurecido,
Amnón huye con su jaca.
Negros le dirigen flechas
en los muros y atalayas.

Y cuando los cuatro cascos
eran cuatro resonancias,
David con unas tijeras
cortó las cuerdas del arpa.

FIN DE
«ROMANCERO GITANO»

POETA EN NUEVA YORK

(1929-1930)

A BEBÉ Y CARLOS MORLA

Los poemas de este libro están escritos en la ciudad de Nueva York el año 1929-1930, en que el poeta vivió como estudiante en Columbia University.

F. G. L.

I

POEMAS DE LA SOLEDAD EN COLUMBIA UNIVERSITY

Furia color de amor
amor color de olvido.

Luis Cernuda.

VUELTA DE PASEO

Asesinado por el cielo,
entre las formas que van hacia la sierpe
y las formas que buscan el cristal,
dejaré crecer mis cabellos.

Con el árbol de muñones que no canta
y el niño con el blanco rostro de huevo.

Con los animalitos de cabeza rota
y el agua harapienta de los pies secos.

Con todo lo que tiene cansancio sordomudo
y mariposa ahogada en el tintero.

Tropezando con mi rostro distinto de cada día.
¡Asesinado por el cielo!

1910

(INTERMEDIO)

Aquellos ojos míos de mil novecientos diez
no vieron enterrar a los muertos,
ni la feria de ceniza del que llora por la madrugada,
ni el corazón que tiembla arrinconado como un caballito de mar.

Aquellos ojos míos de mil novecientos diez
vieron la blanca pared donde orinaban las niñas,
el hocico del toro, la seta venenosa
y una luna incomprensible que iluminaba por los rincones
los pedazos de limón seco bajo el negro duro de las botellas.

Aquellos ojos míos en el cuello de la jaca,
en el seno traspasado de Santa Rosa dormida,
en los tejados del amor, con gemidos y frescas manos,
en un jardín donde los gatos se comían a las ranas.

Desván donde el polvo viejo congrega estatuas y musgos,
cajas que guardan silencio de cangrejos devorados
en el sitio donde el sueño tropezaba con su realidad.
Allí mis pequeños ojos.

No preguntarme nada. He visto que las cosas
cuando buscan su curso encuentran su vacío.
Hay un dolor de huecos por el aire sin gente
y en mis ojos criaturas vestidas ¡sin desnudo!

Nueva York, agosto 1929

FÁBULA Y RUEDA DE LOS TRES AMIGOS

Enrique,
Emilio,
Lorenzo,

Estaban los tres helados:
Enrique por el mundo de las camas;
Emilio por el mundo de los ojos y las heridas de las manos,
Lorenzo por el mundo de las universidades sin tejados.

Lorenzo,
Emilio,
Enrique,

Estaban los tres quemados:
Lorenzo por el mundo de las hojas y las bolas de billar;
Emilio por el mundo de la sangre y los alfileres blancos,
Enrique por el mundo de los muertos y los periódicos abandonados.

Lorenzo,

Emilio,
Enrique,
Estaban los tres enterrados:
Lorenzo en un seno de Flora;
Emilio en la' yerta ginebra que se olvida en el vaso,
Enrique en la hormiga, en el mar y en los ojos vacíos de los pájaros.

Lorenzo,

Emilio,
Enrique,
Fueron los tres en mis manos
tres montañas chinas,
tres sombras de caballo,
tres paisajes de nieve y una cabaña de azucenas
por los palomares donde la luna se pone plana bajo el gallo.

Uno

y uno
y uno.

Estaban los tres momificados,
con las moscas del invierno,
con los tinteros que orina el perro y desprecia el vilano,
con la brisa que hiela el corazón de todas las madres,
por los blancos derribos de Júpiter donde meriendan muerte los borrachos.

Tres

y dos
y uno,
Los vi perderse llorando y cantando
por un huevo de gallina,
por la noche que enseñaba su esqueleto de tabaco,
por mi dolor lleno de rostros y punzantes esquirlas de luna,
por mi alegría de ruedas dentadas y látigos,
por mi pecho turbado por las palomas,
por mi muerte desierta con un solo paseante equivocado.

Yo había matado la quinta luna
y bebían agua por las fuentes los abanicos y los aplausos.
Tibia leche encerrada de las recién paridas
agitaba las rosas con un largo dolor blanco.
Enrique,
Emilio,
Lorenzo.
Diana es dura,
pero a veces tiene los pechos nublados.
Puede la piedra blanca latir en la sangre del ciervo
y el ciervo puede soñar por los ojos de un caballo.

Cuando se hundieron las formas puras
bajo el cri cri de las margaritas,
comprendí que me habían asesinado.
Recorrieron los cafés y los cementerios y las iglesias,
abrieron los toneles y los armarios,
destrozaron tres esqueletos para arrancar sus dientes de oro.
Ya no me encontraron.
¿No me encontraron?
No. No me encontraron.
Pero se supo que la sexta luna huyó torrente arriba,
y que el mar recordó ¡de pronto!
los nombres de todos sus ahogados.

TU INFANCIA EN MENTON

Sí, tu niñez ya fábula de fuentes.

JORGE GUILLÉN.

Sí, tu niñez ya fábula de fuentes.
El tren y la mujer que llena el cielo.
Tu soledad esquiva en los hoteles
y tu máscara pura de otro signo.
Es la niñez del mar y tu silencio

donde los sabios vidrios se quebraban.
Es tu yerta ignorancia donde estuvo
mi torso limitado por el fuego.
Norma de amor te di, hombre de Apolo,
llanto con ruiseñor enajenado,
pero, pasto de ruina, te afilabas
para los breves sueños indecisos.
Pensamiento de enfrente, luz de ayer,
índices y señales del acaso.
Tu cintura de arena sin sosiego
atiende sólo rastros que no escalan.
Pero yo he de buscar por los rincones
tu alma tibia sin ti que no te entiende,
con el dolor de Apolo detenido
con que he roto la máscara que llevas.
Allí, león, allí, furia del cielo,
te dejaré pacer en mis mejillas;
allí, caballo azul de mi locura,
pulso de nebulosa y minutero,
he de buscar las piedras de alacranes
y los vestidos de tu madre niña,
llanto de media noche y paño roto
que quitó luna de la sien del muerto.
Sí, tu niñez ya fábula de fuentes.
Alma extraña de mi hueco de venas,
te he de buscar pequeña y sin raíces.
¡Amor de siempre, amor, amor de nunca!
¡Oh, sí! Yo quiero. ¡Amor, amor! Dejadme.
No me tapen la boca los que buscan
espigas de Saturno por la nieve
o castran animales por un cielo,
clínica y selva de la anatomía.
Amor, amor, amor Niñez del mar.
Tu alma tibia sin ti que no te entiende.
Amor, amor, un vuelo de la corza
por el pecho sin fin de la blancura.
Y tu niñez, amor, y tu niñez.
El tren y la mujer que llena el cielo.
Ni tú, ni yo, ni el aire, ni las hojas.
Sí, tu niñez ya fábula de fuentes.

II

LOS NEGROS

Para Ángel del Río.

NORMA Y PARAÍSO DE LOS NEGROS

Odian la sombra del pájaro
sobre el pleamar de la blanca mejilla
y el conflicto de luz y viento
en el salón de la nieve fría.

Odian la flecha sin cuerpo,
el pañuelo exacto de la despedida,
la aguja que mantiene presión y rosa
en el gramíneo rubor de la sonrisa.

Aman el azul desierto,
las vacilantes expresiones bovinas,
la mentirosa luna de los polos,
la danza curva del agua en la orilla.

Con la ciencia del tronco y del rastro
llenan de nervios luminosos la arcilla
y patinan lúbricos por agua y arenas
gustando la amarga frescura de su milenaria saliva.

Es por el azul crujiente,
azul sin un gusano ni una huella dormida,
donde los huevos de avestruz quedan eternos
y deambulan intactas las lluvias bailarinas.

Es por el azul sin historia,
azul de una noche sin temor de día,
azul donde el desnudo del viento va quebrando
los camellos sonámbulos de las nubes vacías.

Es allí donde sueñan los torsos bajo la gula de la hierba.
Allí los corales empapan la desesperación de la tinta,
los durmientes borran sus perfiles bajo la madeja de los caracoles
y queda el hueco de la danza sobre las últimas cenizas.

EL REY DE HARLEM

Con una cuchara
arrancaba los ojos a los cocodrilos
y golpeaba el trasero de los monos.
Con una cuchara.

Fuego de siempre dormía en los pedernales
y los escarabajos borrachos de anís
olvidaban el musgo de las aldeas.

Aquel viejo cubierto de setas
iba al sitio donde lloraban los negros
mientras crujía la cuchara del rey
y llegaban los tanques de agua podrida.

Las rosas huían por los filos
de las últimas curvas del aire,
y en los montones de azafrán
los niños machacaban pequeñas ardillas
con un rubor de frenesí manchado.

Es preciso cruzar los puentes
y llegar al rubor negro
para que el perfume de pulmón

nos golpee las sienes con su vestido
de caliente piña.

Es preciso matar al rubio vendedor de aguardiente,
a todos los amigos de la manzana y de la arena,
y es necesario dar con los puños cerrados
a las pequeñas judías que tiemblan llenas de burbujas,
para que el rey de Harlem cante con su muchedumbre,
para que los cocodrilos duerman en largas filas
bajo el amianto de la luna,
y para que nadie dude de la infinita belleza
de los plumeros, los ralladores, los cobres y las cacerolas de las cocinas.
¡Ay, Harlem! ¡Ay, Harlem! ¡Ay, Harlem!
No hay angustia comparable a tus rojos oprimidos,
a tu sangre estremecida dentro del eclipse oscuro,
a tu violencia granate sordomuda en la penumbra,
a tu gran rey prisionero, con un traje de conserje.

*

Tenía la noche una hendidura y quietas salamandras de marfil.
Las muchachas americanas
llevaban niños y monedas en el vientre
y los muchachos se desmayaban en la cruz del desperezo.

Ellos son.
Ellos son los que beben el whisky de plata junto a los volcanes
y tragan pedacitos de corazón por las heladas montañas del oso.

Aquella noche el rey de Harlem con una durísima cuchara
arrancaba los ojos a los cocodrilos
y golpeaba el trasero de los monos.
Con una cuchara.
Los negros lloraban confundidos
entre paraguas y soles de oro,
los mulatos estiraban gomas, ansiosos de llegar al torso blanco,
y el viento empañaba espejos
y quebraba las venas de los bailarines.

Negros, Negros, Negros, Negros.

La sangre no tiene puertas en vuestra noche boca arriba.
No hay rubor. Sangre furiosa por debajo de las pieles,
viva en la espina del puñal y en el pecho de los paisajes,
bajo las pinzas y las retamas de la celeste luna de cáncer.

Sangre que busca por mil caminos muertes enharinadas y ceniza de nardo,
cielos yertos, en declive, donde las colonias de planetas
rueden por las playas con los objetos abandonados.

Sangre que mira lenta con el rabo del ojo,
hecha de espartos exprimidos, néctares de subterráneos.
Sangre que oxida el alisio descuidado en una huella
y disuelve a las mariposas en los cristales de la ventana.

Es la sangre que viene, que vendrá
por los tejados y azoteas, por todas partes,

para quemar la clorofila de las mujeres rubias,
para gemir al pie de las camas ante el insomnio de los lavabos
y estrellarse en una aurora de tabaco y bajo amarillo.

Hay que huir,
huir por las esquinas y encerrarse en los últimos pisos,
porque el tuétano del bosque penetrará por las rendijas
para dejar en vuestra carne una leve huella de eclipse
y una falsa tristeza de guante desteñido y rosa química.

                                    *

Es por el silencio sapientísimo
cuando los camareros y los cocineros y los que limpian con la lengua
las heridas de los millonarios
buscan al rey por las calles o en los ángulos del salitre.

Un viento sur de madera, oblicuo en el negro fango,
escupe a las barcas rotas y se clava puntillas en los hombros;
un viento sur que lleva
colmillos, girasoles, alfabetos
y una pila de Volta con avispas ahogadas.

El olvido estaba expresado por tres gotas de tinta sobre el monóculo,
el amor por un solo rostro invisible a flor de piedra.
Médulas y corolas componían sobre las nubes
un desierto de tallos sin una sola rosa.

                                    *

A la izquierda, a la derecha, por el sur y por el norte,
se levanta el muro impasible
para el topo, la aguja del agua.
No busquéis, negros, su grieta
para hallar la máscara infinita.
Buscad el gran sol del centro
hechos una piña zumbadora.
El sol que se desliza por los bosques
seguro de no encontrar una ninfa,
el sol que destruye números y no ha cruzado nunca un sueño,
el tatuado sol que baja por el río
y muge seguido de caimanes.

Negros, Negros, Negros, Negros.

Jamás sierpe, ni cebra, ni mula
palidecieron al morir.
El leñador no sabe cuándo expiran
los clamorosos árboles que corta.
Aguardad bajo la sombra vegetal de vuestro rey
a que cicutas y cardos y ortigas turben postreras azoteas.

Entonces, negros, entonces, entonces,
podréis besar con frenesí las ruedas de las bicicletas,
poner parejas de microscopios en las cuevas de las ardillas
y danzar al fin, sin duda, mientras las flores erizadas
asesinan a nuestro Moisés casi en los juncos del cielo.

¡Ay, Harlem, disfrazada!
¡Ay, Harlem, amenazada por un gentío de trajes sin cabeza!
Me llega tu rumor,
me llega tu rumor atravesando troncos y ascensores,
a través de láminas grises
donde flotan tus automóviles cubiertos de dientes,
a través de los caballos muertos y los crímenes diminutos,
a través de tu gran rey desesperado
cuyas barbas llegan al mar.

IGLESIA ABANDONADA

(BALADA DE LA GRAN GUERRA)

Yo tenía un hijo que se llamaba Juan.
Yo tenía un hijo.
Se perdió por los arcos un viernes de todos los muertos.
Lo vi jugar en las últimas escaleras de la misa
y echaba un cubito de hojalata en el corazón del sacerdote.
He golpeado los ataúdes. ¡Mi hijo! ¡Mi hijo! ¡Mi hijo!
Saqué una pata de gallina por detrás de la luna y luego
comprendí que mi niña era un pez
por donde se alejan las carretas.
Yo tenía una niña.
Yo tenía un pez muerto bajo la ceniza de los incensarios.
Yo tenía un mar. ¿De qué? ¡Dios mío! ¡Un mar!
Subí a tocar las campanas, pero las frutas tenían gusanos
y las cerillas apagadas
se comían los trigos de la primavera.
Yo vi la transparente cigüeña de alcohol
mondar las negras cabezas de los soldados agonizantes
y vi las cabañas de goma
donde giraban las copas llenas de lágrimas.
En las anémonas del ofertorio te encontraré, ¡corazón mío!,
cuando el sacerdote levante la mula y el buey con sus fuertes brazos
para espantar los sapos nocturnos que rondan los helados paisajes del cáliz.
Yo tenía un hijo que era un gigante,
pero los muertos son más fuertes y saben devorar pedazos de cielo.
Si mi niño hubiera sido un oso,
yo no temería el siglo de los caimanes,
ni hubiese visto el mar amarrado a los árboles
para ser fornicado y herido por el tropel de los regimientos.
¡Si mi niño hubiera sido un oso!
Me envolveré sobre esta lona dura para no sentir el frío de los musgos.
Sé muy bien que me darán una manga o la corbata;
pero en el centro de la misa yo romperé el timón y entonces
vendrá a la piedra la locura de pingüinos y gaviotas
que harán decir a los que duermen y a los que cantan por las esquinas:
él tenía un hijo.
¡Un hijo! ¡Un hijo! ¡Un hijo
que no era más que suyo, porque era su hijo!
¡Su hijo! ¡Su hijo! ¡Su hijo!

III

CALLES Y SUEÑOS

A Rafael R. Rapún.

Un pájaro de papel en el pecho
dice que el tiempo de los besos no ha llegado.

Vicente Aleixandre.

DANZA DE LA MUERTE

El mascarón, ¡Mirad el mascarón!
¡Cómo viene del África a New York!

Se fueron los árboles de la pimienta,
los pequeños botones de fósforo.
Se fueron los camellos de carne desgarrada
y los valles de luz que el cisne levantaba con el pico.

Era el momento de las cosas secas,
de la espiga en el ojo y el gato laminado,
del óxido de hierro de los grandes puentes
y el definitivo silencio del corcho.

Era la gran reunión de los animales muertos,
traspasados por las espadas de la luz;
la alegría eterna del hipopótamo con las pezuñas de ceniza
y de la gacela con una siempreviva en la garganta.

En la marchita soledad sin honda
el abollado mascarón danzaba.
Medio lado del mundo era de arena,
mercurio y sol dormido el otro medio.

El mascarón. ¡Mirad el mascarón!
¡Arena, caimán y miedo sobre Nueva York!

*

Desfiladeros de cal aprisionaban un cielo vacío
donde sonaban las voces de los que mueren bajo el guano.
Un cielo mondado y puro, idéntico a sí mismo,
con el bozo y lirio agudo de sus montañas invisibles,

acabó con los más leves tallitos del canto
y se fue al diluvio empaquetado de la savia,
a través del descanso de los últimos desfiles,
levantando con el rabo pedazos de espejo.

Cuando el chino lloraba en el tejado
sin encontrar el desnudo de su mujer

y el director del banco observaba el manómetro
que mide el cruel silencio de la moneda,
el mascarón llegaba a Wall Street.

No es extraño para la danza
este columbario que pone los ojos amarillos.
De la esfinge a la caja de caudales hay un hilo tenso
que atraviesa el corazón de todos los niños pobres.
El ímpetu primitivo baila con el ímpetu mecánico.
ignorantes en su frenesí de la luz original.
Porque si la rueda olvida su fórmula,
ya puede cantar desnuda con las manadas de caballos;
y si una llama quema los helados proyectos,
el cielo tendrá que huir ante el tumulto de las ventanas.

No es extraño este sitio para la danza, yo lo digo.
El mascarón bailará entre columnas de sangre y de números,
entre huracanes de oro y gemidos de obreros parados
que aullarán, noche oscura, por su tiempo sin luces,
¡oh salvaje Norteamérica! ¡oh impúdica! ¡oh salvaje,
tendida en la frontera de la nieve!

El mascarón. ¡Mirad el mascarón!
¡Qué ola de fango y luciérnaga sobre Nueva York!

*

Yo estaba en la terraza luchando con la luna.
Enjambres de ventanas acribillaban un muslo de la noche.
En mis ojos bebían las dulces vacas de los cielos.
Y las brisas de largos remos
golpeaban los cenicientos cristales de Broadway.

La gota de sangre buscaba la luz de la yema del astro
para fingir una muerta semilla de manzana.
El aire de la llanura, empujado por los pastores,
temblaba con un miedo de molusco sin concha.

Pero no son los muertos los que bailan,
estoy seguro.
Los muertos están embebidos, devorando sus propias manos.
Son los otros los que bailan con el mascarón y su vihuela;
son los otros, los borrachos de plata, los hombres fríos,
los que crecen en el cruce de los muslos y llamas duras,
los que buscan la lombriz en el paisaje de las escaleras,
los que beben en el banco lágrimas de niña muerta
o los que comen por las esquinas diminutas pirámides del alba.

¡Que no baile el Papa!
¡No, que no baile el Papa!
Ni el Rey,
ni el millonario de dientes azules,
ni las bailarinas secas de las catedrales,
ni constructores, ni esmeraldas, ni locos, ni sodomitas.
Sólo este mascarón,

este mascarón de vieja escarlatina,
¡sólo este mascarón!

Que ya las cobras silbarán por los últimos pisos,
que ya las ortigas estremecerán patios y terrazas,
que ya la Bolsa será una pirámide de musgo,
que ya vendrán lianas después de los fusiles
y muy pronto, muy pronto, muy pronto.
¡Ay, Wall Street!

El mascarón. ¡Mirad el mascarón!
¡Cómo escupe veneno de bosque
por la angustia imperfecta de Nueva York!

Diciembre, 1929.

PAISAJE DE LA MULTITUD QUE VOMITA

(ANOCHECER DE CONEY ISLAND)

La mujer gorda venía delante
arrancando las raíces y mojando el pergamino de los tambores;
la mujer gorda
que vuelve del revés los pulpos agonizantes.
La mujer gorda, enemiga de la luna,
corría por las calles y los pisos deshabitados
y dejaba por los rincones pequeñas calaveras de paloma
y levantaba las furias de los banquetes de los siglos últimos
y llamaba al demonio del pan por las colinas del cielo barrido
y filtraba un ansia de luz en las circulaciones subterráneas.
Son los cementerios, lo sé, son los cementerios
y el dolor de las cocinas enterradas bajo la arena,
son los muertos, los faisanes y las manzanas de otra hora
los que nos empujan en la garganta.

Llegaban los rumores de la selva del vómito
con las mujeres vacías, con niños de cera caliente,
con árboles fermentados y camareros incansables
que sirven platos de sal bajo las arpas de la saliva.
Sin remedio, hijo mío, ¡vomita! No hay remedio.
No es el vómito de los húsares sobre los pechos de la prostituta,
ni el vómito del gato que se tragó una rana por descuido.
Son los muertos que arañan con sus manos de tierra
las puertas de pedernal donde se pudren nublos y postres.

La mujer gorda venía delante
con las gentes de los barcos, de las tabernas y de los jardines.
El vómito agitaba delicadamente sus tambores
entre algunas niñas de sangre
que pedían protección a la luna.
¡Ay de mí! ¡Ay de mí! ¡Ay de mí!
Esta mirada mía fue mía, pero ya no es mía,
esta mirada que tiembla desnuda por el alcohol
y despide barcos increíbles
por las anémonas de los muelles.

Me defiendo con esta mirada
que mana de las ondas por donde el alba no se atreve
yo, poeta sin brazos, perdido
entre la multitud que vomita,
sin caballo efusivo que corte
los espesos musgos de mis sienes.

Pero la mujer gorda seguía delante
y la gente buscaba las farmacias
donde el amargo trópico se fija.
Sólo cuando izaron la bandera y llegaron los primeros canes
la ciudad entera se agolpó en las barandillas del embarcadero.

New York, 29 de diciembre de 1929.

PAISAJE DE LA MULTITUD QUE ORINA

(NOCTURNO DE BATTERY PLACE)

Se quedaron solos:
aguardaban la velocidad de las últimas bicicletas.
Se quedaron solas:
esperaban la muerte de un niño en el velero japonés.
Se quedaron solos y solas
soñando con los picos abiertos de los pájaros agonizantes,
con el agudo quitasol que pincha
al sapo recién aplastado,
bajo un silencio con mil orejas
y diminutas bocas de agua
en los desfiladeros que resisten
el ataque violento de la luna.
Lloraba el niño del velero y se quebraban los corazones
angustiados por el testigo y la vigilia de todas las cosas
y porque todavía en el suelo celeste de negras huellas
gritaban nombres oscuros, salivas y radios de níquel.
No importa que el niño calle cuando le clavan el último alfiler,
ni importa la derrota de la brisa en la corola del algodón,
porque hay un mundo de la muerte con marineros definitivos
que se asomarán a los arcos y os helarán por detrás de los árboles.
Es inútil buscar el recodo
donde la noche olvida su viaje
y acechar un silencio que no tenga
trajes rotos y cáscaras y llanto,
porque tan sólo el diminuto banquete de la araña
basta para romper el equilibrio de todo el cielo.
No hay remedio para el gemido del velero japonés,
ni para estas gentes ocultas que tropiezan con las esquinas.
El campo se muerde la cola para unir las raíces en un punto
y el ovillo busca por la grama su ansia de longitud insatisfecha.
¡La luna! Los policías. ¡Las sirenas de los trasatlánticos!
Fachadas de crin, de humo; anémonas, guantes de goma.
Todo está roto por la noche,
abierta de piernas sobre las terrazas.
Todo está roto por los tibios caños

de una terrible fuente silenciosa.
¡Oh gentes! ¡Oh mujercillas! ¡Oh soldados!
Será preciso viajar por los ojos de los idiotas,
campos libres donde silban mansas cobras deslumbradas,
paisajes llenos de sepulcros que producen fresquísimas manzanas,
para que venga la luz desmedida
que temen los ricos detrás de sus lupas,
el olor de un solo cuerpo con la doble vertiente de lis y rata
y para que se quemen estas gentes que pueden orinar alrededor de un ge-
o en los cristales donde se comprenden las olas nunca repetidas.   [mido

ASESINATO

(DOS VOCES DE MADRUGADA EN RIVER SIDE DRIVE)

¿Cómo fue?
—Una grieta en la mejilla.
¡Eso es todo!
Una uña que aprieta el tallo.
Un alfilez que bucea
hasta encontrar las raicillas del grito.
Y el mar deja de moverse.
—*¿Cómo, cómo fue?*
—Así.
—*¡Déjame! ¿De esa manera?*
—Sí.
El corazón salió solo.
—*¡Ay, ay de mí!*

NAVIDAD EN EL HUDSON

¡Esa esponja gris!
Ese marinero recién degollado.
Ese río grande.
Esa brisa de límites oscuros.
Ese filo, amor, ese filo.
Estaban los cuatro marineros luchando con el mundo,
con el mundo de aristas que ven todos los ojos,
con el mundo que no se puede recorrer sin caballos.
Estaban uno, cien, mil marineros,
luchando con el mundo de las agudas velocidades,
sin enterarse de que el mundo
estaba solo por el cielo

El mundo solo por el cielo solo.
Son las colinas de martillos y el triunfo de la hierba espesa.
Son los vivísimos hormigueros y las monedas en el fango.
El mundo solo por el cielo solo
y el aire a la salida de todas las aldeas.

Cantaba la lombriz el terror de la rueda
y el marinero degollado

cantaba el oso de agua que lo había de estrechar;
y todos cantaban aleluya,
aleluya. Cielo desierto.
Es lo mismo, ¡lo mismo!, aleluya.

He pasado toda la noche en los andamios de los arrabales
dejándome la sangre por la escayola de los proyectos,
ayudando a los marineros a recoger las velas desgarradas.
Y estoy con las manos vacías en el rumor de la desembocadura.
No importa que cada minuto
un niño nuevo agite sus ramitos de venas,
ni que el parto de la víbora, desatado bajo las ramas,
calme la sed de sangre de los que miran el desnudo.
Lo que importa es esto: hueco. Mundo solo. Desembocadura.
Alba no. Fábula inerte.
Sólo esto: Desembocadura.
¡Oh esponja mía gris!
¡Oh cuello mío recién degollado!
¡Oh río grande mío!
¡Oh brisa mía de límites que no son míos!
¡Oh filo de mi amor, oh hiriente filo!

Nueva York, 27 de diciembre de 1929.

CIUDAD SIN SUEÑO

(NOCTURNO DEL BROOKLYN BRIDGE)

No duerme nadie por el cielo. Nadie, nadie.
No duerme nadie.
Las criaturas de la luna huelen y rondan sus cabañas.
Vendrán las iguanas vivas a morder a los hombres que no sueñan
y el que huye con el corazón roto encontrará por las esquinas
al increíble cocodrilo quieto bajo la tierna protesta de los astros.

No duerme nadie por el mundo. Nadie, nadie.
No duerme nadie.
Hay un muerto en el cementerio más lejano
que se queja tres años
porque tiene un paisaje seco en la rodilla;
y el niño que enterraron esta mañana lloraba tanto
que hubo necesidad de llamar a los perros para que callase.

No es sueño la vida. ¡Alerta! ¡Alerta! ¡Alerta!
Nos caemos por las escaleras para comer la tierra húmeda
o subimos al filo de la nieve con el coro de las dalias muertas.
Pero no hay olvido, ni sueño:
carne viva. Los besos atan las bocas
en una maraña de venas recientes
y al que le duele su dolor le dolerá sin descanso
y al que teme la muerte la llevará sobre sus hombros.

Un día
los caballos vivirán en las tabernas

y las hormigas furiosas
atacarán los cielos amarillos que se refugian en los ojos de las vacas.
Otro día
veremos la resurrección de las mariposas disecadas.
y aún andando por un paisaje de esponjas grises y barcos mudos
veremos brillar nuestro anillo y manar rosas de nuestra lengua.
¡Alerta! ¡Alerta! ¡Alerta!
A los que guardan todavía huellas de zarpa y aguacero,
a aquel muchacho que llora porque no sabe la invención del puente
o a aquel muerto que ya no tiene más que la cabeza y un zapato,
hay que llevarlos al muro donde iguanas y sierpes esperan,
donde espera la dentadura del oso,
donde espera la mano momificada del niño
y la piel del camello se eriza con un violento escalofrío azul.

No duerme nadie por el cielo. Nadie, nadie.
No duerme nadie.
Pero si alguien cierra los ojos,
¡azotadlo, hijos míos, azotadlo!
Haya un panorama de ojos abiertos
y amargas llagas encendidas.
No duerme nadie por el mundo. Nadie, nadie.
Ya lo he dicho.
No duerme nadie.
Pero si alguien tiene por la noche exceso de musgo en las sienes,
abrid los escotillones para que vea bajo la luna
las copas falsas, el veneno y la calavera de los teatros.

PANORAMA CIEGO DE NUEVA YORK

Si no son los pájaros
cubiertos de ceniza,
si no son los gemidos que golpean las ventanas de la boda,
serán las delicadas criaturas del aire
que manan la sangre nueva por la oscuridad inextinguible.
Pero no, no son los pájaros,
porque los pájaros están a punto de ser bueyes;
pueden ser rocas blancas con la ayuda de la luna
y son siempre muchachos heridos
antes de que los jueces levanten la tela.

Todos comprenden el dolor que se relaciona con la muerte,
pero el verdadero dolor no está presente en el espíritu.
No está en el aire ni en nuestra vida,
ni en estas terrazas llenas de humo.
El verdadero dolor que mantiene despiertas las cosas
es una pequeña quemadura infinita
en los ojos inocentes de los otros sistemas.

Un traje abandonado pesa tanto en los hombros
que muchas veces el cielo los agrupa en ásperas manadas.
Y las que mueren de parto saben en la última hora
que todo rumor será piedra y toda huella latido.

Nosotros ignoramos que el pensamiento tiene arrabales
donde el filósofo es devorado por los chinos y las orugas.
Y algunos niños idiotas han encontrado por las cocinas
pequeñas golondrinas con muletas
que sabían pronunciar la palabra amor.

No, no son los pájaros.
No es un pájaro el que expresa la turbia fiebre de laguna,
ni el ansia de asesinato que nos oprime cada momento,
ni el metálico rumor de suicidio que nos anima cada madrugada.
Es una cápsula de aire donde nos duele todo el mundo,
es un pequeño espacio vivo al loco unisón de la luz,
es una escala indefinible donde las nubes y rosas olvidan
el griterío chino que bulle por el desembarcadero de la sangre.
Yo muchas veces me he perdido
para buscar la quemadura que mantiene despiertas las cosas
y sólo he encontrado marineros echados sobre las barandillas
y pequeñas criaturas del cielo enterradas bajo la nieve.
Pero el verdadero dolor estaba en otras plazas
donde los peces cristalizados agonizaban dentro de los troncos,
plazas del cielo extraño para las antiguas estatuas ilesas
y para la tierna intimidad de los volcanes.

No hay dolor en la voz. Sólo existen los dientes,
pero dientes que callarán aislados por el raso negro.
No hay dolor en la voz. Aquí sólo existe la Tierra.
La tierra con sus puertas de siempre
que llevan al rubor de los frutos.

NACIMIENTO DE CRISTO

Un pastor pide teta por la nieve que ondula
blancos perros tendidos entre linternas sordas.
El Cristito de barro se ha partido los dedos
en los filos eternos de la madera rota.

¡Ya vienen las hormigas y los pies ateridos!
Dos hilillos de sangre quiebran el cielo duro.
Los vientres del demonio resuenan por los valles
golpes y resonancias de carne de molusco.

Lobos y sapos cantan en las hogueras verdes
coronadas por vivos hormigueros del alba.
La luna tiene un sueño de grandes abanicos
y el toro sueña un toro de agujeros y de agua.

El niño llora y mira con un tres en la frente.
San José ve en el heno tres espinas de bronce.
Los pañales exhalan un rumor de desierto
con cítaras sin cuerdas y degolladas voces.

La nieve de Manhattan empuja los anuncios
y lleva gracia pura por las falsas ojivas.

Sacerdotes idiotas y querubes de pluma
van detrás de Lutero por las altas esquinas.

LA AURORA

La aurora de Nueva York tiene
cuatro columnas de cieno
y un huracán de negras palomas
que chapotean las aguas podridas.

La aurora de Nueva York gime
por las inmensas escaleras
buscando entre las aristas
nardos de angustia dibujada.

La aurora llega y nadie la recibe en su boca
porque allí no hay mañana ni esperanza posible.
A veces las monedas en enjambres furiosos
taladran y devoran abandonados niños.

Los primeros que salen comprenden con sus huesos
que no habrá paraíso ni amores deshojados;
saben que van al cieno de números y leyes,
a los juegos sin arte, a sudores sin fruto.

La luz es sepultada por cadenas y ruidos
en impúdico reto de ciencia sin raíces.
Por los barrios hay gentes que vacilan insomnes
como recién salidas de un naufragio de sangre.

IV

POEMAS DEL LAGO EDEM MILLS

A Eduardo Ugarte.

POEMA DOBLE DEL LAGO EDEM

Nuestro ganado pace, el viento espira.

GARCILASO.

Era mi voz antigua
ignorante de los densos jugos amargos.
La adivino lamiendo mis pies
bajo los frágiles helechos mojados.

¡Ay voz antigua de mi amor,
ay voz de mi verdad,
ay voz de mi abierto costado,
cuando todas las rosas manaban de mi lengua
y el césped no conocía la impasible dentadura del caballo!

Estás aquí bebiendo mi sangre,
bebiendo mi humor de niño pesado,
mientras mis ojos se quiebran en el viento
con el aluminio y las voces de los borrachos.

Déjame pasar la puerta
donde Eva come hormigas
y Adán fecunda peces deslumbrados.
Déjame pasar hombrecillo de los cuernos
al bosque de los desperezos
y los alegrísimos saltos.

Yo sé el uso más secreto
que tiene un viejo alfiler oxidado
y sé del horror de unos ojos despiertos
sobre la superficie concreta del plato.

Pero no quiero mundo ni sueño, voz divina,
quiero mi libertad, mi amor humano
en el rincón más oscuro de la brisa que nadie quiera.
¡Mi amor humano!

Esos perros marinos se persiguen
y el viento acecha troncos descuidados.
¡Oh voz antigua, quema con tu lengua
esta voz de hojalata y de talco!

Quiero llorar porque me da la gana
como lloran los niños del último banco,
porque yo no soy un hombre, ni un poeta, ni una hoja,
pero sí un pulso herido que sonda las cosas del otro lado.

Quiero llorar diciendo mi nombre,
rosa, niño y abeto a la orilla de este lago,
para decir mi verdad de hombre de sangre
matando en mí la burla y la sugestión del vocablo.

No, no, yo no pregunto, yo deseo,
voz mía libertada que me lames las manos.
En el laberinto de biombos es mi desnudo el que recibe
la luna de castigo y el reloj encenizado.

Así hablaba yo.
Así hablaba yo cuando Saturno detuvo los trenes
y la bruma y el sueño y la muerte me estaban buscando.
Me estaban buscando
allí donde mugen las vacas que tienen patitas de paje
y allí donde flota mi cuerpo entre los equilibrios contrarios.

CIELO VIVO

Yo no podré quejarme
si no encontré lo que buscaba.
Cerca de las piedras sin jugo y los insectos vacíos
no veré el duelo del sol con las criaturas en carne viva.

Pero me iré al primer paisaje
de choques, líquidos y rumores
que trasmina a niño recién nacido
y donde toda superficie es evitada,
para entender que lo que busco tendrá su blanco de alegría
cuando yo vuele mezclado con el amor y las arenas.

Allí no llega la escarcha de los ojos apagados
ni el mugido del árbol asesinado por la oruga.
Allí todas las formas guardan entrelazadas
una sola expresión frenética de avance.

No puedes avanzar por los enjambres de corolas
porque el aire disuelve tus dientes de azúcar,
ni puedes acariciar la fugaz hoja del helecho
sin sentir el asombro definitivo del marfil.

Allí bajo las raíces y en la médula del aire
se comprende la verdad de las cosas equivocadas,
el nadador de níquel que acecha la onda más fina
y el rebaño de vacas nocturnas con rojas patitas de mujer.

Yo no podré quejarme
si no encontré lo que buscaba;
pero me iré al primer paisaje de humedades y latidos
para entender que lo que busco tendrá su blanco de alegría
cuando yo vuele mezclado con el amor y las arenas.

Vuelo fresco de siempre sobre lechos vacíos,
sobre grupos de brisas y barcos encallados.
Tropiezo vacilante por la dura eternidad fija
y amor al fin sin alba. Amor. ¡Amor visible!

Edem Mills, Vermont, 24 agosto 1929.

V

EN LA CABAÑA DEL FARMER

(CAMPO DE NEWBURG)

A Concha Méndez y Manuel Altolaguirre.

EL NIÑO STANTON

Do you like me?
—Yes, and you?
—Yes, yes.

Cuando me quedo solo
me quedan todavía tus diez años,
los tres caballos ciegos,
tus quince rostros con el rostro de la pedrada
y las fiebres pequeñas heladas sobre las hojas del maíz.
Stanton, hijo mío, Stanton.
A las doce de la noche el cáncer salía por los pasillos
y hablaba con los caracoles vacíos de los documentos,
el vivísimo cáncer lleno de nubes y termómetros
con su casto afán de manzana para que lo piquen los ruiseñores.
En la casa donde no hay un cáncer
se quiebran las blancas paredes en el delirio de la astronomía
y por los establos más pequeños y en las cruces de los bosques
brilla por muchos años el fulgor de la quemadura.
Mi dolor sangraba por las tardes
cuando tus ojos eran dos muros,
cuando tus manos eran dos países
y mi cuerpo rumor de hierba.
Mi agonía buscaba su traje,
polvorienta, mordida por los perros,
y tú la acompañaste sin temblar
hasta la puerta del agua oscura.
¡Oh, mi Stanton, idiota y bello entre los pequeños animalitos,
con tu madre fracturada por los herreros de las aldeas,
con un hermano bajo los arcos,
otro comido por los hormigueros,
y el cáncer sin alambradas latiendo por las habitaciones!
Hay nodrizas que dan a los niños
ríos de musgo y amargura de pie
y algunas negras suben a los pisos para repartir filtro de rata.
Porque es verdad que la gente
quiere echar las palomas a las alcantarillas
y yo sé lo que esperan los que por la calle
nos oprimen de pronto las yemas de los dedos.

Tu ignorancia es un monte de leones, Stanton.
El día que el cáncer te dio una paliza
y te escupió en el dormitorio donde murieron los huéspedes en la epidemia
y abrió su quebrada rosa de vidrios secos y manos blandas
para salpicar de lodo las pupilas de los que navegan,

tú buscaste en la hierba mi agonía,
mi agonía con flores de terror,
mientras que el agrio cáncer mudo que quiere acostarse contigo
pulverizaba rojos paisajes por las sábanas de amargura,
y ponía sobre los ataúdes
helados arbolitos de ácido bórico.
Stanton, vete al bosque con tus arpas judías,
vete para aprender celestiales palabras
que duermen en los troncos, en nubes, en tortugas,
en los perros dormidos, en el plomo, en el viento,
en lirios que no duermen, en aguas que no copian,
para que aprendas, hijo, lo que tu pueblo olvida.

Cuando empiece el tumulto de la guerra
dejaré un pedazo de queso para tu perro en la oficina.
Tus diez años serán las hojas
que vuelan en los trajes de los muertos,
diez rosas de azufre débil
en el hombro de mi madrugada.
Y yo, Stanton, yo solo, en olvido,
con tus caras marchitas sobre mi boca,
iré penetrando a voces las verdes estatuas de la Malaria.

VACA

A Luis Lacasa.

Se tendió la vaca herida.
Árboles y arroyos trepaban por sus cuernos.
Su hocico sangraba en el cielo.

Su hocico de abejas
bajo el bigote lento de la baba.
Un alarido blanco puso en pie la mañana.

Las vacas muertas y las vivas,
rubor de luz o miel de establo,
balaban con los ojos entornados.

Que se enteren las raíces
y aquel niño que afila su navaja
de que ya se pueden comer la vaca.

Arriba palidecen
luces y yugulares.
Cuatro pezuñas tiemblan en el aire.

Que se entere la luna
y esa noche de rocas amarillas:
que ya se fue la vaca de ceniza.

Que ya se fue balando
por el derribo de los cielos yertos
donde meriendan muerte los borrachos.

NIÑA AHOGADA EN EL POZO

(GRANADA Y NEWBURG)

Las estatuas sufren por los ojos con la oscuridad de los ataúdes,
pero sufren mucho más por el agua que no desemboca.
Que no desemboca.
El pueblo corría por las almenas rompiendo las cañas de los pescadores
¡Pronto! ¡Los bordes! ¡De prisa! Y croaban las estrellas tiernas.
...que no desemboca.

¡Tranquila en mi recuerdo, astro, círculo, meta,
lloras por las orillas de un ojo de caballo.
...que no desemboca.

Pero nadie en lo oscuro podrá darte distancias,
sin afilado límite, porvenir de diamante.
...que no desemboca.

Mientras la gente busca silencios de almohada
tú lates para siempre definida en tu anillo.
...que no desemboca.

Eterna en los finales de unas ondas que aceptan
combate de raíces y soledad prevista.
...que no desemboca.

¡Ya vienen por las rampas! ¡Levántate del agua!
¡Cada punto de luz te dará una cadena!
...que no desemboca.

Pero el pozo te alarga manecitas de musgo,
insospechada ondina de su casta ignorancia.
...que no desemboca.

No, que no desemboca. Agua fija en un punto,
respirando con todos sus violines sin cuerdas
en la escala de las heridas y los edificios deshabitados.
¡Agua que no desemboca!

VI

INTRODUCCION A LA MUERTE

POEMAS DE LA SOLEDAD EN VERMONT

Para Rafael Sánchez Ventura.

MUERTE

¡Qué esfuerzo!
¡Qué esfuerzo del caballo por ser perro!
¡Qué esfuerzo del perro por ser golondrina!
¡Qué esfuerzo de la golondrina por ser abeja!

¡Qué esfuerzo de la abeja por ser caballo!
Y el caballo,
¡qué flecha aguda exprime de la rosa!
¡qué rosa gris levanta de su belfo!
Y la rosa,
¡qué rebaño de luces y alaridos
ata en el vivo azúcar de su tronco!
Y el azúcar,
¡qué puñalitos sueña en su vigilia!
Y los puñales diminutos,
¡qué luna sin establos!, ¡qué desnudos,
piel eterna y rubor, andan buscando!
Y yo, por los aleros,
¡qué serafín de llamas busco y soy!
Pero el arco de yeso,
¡qué grande, qué invisible, qué diminuto,
sin esfuerzo!

NOCTURNO DEL HUECO

I

Para ver que todo se ha ido,
para ver los huecos y los vestidos,
¡dame tu guante de luna,
tu otro guante perdido en la hierba,
amor mío!

Puede el aire arrancar los caracoles
muertos sobre el pulmón del elefante
y soplar los gusanos ateridos
de las yemas de luz o las manzanas.

Los rostros bogan impasibles
bajo el diminuto griterío de las yerbas
y en el rincón está el pechito de la rana
turbio de corazón y mandolina.

En la gran plaza desierta
mugía la bovina cabeza recién cortada
y eran duro cristal definitivo
las formas que buscaban el giro de la sierpe.

Para ver que todo se ha ido
dame tu mudo hueco, ¡amor mío!
Nostalgia de academia y cielo triste.
¡Para ver que todo se ha ido!

Dentro de ti, amor mío, por tu carne,
¡qué silencio de trenes bocarriba!

¡cuánto brazo de momia florecido!
¡qué cielo sin salida, amor, qué cielo!

Es la piedra en el agua y es la voz en la brisa
bordes de amor que escapan de su tronco sangrante.
Basta tocar el pulso de nuestro amor presente
para que broten flores sobre los otros niños.

Para ver que todo se ha ido.
Para ver los huecos de nubes y ríos.
Dame tus manos de laurel, amor.
¡Para ver que todo se ha ido!

Ruedan los huecos puros, por mí, por ti, en el alba
conservando las huellas de las ramas de sangre
y algún perfil de yeso tranquilo que dibuja
instantáneo dolor de luna apuntillada.

Mira formas concretas que buscan su vacío.
Perros equivocados y manzanas mordidas.
Mira el ansia, la angustia de un triste mundo fósil
que no encuentra el acento de su primer sollozo.

Cuando busco en la cama los rumores del hilo
has venido, amor mío, a cubrir mi tejado.
El hueco de una hormiga puede llenar el aire,
pero tú vas gimiendo sin norte por mis ojos.

No, por mis ojos no, que ahora me enseñas
cuatro ríos ceñidos en tu brazo,
en la dura barraca donde la luna prisionera
devora a un marinero delante de los niños.

Para ver que todo se ha ido
¡amor inexpugnable, amor huído!
No, no me des tu hueco,
¡que ya va por el aire el mío!
¡Ay de ti, ay de mí, de la brisa!
Para ver que todo se ha ido.

II

Yo.
Con el hueco blanquísimo de un caballo,
crines de ceniza. Plaza pura y doblada.

Yo.
Mi hueco traspasado con las axilas rotas.
Piel seca de uva neutra y amianto de madrugada.

Toda la luz del mundo cabe dentro de un ojo.
Canta el gallo y su canto dura más que sus alas.

Yo.
Con el hueco blanquísimo de un caballo.
Rodeado de espectadores que tienen hormigas en las palabras.

En el circo del frío sin perfil mutilado.
Por los capiteles rotos de las mejillas desangradas.

Yo.
Mi hueco sin ti, ciudad, sin tus muertos que comen.
Ecuestre por mi vida definitivamente anclada.

Yo.
No hay siglo nuevo ni luz reciente.
Sólo un caballo azul y una madrugada.

PAISAJE CON DOS TUMBAS Y UN PERRO ASIRIO

Amigo,
levántate para que oigas aullar
al perro asirio.
Las tres ninfas del cáncer han estado bailando,
hijo mío.
Trajeron unas montañas de lacre rojo
y unas sábanas duras donde estaba el cáncer dormido.
El caballo tenía un ojo en el cuello
y la luna estaba en un cielo tan frío
que tuvo que desgarrarse su monte de Venus
y ahogar en sangre y ceniza los cementerios antiguos.

Amigo,
despierta, que los montes todavía no respiran
y las hierbas de mi corazón están en otro sitio.
No importa que estés lleno de agua de mar.
Yo amé mucho tiempo a un niño
que tenía una plumilla en la lengua
y vivimos cien años dentro de un cuchillo.
Despierta. Calla. Escucha. Incorpórate un poco.
El aullido
es una larga lengua morada que deja
hormigas de espanto y licor de lirios.
Ya viene hacia la roca. ¡No alargues tus raíces!
Se acerca. Gime. No solloces en sueños, amigo.

¡Amigo!
Levántate para que oigas aullar
al perro asirio.

RUINA

Sin encontrarse,
viajero por su propio torso blanco,
¡así iba al aire!

Pronto se vio que la luna
era una calavera de caballo
y el aire una manzana oscura.

Detrás de la ventana
con látigos y luces se sentía
la lucha de la arena con el agua.

Yo vi llegar las hierbas
y les eché un cordero que balaba
bajo sus dientecillos y lancetas.

Volaba dentro de una gota
la cáscara de pluma y celuloide
de la primer paloma.

Las nubes en manada
se quedaron dormidas contemplando
el duelo de las rocas con el alba.

Vienen las hierbas, hijo.
Ya suenan sus espadas de saliva
por el cielo vacío.

Mi mano, amor. ¡Las hierbas!
Por los cristales rotos de la casa
la sangre desató sus cabelleras.

Tú sólo y yo quedamos.
Prepara tu esqueleto para el aire.
Yo sólo y tú quedamos.

Prepara tu esqueleto.
Hay que buscar de prisa, amor, de prisa,
nuestro perfil sin sueño.

LUNA Y PANORAMA DE LOS INSECTOS

(POEMA DE AMOR)

> *La luna en el mar riela,*
> *en la lona gime el viento*
> *y alza en blando. movimiento*
> *olas de plata y azul.*
>
> ESPRONCEDA.

Mi corazón tendría la forma de un zapato
si cada aldea tuviera una sirena.
Pero la noche es interminable cuando se apoya en los enfermos
y hay barcos que buscan ser mirados para poder hundirse tranquilos.
Si el aire sopla blandamente
mi corazón tiene la forma de una niña.

Si el aire se niega a salir de los cañaverales
mi corazón tiene la forma de una milenaria boñiga de toro.

Bogar, bogar, bogar, bogar,
hacia el batallón de puntas desiguales,
hacia un paisaje de acechos pulverizados.
Noche igual de la nieve, de los sistemas suspendidos.
Y la luna.

¡La luna!
Pero no la luna.
La raposa de las tabernas,
el gallo japonés que se comió los ojos,
las hierbas masticadas.

No nos salvan las solitarias en los vidrios,
ni los herbolarios donde el metafísico
encuentra las otras vertientes del cielo.
Son mentira las formas. Sólo existe
el círculo de bocas del oxígeno.
Y la luna.
Pero no la luna.
Los insectos,
los muertos diminutos por las riberas,
dolor en longitud,
yodo en un punto,
las muchedumbres en el alfiler,
el desnudo que amasa la sangre de todos,
y mi amor que no es un caballo ni una quemadura,
criatura de pecho devorado.
¡Mi amor!

Ya cantan, gritan, gimen: Rostro, ¡Tu rostro! Rostro.
Las manzanas son unas,
las dalias son idénticas,
la luz tiene un sabor de metal acabado
y el campo de todo un lustro cabrá en la mejilla de la moneda.
Pero tu rostro cubre los cielos del banquete.
¡Ya cantan!, ¡gritan!, ¡gimen!,
¡cubren!, ¡trepan!, ¡espantan!

Es necesario caminar, ¡de prisa!, por las ondas, por las ramas,
por las calles deshabitadas de la edad media que bajan al río,
por las tiendas de las pieles donde suena un cuerno de vaca herida,
por las escalas, ¡sin miedo!, por las escalas.
Hay un hombre descolorido que se está bañando en el mar;
es tan tierno que los reflectores le comieron jugando el corazón.
Y en el Perú viven mil mujeres, ¡oh insectos!, que noche y día
hacen nocturnos y desfiles entrecruzando sus propias venas.

Un diminuto guante corrosivo me detiene. ¡Basta!
En mi pañuelo he sentido el tris
de la primera vena que se rompe.
Cuida tus pies, amor mío, ¡tus manos!,
ya que yo tengo que entregar mi rostro,
mi rostro, ¡mi rostro!, ¡ay, mi comido rostro!

Este fuego casto para mi deseo,
esta confusión por anhelo de equilibrio,
este inocente dolor de pólvora en mis ojos,
aliviará la angustia de otro corazón
devorado por las nebulosas.

No nos salva la gente de las zapaterías,
ni los paisajes que se hacen música al encontrar las llaves oxidadas.
Son mentira los aires. Sólo existe
una cunita en el desván
que recuerda todas las cosas.
Y la luna.
Pero no la luna.
Los insectos,
los insectos solos,
crepitantes, mordientes, estremecidos, agrupados,
y la luna
con un guante de humo sentada en la puerta de sus derribos.
¡¡La luna!!

Nueva York, 4 de enero de 1930.

VII

VUELTA A LA CIUDAD

Para Antonio Hernández Soriano.

NEW YORK

OFICINA Y DENUNCIA

Debajo de las multiplicaciones
hay una gota de sangre de pato.
Debajo de las divisiones
hay una gota de sangre de marinero.
Debajo de las sumas, un río de sangre tierna;
un río que viene cantando
por los dormitorios de los arrabales,
y es plata, cemento o brisa
en el alba mentida de New York.
Existen las montañas, lo sé.
Y los anteojos para la sabiduría,
lo sé. Pero yo no he venido a ver el cielo.
He venido para ver la turbia sangre,
la sangre que lleva las máquinas a las cataratas
y el espíritu a la lengua de la cobra.
Todos los días se matan en New York
cuatro millones de patos,
cinco millones de cerdos,
dos mil palomas para el gusto de los agonizantes,
un millón de vacas,

un millón de corderos
y dos millones de gallos
que dejan los cielos hechos añicos.
Más vale sollozar afilando la navaja
o asesinar a los perros en las alucinantes cacerías
que resistir en la madrugada
los interminables trenes de leche,
los interminables trenes de sangre,
y los trenes de rosas maniatadas
por los comerciantes de perfumes.
Los patos y las palomas
y los cerdos y los corderos
ponen sus gotas de sangre
debajo de las multiplicaciones;
y los terribles alaridos de las vacas estrujadas
llenan de dolor el valle
donde el Hudson se emborracha con aceite.
Yo denuncio a toda la gente
que ignora la otra mitad,
la mitad irredimible
que levanta sus montes de cemento
donde laten los corazones
de los animalitos que se olvidan
y donde caeremos todos
en la última fiesta de los taladros.
Os escupo en la cara.
La otra mitad me escucha
devorando, cantando, volando en su pureza
como los niños de las porterías
que llevan frágiles palitos
a los huecos donde se oxidan
las antenas de los insectos.
No es el infierno, es la calle.
No es la muerte, es la tienda de frutas.
Hay un mundo de ríos quebrados y distancias inasibles
en la patita de ese gato quebrada por el automóvil,
y yo oigo el canto de la lombriz
en el corazón de muchas niñas.
Óxido, fermento, tierra estremecida.
Tierra tú mismo que nadas por los números de la oficina.
¿Qué voy a hacer, ordenar los paisajes?
¿Ordenar los amores que luego son fotografías,
que luego son pedazos de madera y bocanadas de sangre?
No, no; yo denuncio,
yo denuncio la conjura
de estas desiertas oficinas
que no radian las agonías,
que borran los programas de la selva,
y me ofrezco a ser comido por las vacas estrujadas
cuando sus gritos llenan el valle
donde el Hudson se emborracha con aceite.

CEMENTERIO JUDÍO

Las alegres fiebres huyeron a las maromas de los barcos y el judío empujó la verja con el pudor helado del interior de la lechuga.

Los niños de Cristo dormían
y el agua era una paloma
y la madera era una garza
y el plomo era un colibrí
y aun las vivas prisiones de fuego
estaban consoladas por el salto de la langosta.

Los niños de Cristo bogaban y los judíos llenaban los muros
con un solo corazón de paloma
por el que todos querían escapar.
Las niñas de Cristo cantaban y las judías miraban la muerte
con un solo ojo de faisán,
vidriado por la angustia de un millón de paisajes.

Los médicos ponen en el níquel sus tijeras y guantes de goma
cuando los cadáveres sienten en los pies
la terrible claridad de otra luna enterrada.
Pequeños dolores ilesos se acercan a los hospitales
y los muertos se van quitando un traje de sangre cada día.

Las arquitecturas de escarcha,
las liras y gemidos que se escapan de las hojas diminutas
en otoño, mojando las últimas vertientes,
se apagaban en el negro de los sombreros de copa.

La hierba celeste y sola de la que huye con miedo el rocío
y las blancas entradas de mármol que conducen al aire duro
mostraban su silencio roto por las huellas dormidas de los zapatos.

El judío empujó la verja;
pero el judío no era un puerto
y las barcas de nieve se agolparon
por las escalerillas de su corazón:
las barcas de nieve que acechan
un hombre de agua que las ahogue,
las barcas de los cementerios
que a veces dejan ciegos a los visitantes.

Los niños de Cristo dormían
y el judío ocupó su litera.
Tres mil judíos lloraban en el espanto de las galerías
porque reunían entre todos con esfuerzo media paloma,
porque uno tenía la rueda de un reloj
y otro un botín con orugas parlantes
y otro una lluvia nocturna cargada de cadenas
y otro la uña de un ruiseñor que estaba vivo;
y porque la media paloma gemía
derramando una sangre que no era la suya.

Las alegres fiebres bailaban por las cúpulas humedecidas
y la luna copiaba en su mármol
nombres viejos y cintas ajadas.
Llegó la gente que come por detrás de las yertas columnas
y los asnos de blancos dientes
con los especialistas de las articulaciones.
Verdes girasoles temblaban
por los páramos del crepúsculo
y todo el cementerio era una queja
de bocas de cartón y trapo seco.
Ya los niños de Cristo se dormían
cuando el judío, apretando los ojos,
se cortó las manos en silencio
al escuchar los primeros gemidos.

Nueva York, 18 de enero de 1930.

VIII

DOS ODAS

A mi editor Armando Guibert.

GRITO HACIA ROMA

(DESDE LA TORRE DEL CRYSLER BUILDING)

Manzanas levemente heridas
por finos espadines de plata,
nubes rasgadas por una mano de coral
que lleva en el dorso una almendra de fuego,
peces de arsénico como tiburones,
tiburones como gotas de llanto para cegar una multitud,
rosas que hieren
y agujas instaladas en los caños de la sangre,
mundos enemigos y amores cubiertos de gusanos
caerán sobre ti. Caerán sobre la gran cúpula
que untan de aceite las lenguas militares
donde un hombre se orina en una deslumbrante paloma
y escupe carbón machacado
rodeado de miles de campanillas.

Porque ya no hay quien reparta el pan ni el vino
ni quien cultive hierbas en la boca del muerto,
ni quien abra los linos del reposo,
ni quien llore por las heridas de los elefantes.
No hay más que un millón de herreros
forjando cadenas para los niños que han de venir.
No hay más que un millón de carpinteros
que hacen ataúdes sin cruz.
No hay más que un gentío de lamentos

que se abren las ropas en espera de la bala.
El hombre que desprecia la paloma debía hablar,
debía gritar desnudo entre las columnas,
y ponerse una inyección para adquirir la lepra
y llorar un llanto tan terrible
que disolviera sus anillos y sus teléfonos de diamante.
Pero el hombre vestido de blanco
ignora el misterio de la espiga,
ignora el gemido de la parturienta,
ignora que Cristo puede dar agua todavía,
ignora que la moneda quema el beso de prodigio
y da la sangre del cordero al pico idiota del faisán.

Los maestros enseñan a los niños
una luz maravillosa que viene del monte;
pero lo que llega es una reunión de cloacas
donde gritan las oscuras ninfas del cólera.
Los maestros señalan con devoción las enormes cúpulas sahumadas;
pero debajo de las estatuas no hay amor,
no hay amor bajo los ojos de cristal definitivo.
El amor está en las carnes desgarradas por la sed,
en la choza diminuta que lucha con la inundación;
el amor está en los fosos donde luchan las sierpes del hambre,
en el triste mar que mece los cadáveres de las gaviotas
y en el oscurísimo beso punzante debajo de las almohadas.
Pero el viejo de las manos traslúcidas
dirá: Amor, amor, amor,
aclamado por millones de moribundos;
dirá: amor, amor, amor,
entre el tisú estremecido de ternura;
dirá: paz, paz, paz,
entre el tirite de cuchillos y melones de dinamita;
dirá: amor, amor, amor,
hasta que se le pongan de plata los labios.

Mientras tanto, mientras tanto ¡ay! mientras tanto,
los negros que sacan las escupideras,
los muchachos que tiemblan bajo el terror pálido de los directores,
las mujeres ahogadas en aceites minerales,
la muchedumbre de martillo, de violín o de nube,
ha de gritar aunque le estrellen los sesos en el muro,
ha de gritar frente a las cúpulas,
ha de gritar loca de fuego,
ha de gritar loca de nieve,
ha de gritar con la cabeza llena de excremento,
ha de gritar como todas las noches juntas,
ha de gritar con voz tan desgarrada
hasta que las ciudades tiemblen como niñas
y rompan las prisiones del aceite y la música,
porque queremos el pan nuestro de cada día,
flor de aliso y perenne ternura desgranada,
porque queremos que se cumpla la voluntad de la Tierra
que da sus frutos para todos.

ODA A WALT WHITMAN

Por el East River y el Bronx,
los muchachos cantaban enseñando sus cinturas,
con la rueda, el aceite, el cuero y el martillo.
Noventa mil mineros sacaban la plata de las rocas
y los niños dibujaban escaleras y perspectivas.

Pero ninguno se dormía,
ninguno quería ser el río,
ninguno amaba las hojas grandes,
ninguno la lengua azul de la playa.

Por el East River y el Queensborough
los muchachos luchaban con la industria
y los judíos vendían al fauno del río
la rosa de la circuncisión
y el cielo desembocaba por los puentes y los tejados
manadas de bisontes empujadas por el viento.

Pero ninguno se detenía,
ninguno quería ser nube,
ninguno buscaba los helechos
ni la rueda amarilla del tamboril.

Cuando la luna salga
las poleas rodarán para turbar el cielo;
un límite de agujas cercará la memoria
y los ataúdes se llevarán a los que no trabajan.

Nueva York de cieno,
Nueva York de alambres y de muerte.
¿Qué ángel llevas oculto en la mejilla?
¿Qué voz perfecta dirá las verdades del trigo?
¿Quién el sueño terrible de tus anémonas manchadas?

Ni un solo momento, viejo hermoso Walt Whitman,
he dejado de ver tu barba llena de mariposas,
ni tus hombros de pana gastados por la luna,
ni tus muslos de Apolo virginal,
ni tu voz como una columna de ceniza;
anciano hermoso como la niebla
que gemías igual que un pájaro
con el sexo atravesado por una aguja,
enemigo del sátiro,
enemigo de la vid
y amante de los cuerpos bajo la burda tela.
Ni un solo momento, hermosura viril
que en montes de carbón, anuncios y ferrocarriles,
soñabas ser un río y dormir como un río
con aquel camarada que pondría en tu pecho
un pequeño dolor de ignorante leopardo.

Ni un solo momento, Adán de sangre, macho,
hombre solo en el mar, viejo hermoso Walt Whitman,
porque por las azoteas,
agrupados en los bares,
saliendo en racimos de las alcantarillas,
temblando entre las piernas de los chauffeurs
o girando en las plataformas del ajenjo,
los maricas, Walt Whitman, te soñaban.

¡También ése! ¡También! Y se despeñan
sobre tu barba luminosa y casta,
rubios del norte, negros de la arena,
muchedumbres de gritos y ademanes,
como gatos y como las serpientes,
los maricas, Walt Whitman, los maricas
turbios de lágrimas, carne para fusta,
bota o mordisco de los domadores.

¡También ése! ¡También! Dedos teñidos
apuntan a la orilla de tu sueño
cuando el amigo come tu manzana
con un leve sabor de gasolina
y el sol canta por los ombligos
de los muchachos que juegan bajo los puentes.

Pero tú no buscabas los ojos arañados,
ni el pantano oscurísimo donde sumergen a los niños,
ni la saliva helada,
ni las curvas heridas como panza de sapo
que llevan los maricas en coches y terrazas
mientras la luna los azota por las esquinas del terror.

Tú buscabas un desnudo que fuera como un río,
toro y sueño que junte la rueda con el alga,
padre de tu agonía, camelia de tu muerte,
y gimiera en las llamas de tu ecuador oculto.

Porque es justo que el hombre no busque su deleite
en la selva de sangre de la mañana próxima.
El cielo tiene playas donde evitar la vida
y hay cuerpos que no deben repetirse en la aurora.

Agonía, agonía, sueño, fermento y sueño.
Éste es el mundo, amigo, agonía, agonía.
Los muertos se descomponen bajo el reloj de las ciudades,
la guerra pasa llorando con un millón de ratas grises,
los ricos dan a sus queridas
pequeños moribundos iluminados,
y la vida no es noble, ni buena, ni sagrada.

Puede el hombre, si quiere, conducir su deseo
por vena de coral o celeste desnudo.
Mañana los amores serán rocas y el Tiempo
una brisa que viene dormida por las ramas.

Por eso no levanto mi voz, viejo Walt Whitman,
contra el niño que escribe
nombre de niña en su almohada,
ni contra el muchacho que se viste de novia
en la oscuridad del ropero,
ni contra los solitarios de los casinos
que beben con asco el agua de la prostitución,
ni contra los hombres de mirada verde
que aman al hombre y queman sus labios en silencio.
Pero sí contra vosotros, maricas de las ciudades,
de carne tumefacta y pensamiento inmundo,
madres de lodo, arpías, enemigos sin sueño
del Amor que reparte coronas de alegría.

Contra vosotros siempre, que dais a los muchachos
gotas de sucia muerte con amargo veneno.
Contra vosotros siempre,
Faeries de Norteamérica,
Pájaros de la Habana,
Jotos de México,
Sarasas de Cádiz,
Apios de Sevilla,
Cancos de Madrid,
Floras de Alicante,
Adelaidas de Portugal.

¡Maricas de todo el mundo, asesinos de palomas!
Esclavos de la mujer, perras de sus tocadores,
abiertos en las plazas con fiebre de abanico
o emboscados en yertos paisajes de cicuta.

¡No haya cuartel! La muerte
mana de vuestros ojos
y agrupa flores grises en la orilla del cieno.
¡No haya cuartel! ¡Alerta!
Que los confundidos, los puros,
los clásicos, los señalados, los suplicantes
os cierren las puertas de la bacanal.

Y tú, bello Walt Whitman, duerme a orillas del Hudson
con la barba hacia el polo y las manos abiertas.
Arcilla blanda o nieve, tu lengua está llamando
camaradas que velen tu gacela sin cuerpo.
Duerme, no queda nada.
Una danza de muros agita las praderas
y América se anega de máquinas y llanto.
Quiero que el aire fuerte de la noche más honda
quite flores y letras del arco donde duermes
y un niño negro anuncie a los blancos del oro
la llegada del reino de la espiga.

IX

HUÍDA DE NUEVA YORK

DOS VALSES HACIA LA CIVILIZACIÓN

PEQUEÑO VALS VIENÉS

En Viena hay diez muchachas,
un hombro donde solloza la muerte
y un bosque de palomas disecadas.
Hay un fragmento de la mañana
en el museo de la escarcha.
Hay un salón con mil ventanas.
¡Ay, ay, ay, ay!
Toma este vals con la boca cerrada.

Este vals, este vals, este vals,
de sí, de muerte y de coñac
que moja su cola en el mar.

Te quiero, te quiero, te quiero,
con la butaca y el libro muerto,
por el melancólico pasillo,
en el oscuro desván del lirio,
en nuestra cama de la luna
y en la danza que sueña la tortuga.
¡Ay, ay, ay, ay!
Toma este vals de quebrada cintura.

En Viena hay cuatro espejos
donde juegan tu boca y los ecos.
Hay una muerte para piano
que pinta de azul a los muchachos.
Hay mendigos por los tejados.
Hay frescas guirnaldas de llanto.
¡Ay, ay, ay, ay!
Toma este vals que se muere en mis brazos.

Porque te quiero, te quiero, amor mío,
en el desván donde juegan los niños,
soñando viejas luces de Hungría
por los rumores de la tarde tibia,
viendo ovejas y lirios de nieve
por el silencio oscuro de tu frente.
¡Ay, ay, ay, ay!
Toma este vals del "Te quiero siempre".

En Viena bailaré contigo
con un disfraz que tenga
cabeza de río.
¡Mira qué orillas tengo de jacintos!

Dejaré mi boca entre tus piernas,
mi alma en fotografías y azucenas,
y en las ondas oscuras de tu andar
quiero, amor mío, amor mío, dejar,
violín y sepulcro, las cintas del vals.

VALS EN LAS RAMAS

Cayó una hoja
y dos
y tres.
Por la luna nadaba un pez.
El agua duerme una hora
y el mar blanco duerme cien.
La dama
estaba muerta en la rama.
La monja
cantaba dentro de la toronja.
La niña
iba por el pino a la piña.
Y el pino
buscaba la plumilla del trino.
Pero el ruiseñor
lloraba sus heridas alrededor.

Y yo también
porque cayó una hoja
y dos
y tres.
Y una cabeza de cristal
y un violín de papel
y la nieve podría con el mundo
una a una
dos a dos
y tres a tres.
¡Oh, duro marfil de carnes invisibles!
¡Oh, golfo sin hormigas del amanecer!
Con el numen de las ramas,
con el ay de las damas,
con el cro de las ranas,
y el geo amarillo de la miel.
Llegará un torso de sombra
coronado de laurel.
Será el cielo para el viento
duro como una pared
y las ramas desgajadas
se irán bailando con él.
Una a una
alrededor de la luna,
dos a dos
alrededor del sol.
y tres a tres
para que los marfiles se duerman bien.

X

EL POETA LLEGA A LA HABANA

A don Fernando Ortiz.

SON DE NEGROS EN CUBA

Cuando llegue la luna llena iré a Santiago de Cuba,
iré a Santiago,
en un coche de agua negra.
Iré a Santiago.
Cantarán los techos de palmera.
Iré a Santiago.
Cuando la palma quiere ser cigüeña,
iré a Santiago,
Y cuando quiere ser medusa el plátano,
iré a Santiago.
Iré a Santiago
con la rubia cabeza de Fonseca.
Iré a Santiago.
Y con la rosa de Romeo y Julieta
iré a Santiago.
¡Oh Cuba! ¡Oh ritmo de semillas secas!
Iré a Santiago.
¡Oh cintura caliente y gota de madera!
Iré a Santiago.
Arpa de troncos vivos. Caimán. Flor de tabaco.
Iré a Santiago.
Siempre he dicho que yo iría a Santiago
en un coche de agua negra.
Iré a Santiago.
Brisa y alcohol en las ruedas,
iré a Santiago.
Mi coral en la tiniebla,
iré a Santiago.
El mar ahogado en la arena,
iré a Santiago,
calor blanco, fruta muerta,
iré a Santiago.
¡Oh bovino frescor de cañaveras!
¡Oh Cuba! ¡Oh curva de suspiro y barro!
Iré a Santiago.

CRUCIFIXIÓN

La luna pudo detenerse al fin [por] la curva blanquísima de los caballos.
Un rayo de luz violeta que se escapaba de la herida
proyectó en el cielo el instante de la circuncisión de un niño muerto.

La sangre bajaba por el monte y los ángeles la buscaban,
pero los cálices eran de viento y al fin llenaba los zapatos.
Cojos perros fumaban sus pipas y un olor de cuero caliente
ponía grises los labios redondos de los que vomitaban en las esquinas.
Y llegaban largos alaridos por el Sur de la noche seca.
Era que la luna quemaba con sus bujías el falo de los caballos.
Un sastre especialista en púrpura
había encerrado a las tres santas mujeres
y les enseñaba una calavera [por] los vidrios de la ventana.
Las tres en el arrabal rodeaban a un camello blanco
que lloraba porque al alba
tenía que pasar sin remedio por el ojo de una aguja.
¡Oh Cruz! ¡Oh clavos! ¡Oh cspina!
¡Oh espina clavada en el hueso hasta que se oxiden los planetas!
Como nadie volvía la cabeza, el cielo pudo desnudarse.
Entonces se oyó la gran voz y los fariseos dijeron:
Esa maldita vaca tiene las tetas llenas de leche.
La muchedumbre cerraba las puertas
y la lluvia bajaba por las calles decidida a mojar el co[razón]
mientras la tarde se puso turbia de latidos y leñadores
y la oscura ciudad agonizaba bajo el martillo de los carpinteros.
Esa maldita vaca
tiene las tetas llenas de perdigones,
dijeron los fariseos.
Pero la sangre mojó sus pies y los espíritus inmundos
estrellaban ampollas de laguna sobre las paredes del templo.
Se supo el momento preciso de la salvación de nuestra vida
porque la luna lavó con agua
las quemaduras de los caballos
y no la niña viva que callaron en la arena.
[Entonces salieron los fríos cantando sus canciones
y las ranas encendieron sus lumbres en la doble orilla del río.]
Esa maldita vaca, maldita, maldita, maldita
no nos dejará dormir, dijeron los fariseos,
y se alejaron a sus casas por el tumulto de la calle
dando empujones a los borrachos y escupiendo sal de los sacrificios
mientras la sangre los seguía con un balido de cordero.
Fue entonces
y la tierra despertó arrojando temblorosos ríos de polilla.

Nueva York, 18 de octubre de 1929.

PEQUEÑO POEMA INFINITO

Para Luis Cardoza y Aragón.

Equivocar el camino
es llegar a la nieve
y llegar a la nieve
es pacer durante veinte siglos las hierbas de los cementerios.

Equivocar el camino
es llegar a la mujer,

la mujer que no teme la luz,
la mujer que mata dos gallos en un segundo,
la luz que no teme a los gallos
y los gallos que no saben cantar sobre la nieve.

Pero si la nieve se equivoca de corazón
puede llegar el viento Austro
y como el aire no hace caso de los gemidos
tendremos que pacer otra vez las hierbas de los cementerios.

Yo vi dos dolorosas espigas de cera
que enterraban un paisaje de volcanes
y vi dos niños locos que empujaban llorando las pupilas de un asesino.

Pero el dos no ha sido nunca un número
porque es una angustia y su sombra
porque es la guitarra donde el amor se desespera,
porque es la demostración de otro infinito que no es suyo
y es las murallas del muerto
y el castigo de la nueva resurrección sin finales.
Los muertos odian el número dos
pero el número dos adormece a las mujeres
y como la mujer teme la luz
la luz tiembla delante de los gallos
y los gallos sólo saben volar sobre la nieve
tendremos que pacer sin descanso las hierbas de los cementerios.

Nueva York, 10 de enero de 1930.

FIN DE
«POETA EN NUEVA YORK»

ODAS

ODA A SALVADOR DALÍ

Una rosa en el alto jardín que tú deseas.
Una rueda en la pura sintaxis del acero.
Desnuda la montaña de niebla impresionista.
Los grises oteando sus balaustradas últimas.

Los pintores modernos, en sus blancos estudios,
cortan la flor aséptica de la raíz cuadrada.
En las aguas del Sena un *ice-berg* de mármol
enfría las ventanas y disipa las yedras.

El hombre pisa fuerte las calles enlosadas.
Los cristales esquivan la magia del reflejo.
El Gobierno ha cerrado las tiendas de perfume.
La máquina eterniza sus compases binarios.

Una ausencia de bosques, biombos y entrecejos
yerra por los tejados de las casas antiguas.
El aire pulimenta su prisma sobre el mar
y el horizonte sube como un gran acueducto.

Marineros que ignoran el vino y la penumbra,
decapitan sirenas en los mares de plomo.
La Noche, negra estatua de la prudencia, tiene
el espejo redondo de la luna en su mano.

Un deseo de formas y límites nos gana.
Viene el hombre que mira con el metro amarillo.
Venus es una blanca naturaleza muerta
y los coleccionistas de mariposas huyen.

Cadaqués, en el fiel del agua y la colina,
eleva escalinatas y oculta caracolas.
Las flautas de madera pacifican el aire.
Un viejo dios silvestre da frutas a los niños.

Sus pescadores duermen, sin ensueño, en la arena.
En alta mar les sirve de brújula una rosa.
El horizonte virgen de pañuelos heridos,
junta los grandes vidrios del pez y de la luna.

Una dura corona de blancos bergantines
ciñe frentes amargas y cabellos de arena.
Las sirenas convencen, pero no sugestionan,
y salen si mostramos un vaso de agua dulce.

¡Oh, Salvador Dalí, de voz aceitunada!
No elogio tu imperfecto pincel adolescente

ni tu color que ronda la color de tu tiempo,
pero alabo tus ansias de eterno limitado.

Alma higiénica, vives sobre mármoles nuevos.
Huyes la oscura selva de formas increíbles.
Tu fantasía llega donde llegan tus manos,
y gozas el soneto del mar en tu ventana.

El mundo tiene sordas penumbras y desorden,
en los primeros términos que el humano frecuenta.
Pero ya las estrellas, ocultando paisajes,
señalan el esquema perfecto de sus órbitas.

La corriente del tiempo se remansa y ordena
en las formas numéricas de un siglo y otro siglo.
Y la Muerte vencida se refugia temblando
en el círculo estrecho del minuto presente.

Al coger tu paleta, con un tiro en un ala,
pides la luz que anima la copa del olivo.
Ancha luz de Minerva, constructora de andamios,
donde no cabe el sueño ni su flora inexacta.

Pides la luz antigua que se queda en la frente,
sin bajar a la boca ni al corazón del hombre.
Luz que temen las vides entrañables de Baco
y la fuerza sin orden que lleva el agua curva.

Haces bien en poner banderines de aviso,
en el límite oscuro que relumbra de noche.
Como pintor no quieres que te ablande la forma
el algodón cambiante de una nube imprevista.

El pez en la pecera y el pájaro en la jaula.
No quieres inventarlos en el mar o en el viento.
Estilizas o copias después de haber mirado
con honestas pupilas sus cuerpecillos ágiles.

Amas una materia definida y exacta
donde el hongo no pueda poner su campamento.
Amas la arquitectura que construye en lo ausente
y admites la bandera como una simple broma.

Dice el compás de acero su corto verso elástico.
Desconocidas islas desmiente ya la esfera.
Dice la línea recta su vertical esfuerzo
y los sabios cristales cantan sus geometrías.

Pero también la rosa del jardín donde vives.
¡Siempre la rosa, siempre, norte y sur de nosotros!
Tranquila y concentrada como una estatua ciega,
ignorante de esfuerzos soterrados que causa.

Rosa pura que limpia de artificios y croquis
y nos abre las alas tenues de la sonrisa.
(Mariposa clavada que medita su vuelo.)

Rosa del equilibrio sin dolores buscados.
¡Siempre la rosa!

¡Oh, Salvador Dalí de voz aceitunada!
Digo lo que me dicen tu persona y tus cuadros.
No alabo tu imperfecto pincel adolescente,
pero canto la firme dirección de tus flechas.

Canto tu bello esfuerzo de luces catalanas,
tu amor a lo que tiene explicación posible.
Canto tu corazón astronómico y tierno,
de baraja francesa y sin ninguna herida.

Canto el ansia de estatua que persigues sin tregua,
el miedo a la emoción que te aguarda en la calle.
Canto la sirenita de la mar que te canta
montada en bicicleta de corales y conchas.

Pero, ante todo, canto un común pensamiento
que nos une en las horas oscuras y doradas.
No es el Arte la luz que nos ciega los ojos.
Es primero el amor, la amistad o la esgrima.

Es primero que el cuadro que paciente dibujas
el seno de Teresa, la de cutis insomne,
el apretado bucle de Matilde la ingrata,
nuestra amistad pintada como un juego de oca.

Huellas dactilográficas de sangre sobre el oro
rayen el corazón de Cataluña eterna.
Estrellas como puños sin halcón te relumbren,
mientras que tu pintura y tu vida florecen.

No mires la clepsidra con alas membranosas,
ni la dura guadaña de las alegorías.
Viste y desnuda siempre tu pincel en el aire,
frente a la mar poblada con barcos y marinos.

                                                (1926)

ODA AL SANTÍSIMO SACRAMENTO DEL ALTAR

Homenaje a Manuel de Falla.

EXPOSICIÓN

Pange lingua gloriosi corporis misterium.

Cantaban las mujeres por el muro clavado
cuando te vi, Dios fuerte, vivo en el Sacramento,
palpitante y desnudo, como un niño que corre
perseguido por siete novillos capitales.

Vivo estabas, Dios mío, dentro del ostensorio.
Punzado por tu Padre con agujas de lumbre.
Latiendo como el pobre corazón de la rana
que los médicos ponen en el frasco de vidrio.

Piedra de soledad donde la hierba gime
y donde el agua oscura pierde sus tres acentos,
elevan tu columna de nardo bajo nieve
sobre el mundo de ruedas y falos que circula.

Yo miraba tu forma deliciosa flotando
en la llaga de aceites y paño de agonía,
y entornaba mis ojos para dar en el dulce
tiro al blanco de insomnio sin un pájaro negro.

Es así, Dios anclado, como quiero tenerte.
Panderito de harina para el recién nacido.
Brisa y materia juntas en expresión exacta
por amor de la carne que no sabe tu nombre.

Es así, forma breve de rumor inefable,
Dios en mantillas, Cristo diminuto y eterno,
repetido mil veces, muerto, crucificado
por la impura palabra del hombre sudoroso.

Cantaban las mujeres en la arena sin norte,
cuando te vi presente sobre tu Sacramento.
Quinientos serafines de resplandor y tinta
en la cúpula neutra gustaban tu racimo.

¡Oh, Forma sacratísima, vértice de las flores,
donde todos los ángulos toman sus luces fijas,
donde número y boca construyen un presente
cuerpo de luz humana con músculos de harina!

¡Oh, Forma limitada para expresar concreta
muchedumbre de luces y clamor escuchado!
¡Oh, nieve circundada por témpanos de música!
¡Oh, llama crepitante sobre todas las venas!

MUNDO

Agnus Dei qui tollis peccata mundi. Miserere nobis.

Noche de los tejados y la planta del pie,
silbaba por los ojos secos de las palomas.
Alga y cristal en fuga ponen plata mojada
los hombros de cemento de todas las ciudades.

La gillete descansaba sobre los tocadores
con su afán impaciente de cuello seccionado.
En la casa del muerto los niños perseguían
una sierpe de arena por el rincón oscuro.

Escribientes dormidos en el piso catorce.
Ramera con los senos de cristal arañado.
Cables y media luna con temblores de insecto.
Bares sin gente. Gritos. Cabezas por el agua.

Para el asesinato del ruiseñor, venían
tres mil hombres armados de lucientes cuchillos.
Viejas y sacerdotes lloraban resistiendo
una lluvia de lenguas y hormigas voladoras.

Noche de rostro blanco. Nula noche sin rostro.
Bajo el Sol y la Luna. Triste noche del Mundo.
Dos mitades opuestas y un hombre que no sabe
cuándo su mariposa dejará los relojes.

Debajo de las alas del dragón hay un niño.
Caballitos de cardio por la estrella sin sangre.
El unicornio quiere lo que la rosa olvida,
y el pájaro pretende lo que las aguas vedan.

Sólo tu Sacramento de luz en equilibrio,
aquietaba la angustia del amor desligado.
Sólo tu Sacramento, manómetro que salva
corazones lanzados a quinientos por hora.

Porque tu signo es clave de llanura celeste
donde naipe y herida se entrelazan cantando,
donde la luz desboca su toro relumbrante
y se afirma el aroma de la rosa templada.

Porque tu signo expresa la brisa y el gusano.
Punto de unión y cita del siglo y el minuto.
Orbe claro de muertos y hormiguero de vivos
con el hombre de nieves y el negro de la llama.

Mundo, ya tienes meta para tu desamparo.
Para tu honor perenne de agujero sin fondo.
¡Oh, Cordero cautivo de tres voces iguales!
¡Sacramento inmutable de amor y disciplina!

(1928)

FIN DE
«ODAS»

LLANTO POR IGNACIO SÁNCHEZ MEJÍAS

(1935)

A mi querida amiga
Encarnación López Júlvez.

LA COGIDA Y LA MUERTE

A las cinco de la tarde
Eran las cinco en punto de la tarde.
Un niño trajo la blanca sábana
a las cinco de la tarde.
Una espuerta de cal ya prevenida
a las cinco de la tarde.
Lo demás era muerte y sólo muerte
a las cinco de la tarde.

El viento se llevó los algodones
a las cinco de la tarde.
Y el óxido sembró cristal y níquel
a las cinco de la tarde
Ya luchan la paloma y el leopardo
a las cinco de la tarde.
Y un muslo con un asta desolada
a las cinco de la tarde.
Comenzaron los sones de bordón
a las cinco de la tarde.
Las campanas de arsénico y el humo
a las cinco de la tarde.
En las esquinas grupos de silencio
a las cinco de la tarde.

¡Y el toro solo corazón arriba!
a las cinco de la tarde.
Cuando el sudor de nieve fue llegando
a las cinco de la tarde,
cuando la plaza se cubrió de yodo
a las cinco de la tarde,
la muerte puso huevos en la herida
a las cinco de la tarde.
A las cinco de la tarde.
A las cinco en punto de la tarde.

Un ataúd con ruedas es la cama
a las cinco de la tarde.
Huesos y flautas suenan en su oído
a las cinco de la tarde.
El toro ya mugía por su frente
a las cinco de la tarde.
El cuarto se irisaba de agonía
a las cinco de la tarde.
A lo lejos ya viene la gangrena
a las cinco de la tarde.

Trompa de lirio por las verdes ingles
a las cinco de la tarde.
Las heridas quemaban como soles
a las cinco de la tarde,
y el gentío rompía las ventanas
a las cinco de la tarde.

A las cinco de la tarde.
¡Ay, qué terribles cinco de la tarde!
¡Eran las cinco en todos los relojes!
¡Eran las cinco en sombra de la tarde!

2

LA SANGRE DERRAMADA

¡Que no quiero verla!

Dile a la luna que venga,
que no quiero ver la sangre
de Ignacio sobre la arena.

¡Que no quiero verla!

La luna de par en par.
Caballo de nubes quietas,
y la plaza gris del sueño
con sauces en las barreras.
¡Que no quiero verla!
Que mi recuerdo se quema.
¡Avisad a los jazmines
con su blancura pequeña!

¡Que no quiero verla!

La vaca del viejo mundo
pasaba su triste lengua
sobre un hocico de sangres
derramadas en la arena,
y los toros de Guisando,
casi muerte y casi piedra,
mugieron como dos siglos
hartos de pisar la tierra.
No.
¡Que no quiero verla!

Por las gradas sube Ignacio
con toda su muerte a cuestas.
Buscaba el amanecer,
y el amanecer no era.
Busca su perfil seguro,
y el sueño lo desorienta.
Buscaba su hermoso cuerpo
y encontró su sangre abierta.

¡No me digáis que la vea!
No quiero sentir el chorro
cada vez con menos fuerza;
ese chorro que ilumina
los tendidos y se vuelca
sobre la pana y el cuero
de muchedumbre sedienta.
¡Quién me grita que me asome!
¡No me digáis que la vea!

No se cerraron sus ojos
cuando vio los cuernos cerca,
pero las madres terribles
levantaron la cabeza.
Y a través de las ganaderías,
hubo un aire de voces secretas
que gritaban a toros celestes,
mayorales de pálida niebla.
No hubo príncipe en Sevilla
que comparársele pueda,
ni espada como su espada
ni corazón tan de veras.
Como un río de leones
su maravillosa fuerza,
y como un torso de mármol
su dibujada prudencia.
Aire de Roma andaluza
le doraba la cabeza
donde su risa era un nardo
de sal y de inteligencia.
¡Que gran torero en la plaza!
¡Qué buen serrano en la sierra!
¡Qué blando con las espigas!
¡Qué duro con las espuelas!
¡Qué tierno con el rocío!
¡Qué deslumbrante en la feria!
¡Qué tremendo con las últimas
banderillas de tiniebla!

Pero ya duerme sin fin.
Ya los musgos y la hierba
abren con dedos seguros
la flor de su calavera
Y su sangre ya viene cantando:
cantando por marismas y praderas,
resbalando por cuernos ateridos,
vacilando sin alma por la niebla,
tropezando con miles de pezuñas
como una larga, oscura, triste lengua,
para formar un charco de agonía
junto al Guadalquivir de las estrellas.
¡Oh blanco muro de España!
¡Oh negro toro de pena!
¡Oh sangre dura de Ignacio!
¡Oh ruiseñor de sus venas!
No.

¡Que no quiero verla!
Que no hay cáliz que la contenga,
que no hay golondrinas que se la beban,
no hay escarcha de luz que la enfríe,
no hay canto ni diluvio de azucenas,
no hay cristal que la cubra de plata.
No.
¡¡Yo no quiero verla!!

3

CUERPO PRESENTE

La piedra es una frente donde los sueños gimen
sin tener agua curva ni cipreses helados.
La piedra es una espalda para llevar al tiempo
con árboles de lágrimas y cintas y planetas.

Yo he visto lluvias grises correr hacia las olas,
levantando sus tiernos brazos acribillados,
para no ser cazadas por la piedra tendida
que desata sus miembros sin empapar la sangre.

Porque la piedra coge simientes y nublados,
esqueletos de alondras y lobos de penumbra;
pero no da sonidos, ni cristales, ni fuego,
sino plazas y plazas y otras plazas sin muros.

Ya está sobre la piedra Ignacio el bien nacido.
Ya se acabó; ¿qué pasa? Contemplad su figura:
la muerte le ha cubierto de pálidos azufres
y le ha puesto cabeza de oscuro minotauro.

Ya se acabó. La lluvia penetra por su boca.
El aire como loco deja su pecho hundido,
y el Amor, empapado con lágrimas de nieve,
se calienta en la cumbre de las ganaderías.

¿Qué dicen? Un silencio con hedores reposa.
Estamos con un cuerpo presente que se esfuma,
con una forma clara que tuvo ruiseñores
y la vemos llenarse de agujeros sin fondo.

¿Quién arruga el sudario? ¡No es verdad lo que dice!
Aquí no canta nadie, ni llora en el rincón,
ni pica las espuelas, ni espanta la serpiente:
aquí no quiero más que los ojos redondos
para ver ese cuerpo sin posible descanso.

Yo quiero ver aquí los hombres de voz dura.
Los que doman caballos y dominan los ríos:
los hombres que les suena el esqueleto y cantan
con una boca llena de sol y pedernales.

Aquí quiero yo verlos. Delante de la piedra.
Delante de este cuerpo con las riendas quebradas.

Yo quiero que me enseñen dónde está la salida
para este capitán atado por la muerte.

Yo quiero que me enseñen un llanto como un río
que tenga dulces nieblas y profundas orillas,
para llevar el cuerpo de Ignacio y que se pierda
sin escuchar el doble resuello de los toros.

Que se pierda en la plaza redonda de la luna
que finge cuando niña doliente res inmóvil;
que se pierda en la noche sin canto de los peces
y en la maleza blanca del humo congelado.

No quiero que le tapen la cara con pañuelos
para que se acostumbre con la muerte que lleva.
Vete, Ignacio: No sientas el caliente bramido.
Duerme, vuela, reposa: ¡También se muere el mar!

4

ALMA AUSENTE

No te conoce el toro ni la higuera,
ni caballos ni hormigas de tu casa.
No te conoce el niño ni la tarde
porque te has muerto para siempre.

No te conoce el lomo de la piedra,
ni el rasgo negro donde te destrozas.
No te conoce tu recuerdo mudo
porque te has muerto para siempre.

El otoño vendrá con caracolas,
uva de niebla y montes agrupados,
pero nadie querrá mirar tus ojos
porque te has muerto para siempre.

Porque te has muerto para siempre
como todos los muertos de la Tierra,
como todos los muertos que se olvidan
en un montón de perros apagados.

No te conoce nadie. No. Pero yo te canto.
Yo canto para luego tu perfil y tu gracia.
La madurez insigne de tu conocimiento.
Tu apetencia de muerte y el gusto de su boca.
La tristeza que tuvo tu valiente alegría.

Tardará mucho tiempo en nacer, si es que nace,
un andaluz tan claro, tan rico de aventura.
Yo canto su elegancia con palabras que gimen
y recuerdo una brisa triste por los olivos.

BODAS DE SANGRE

TRAGEDIA EN TRES ACTOS Y SIETE CUADROS

(1933)

PERSONAJES:

LA MADRE.
LA NOVIA.
LA SUEGRA.
LA MUJER DE LEONARDO.
LA CRIADA.
LA VECINA.
MUCHACHAS.
LEONARDO.
EL NOVIO.
EL PADRE DE LA NOVIA.
LA LUNA.
LA MUERTE *(como mendiga)*.
LEÑADORES.
MOZOS.

ACTO PRIMERO

CUADRO PRIMERO

Habitación pintada de amarillo.

Novio.—*(Entrando.)* Madre.

Madre.—¿Qué?

Novio.—Me voy.

Madre.—¿Adónde?

Novio.—A la viña. *(Va a salir.)*

Madre.—Espera.

Novio.—¿Quiere algo?

Madre.—Hijo, el almuerzo.

Novio.—Déjelo. Comeré uvas. Deme la navaja.

Madre.—¿Para qué?

Novio.—*(Riendo.)* Para cortarlas.

Madre.—*(Entre dientes y buscándola.)* La navaja, la navaja... Malditas sean todas y el bribón que las inventó.

Novio.—Vamos a otro asunto.

Madre.—Y las escopetas y las pistolas y el cuchillo más pequeño, y hasta las azadas y los bieldos de la era.

Novio.—Bueno.

Madre.—Todo lo que puede cortar el cuerpo de un hombre. Un hombre hermoso, con su flor en la boca, que sale a las viñas o va a sus olivos propios, porque son de él, heredados...

Novio.—*(Bajando la cabeza.)* Calle usted.

Madre.—...y ese hombre no vuelve. O si vuelve es para ponerle una palma encima o un plato de sal gorda para que no se hinche. No sé cómo te atreves a llevar una navaja en tu cuerpo, ni cómo yo dejo a la serpiente dentro del arcón.

Novio.—¿Está bueno ya?

Madre.—Cien años que yo viviera, no hablaría de otra cosa. Primero tu padre; que me olía a clavel y lo disfruté tres años escasos. Luego tu hermano. ¿Y es justo y puede ser que una cosa pequeña como una pistola o una navaja pueda acabar con un hombre, que es un toro? No callaría nunca. Pasan los meses y la desesperación me pica en los ojos y hasta en las puntas del pelo.

Novio.—*(Fuerte.)* ¿Vamos a acabar?

Madre.—No. No vamos a acabar. ¿Me puede alguien traer a tu padre? ¿Y a tu hermano? Y luego el presidio. ¿Qué es el presidio? ¡Allí comen, allí fuman, allí tocan los instrumentos! Mis muertos llenos de hierba, sin hablar, hechos polvo; dos hombres que eran dos geranios... Los matadores, en presidio, frescos, viendo los montes...

Novio.—¿Es que quiere usted que los mate?

Madre.—No... Si hablo es porque... ¿Cómo no voy a hablar viéndote salir por esa puerta? Es que no me gusta que lleves navaja. Es que... que no quisiera que salieras al campo.

Novio.—*(Riendo.)* ¡Vamos!

Madre.—Que me gustaría que fueras una mujer. No te irías al arroyo ahora y bordaríamos las dos cenefas y perritos de lana.

Novio.—*(Coge de un brazo a la Madre y ríe.)* Madre, ¿y si yo la llevara conmigo a las viñas?

Madre.—¿Qué hace en las viñas una vieja? ¿Me ibas a meter debajo de los pámpanos?

Novio.—*(Levantándola en sus brazos.)* Vieja, revieja, requetevieja.

Madre.—Tu padre sí que me llevaba. Eso es buena casta. Sangre. Tu abuelo dejó un hijo en cada esquina. Eso me gusta. Los hombres, hombres; el trigo, trigo.

NOVIO.—¿Y yo, madre?

MADRE.—¿Tú, qué?

NOVIO. — ¿Necesito decírselo otra vez?

MADRE.—(Seria.) ¡Ah!

NOVIO.—¿Es que le hace mal?

MADRE.—No.

NOVIO.—¿Entonces?

MADRE.—No lo sé yo misma. Así, de pronto, siempre me sorprende. Yo sé que la muchacha es buena. ¿Verdad que sí? Modosa. Trabajadora. Amasa su pan y cose sus faldas, y siento sin embargo, cuando la nombro, como si me dieran una pedrada en la frente.

NOVIO.—Tonterías.

MADRE.—Más que tonterías. Es que me quedo sola. Ya no me quedas más que tú y siento que te vayas.

NOVIO.—Pero usted vendrá con nosotros.

MADRE.—No. Yo no puedo dejar aquí solos a tu padre y a tu hermano. Tengo que ir todas las mañanas, y si me voy es fácil que muera uno de los Félix, uno de la familia de los matadores, y lo entierren al lado. ¡Y eso sí que no! ¡Ca! ¡Eso sí que no! Porque con las uñas los desentierro y yo sola los machaco contra la tapia.

NOVIO.—(Fuerte.) Vuelta otra vez.

MADRE. — Perdóname. (Pausa.) ¿Cuánto tiempo llevas en relaciones?

NOVIO.—Tres años. Ya pude comprar la viña.

MADRE.—Tres años. ¿Ella tuvo un novio, no?

NOVIO.—No sé. Creo que no. Las muchachas tienen que mirar con quién se casan.

MADRE.—Sí. Yo no miré a nadie. Miré a tu padre, y cuando lo mataron miré a la pared de enfrente. Una mujer con un hombre, y ya está.

NOVIO.—Usted sabe que mi novia es buena.

MADRE.—No lo dudo. De todos modos siento no saber cómo fue su madre.

NOVIO.—¿Qué más da?

MADRE.—(Mirándolo.) Hijo.

NOVIO.—¿Qué quiere usted?

MADRE.—¡Que es verdad! ¡Que tienes razón! ¿Cuándo quieres que la pida?

NOVIO.—(Alegre.) ¿Le parece bien el domingo?

MADRE.—(Seria.) Le llevaré los pendientes de azófar, que son antiguos, y tú le compras...

NOVIO.—Usted entiende más...

MADRE.—Le compras unas medias caladas, y para ti dos trajes... ¡Tres! ¡No te tengo más que a ti!

NOVIO.—Me voy. Mañana iré a verla.

MADRE.—Sí, sí, y a ver si me alegras con seis nietos, o los que te dé la gana, ya que tu padre no tuvo lugar de hacérmelos a mí.

NOVIO.—El primero para usted.

MADRE.—Sí, pero que haya niñas. Que yo quiero bordar y hacer encaje y estar tranquila.

NOVIO.—Estoy seguro de que usted querrá a mi novia.

MADRE.—La querré. (Se dirige a besarlo y reacciona.) Anda, ya estás muy grande para besos. Se los das a tu mujer. (Pausa. Aparte.) Cuando lo sea.

NOVIO.—Me voy.

MADRE.—Que caves bien la parte del molinillo, que la tienes descuidada.

NOVIO.—¡Lo dicho!

MADRE.—Anda con Dios. (Vase el NOVIO. La MADRE queda sentada de espaldas a la puerta. Aparece en la puerta una VECINA vestida de color oscuro, con pañuelo a la cabeza.) Pasa.

VECINA.—¿Cómo estás?

MADRE.—Ya ves.

VECINA.—Yo bajé a la tienda y vine a verte. ¡Vivimos tan lejos!...

MADRE.—Hace veinte años que no he subido a lo alto de la calle.

VECINA.—Tú estás bien.

MADRE.—¿Lo crees?

VECINA.—Las cosas pasan. Hace dos días trajeron al hijo de mi vecina con los dos brazos cortados por la máquina. (Se sienta.)

MADRE.—¿A Rafael?

VECINA.—Sí. Y allí lo tienes. Muchas veces pienso que tu hijo y el mío están mejor donde están, dormidos, descansando, que no expuestos a quedarse inútiles.

MADRE.—Calla. Todo eso son invenciones, pero no consuelos.

VECINA.—¡Ay!

MADRE.—¡Ay! *(Pausa.)*

VECINA.—*(Triste.)* ¿Y tu hijo?

MADRE.—Salió.

VECINA.—¡Al fin compró la viña!

MADRE.—Tuvo suerte.

VECINA.—Ahora se casará.

MADRE. — *(Como despertando y acercando su silla a la silla de la* VECINA.*)* Oye.

VECINA.—*(En plan confidencial.)* Dime.

MADRE.—¿Tú conoces a la novia de mi hijo?

VECINA.—¡Buena muchacha!

MADRE.—Sí pero...

VECINA.—Pero quien la conozca a fondo no hay nadie. Vive sola con su padre allí, tan lejos, a diez leguas de la casa más cerca. Pero es buena. Acostumbrada a la soledad.

MADRE.—¿Y su madre?

VECINA.—A su madre la conocí. Hermosa. Le relucía la cara como a un santo; pero a mí no me gustó nunca. No quería a su marido.

MADRE. — *(Fuerte.)* Pero ¡cuántas cosas sabéis las gentes!

VECINA.—Perdona. No quise ofender; pero es verdad. Ahora, si fue decente o no, nadie lo dijo. De esto no se ha hablado. Ella era orgullosa.

MADRE.—¡Siempre igual!

VECINA.—Tú me preguntaste.

MADRE.—Es que quisiera que ni a la viva ni a la muerta las conociera nadie. Que fueran como dos cardos, que ninguna persona les nombra y pinchan si llega el momento.

VECINA.—Tienes razón. Tu hijo vale mucho.

MADRE.—Vale. Por eso lo cuido. A mí me habían dicho que la muchacha tuvo novio hace tiempo.

VECINA.—Tendría ella quince años. Él se casó ya hace dos años, con una prima de ella, por cierto. Nadie se acuerda del noviazgo.

MADRE.—¿Cómo te acuerdas tú?

VECINA.—¡Me haces unas preguntas!...

MADRE.—A cada uno le gusta enterarse de lo que le duele. ¿Quién fue el novio?

VECINA.—Leonardo.

MADRE.—¿Qué Leonardo?

VECINA.—Leonardo el de los Félix.

MADRE. — *(Levantándose.)* ¡De los Félix!

VECINA.—Mujer, ¿qué culpa tiene Leonardo de nada? Él tenía ocho años cuando las cuestiones.

MADRE.—Es verdad... Pero oigo eso de Félix y es lo mismo *(Entre dientes)* Félix que llenárseme de cieno la boca *(Escupe)* y tengo que escupir, tengo que escupir por no matar.

VECINA. — Repórtate; ¿qué sacas con eso?

MADRE.—Nada. Pero tú lo comprendes.

VECINA.—No te opongas a la felicidad de tu hijo. No le digas nada. Tú estás vieja. Yo, también. A ti y a mí nos toca callar.

MADRE.—No le diré nada.

VECINA.—*(Besándola.)* Nada.

MADRE.—*(Serena.)* ¡Las cosas!...

VECINA.—Me voy, que pronto llegará mi gente del campo.

MADRE. — ¿Has visto qué día de calor?

VECINA.—Iban negros los chiquillos que llevan el agua a los segadores. Adiós, mujer.

MADRE.—Adiós. *(La* MADRE *se dirige a la puerta de la izquierda. En medio del camino se detiene y lentamente se santigua.)*

TELÓN

CUADRO SEGUNDO

Habitación pintada de rosa-con cobres y ramos de flores populares. En el centro, una mesa con mantel. Es la mañana.

(SUEGRA *de* LEONARDO *con un niño en brazos. Lo mece. La* MUJER *en la otra esquina, hace punto de media.)*

SUEGRA.—
            Nana, niño, nana
       del caballo grande
       que no quiso el agua.
       El agua era negra
       dentro de las ramas.
       Cuando llega al puente
       se detiene y canta.
       ¿Quién dirá, mi niño,
       lo que tiene el agua,
       con su larga cola
       por su verde sala?

MUJER.—*(Bajo.)*
Duérmete, clavel,
que el caballo no quiere beber.

SUEGRA.—
Duérmete, rosal,
que el caballo se pone a llorar.
Las patas heridas,
las crines heladas,
dentro de los ojos
un puñal de plata.
Bajaban al río.
¡Ay, cómo bajaban!
La sangre corría
más fuerte que el agua.

MUJER.—
Duérmete, clavel,
que el caballo no quiere beber.

SUEGRA.—
       Duérmete, rosal,
       que 'el caballo se pone a llorar.

MUJER.—
       No quiso tocar
       la orilla mojada

su belfo caliente
con moscas de plata.
A los montes duros
sólo relinchaba
con el río muerto
sobre la garganta.
¡Ay caballo grande
que no quiso el agua!
¡Ay dolor de nieve,
caballo del alba!

SUEGRA.—
       ¡No vengas! Detente,
cierra la ventana
con ramas de sueños
y sueños de ramas.

MUJER.—
       Mi niño se duerme.

SUEGRA.—
       Mi niño se calla.

MUJER.—
       Caballo, mi niño
       tiene una almohada.

SUEGRA.—
       Su cuna de acero.

MUJER.—
       Su colcha de holanda.

SUEGRA.—
       Nana, niño, nana.

MUJER.—
       ¡Ay caballo grande
       que no quiso el agua!

SUEGRA.—
¡No vengas, no entres!
Vete a la montaña.
Por los valles grises
donde está la jaca.

MUJER.—(Mirando.)
Mi niño se duerme.

SUEGRA.—
Mi niño descansa.

MUJER.—(Bajito.)
Duérmete, clavel,
que el caballo no quiere beber.

SUEGRA. — (Levantándose y muy bajito.)
Duérmete, rosal,
que el caballo se pone a llorar.

(Entran al niño. Entra LEONARDO.)

LEONARDO.—¿Y el niño?
MUJER.—Se durmió.
LEONARDO.—Ayer no estuvo bien.
Lloró por la noche.
MUJER.—(Alegre.) Hoy está como una dalia. ¿Y tú? ¿Fuiste a casa del herrador?
LEONARDO.—De allí vengo. ¿Querrás creer? Llevo más de dos meses poniendo herraduras nuevas al caballo y siempre se le caen. Por lo visto se las arranca con las piedras.
MUJER.—¿Y no será que lo usas mucho?
LEONARDO.—No. Casi no lo utilizo.
MUJER.—Ayer me dijeron las vecinas que te habían visto al límite de los llanos.
LEONARDO.—¿Quién lo dijo?
MUJER. — Las mujeres que cogen las alcaparras. Por cierto que me sorprendió. ¿Eras tú?
LEONARDO.—No. ¿Qué iba a hacer yo allí, en aquel secano?
MUJER.—Eso dije. Pero el caballo estaba reventando de sudar.
LEONARDO.—¿Lo viste tú?
MUJER.—No. Mi madre.
LEONARDO.—¿Está con el niño?
MUJER. — Sí. ¿Quieres un refresco de limón?
LEONARDO.—Con el agua bien fría.

MUJER.—¿Cómo no viniste a comer?...
LEONARDO.—Estuve con los medidores del trigo. Siempre entretienen.
MUJER.—(Haciendo el refresco y muy tierna.) ¿Y lo pagan a buen precio?
LEONARDO.—El justo.
MUJER.—Me hace falta un vestido y al niño una gorra con lazos.
LEONARDO. — (Levantándose.) Voy a verlo.
MUJER. — Ten cuidado, que está dormido.
SUEGRA.—(Saliendo.) Pero ¿quién da esas carreras al caballo? Está abajo tendido, con los ojos desorbitados como si llegara del fin del mundo.
LEONARDO.—(Agrio.) Yo.
SUEGRA.—Perdona; tuyo es.
MUJER.—(Tímida.) Estuvo con los medidores del trigo.
SUEGRA.—Por mí, que reviente. (Se sienta. Pausa.)
MUJER.—El refresco. ¿Está frío?
LEONARDO.—Sí.
MUJER.—¿Sabes que piden a mi prima?
LEONARDO.—¿Cuándo?
MUJER: — Mañana. La boda será dentro de un mes. Espero que vendrán a invitarnos.
LEONARDO.—(Serio.) No sé.
SUEGRA.—La madre de él creo que no estaba muy satisfecha con el casamiento.
LEONARDO.—Y quizá tenga razón. Ella es de cuidado.
MUJER.—No me gusta que penséis mal de una buena muchacha.
SUEGRA.—Pero cuando dice eso es porque la conoce. ¿No ves que fue tres años novia suya? (Con intención.)
LEONARDO. — Pero la dejé. (A su MUJER.) ¿Vas a llorar ahora?
MUJER.—¡Quita! (Le aparta bruscamente las manos de la cara.) Vamos a ver al niño.

(Entran abrazados. Aparece la MUCHACHA, alegre. Entra corriendo.)

MUCHACHA.—Señora.

SUEGRA.—¿Qué pasa?

MUCHACHA.—Llegó el novio a la tienda y ha comprado todo lo mejor que había.

SUEGRA.—¿Vino solo?

MUCHACHA. — No, con su madre. Seria, alta. *(La imita.)* Pero ¡qué lujo!

SUEGRA.—Ellos tienen dinero.

MUCHACHA. — ¡Y compraron unas medias caladas!... ¡Ay, qué medias! ¡El sueño de las mujeres en medias! Mire usted: una golondrina aquí *(Señala el tobillo)*, un barco aquí *(Señala la pantorrilla)*, y aquí una rosa *(Señala el muslo)*.

SUEGRA.—¡Niña!

MUCHACHA. — ¡Una rosa con las semillas y el tallo! ¡Ay! ¡Todo en seda!

SUEGRA.—Se van a juntar dos buenos capitales.

(Aparecen LEONARDO y su MUJER.)

MUCHACHA.—Vengo a deciros lo que están comprando.

LEONARDO.—*(Fuerte.)* No nos importa.

MUJER.—Déjala.

SUEGRA.—Leonardo, no es para tanto.

MUCHACHA.—Usted dispense. *(Se va llorando.)*

SUEGRA.—¿Qué necesidad tienes de ponerte a mal con las gentes?

LEONARDO.—No le he preguntado su opinión. *(Se sienta.)*

SUEGRA.—Está bien. *(Pausa.)*

MUJER.—*(A LEONARDO.)* ¿Qué te pasa? ¿Qué idea te bulle por dentro de la cabeza? No me dejes así sin saber nada...

LEONARDO.—Quita.

MUJER.—No. Quiero que me mires y me lo digas.

LEONARDO.—Déjame. *(Se levanta.)*

MUJER.—¿Adónde vas, hijo?

LEONARDO. — *(Agrio.)* ¿Te puedes callar?

SUEGRA. — *(Enérgica, a su hija.)* ¡Cállate! *(Sale LEONARDO.)* ¡El niño!

(Entra y vuelve a salir con él en brazos. La MUJER ha permanecido de pie, inmóvil.)

Las patas heridas,
las crines heladas,
dentro de los ojos
un puñal de plata.
Bajaban al río.
¡Ay, cómo bajaban!
La sangre corría
más fuerte que el agua.

MUJER.—*(Volviéndose lentamente y como soñando.)*
Duérmete, clavel,
que el caballo se pone a beber.

SUEGRA.—
Duérmete, rosal,
que el caballo se pone a llorar.

MUJER.—
Nana, niño, nana.

SUEGRA.—
¡Ay caballo grande
que no quiso el agua!

MUJER.—*(Dramática.)*
¡No vengas, no entres!
¡Vete a la montaña!
¡Ay dolor de nieve,
caballo del alba!

SUEGRA.—*(Llorando.)*
Mi niño se duerme...

MUJER.—*(Llorando y acercándose lentamente.)*
Mi niño descansa...

SUEGRA.—
Duérmete, clavel,
que el caballo se pone a beber.

MUJER.—*(Llorando y apoyándose sobre la mesa.)*
Duérmete, rosal,
que el caballo se pone a llorar.

TELÓN

CUADRO TERCERO

Interior de la cueva donde vive la NOVIA. Al fondo, una cruz de grandes flores rosa. Las puertas redondas con cortinas de encaje y lazos rosa. Por las paredes de material blanco y duro, abanicos redondos, jarros azules y pequeños espejos.

CRIADA. — Pasen... *(Muy afable, llena de hipocresía humilde. Entran el NOVIO y su MADRE. La MADRE viste de raso negro y lleva mantilla de encaje. El NOVIO, de pana negra con gran cadena de oro.)* ¿Se quieren sentar? Ahora vienen. *(Sale.)*

(Quedan madre e hijo sentados, inmóviles como estatuas. Pausa larga.)

MADRE.—¿Traes el reloj?

NOVIO.—Sí. *(Lo saca y lo mira.)*

MADRE. — Tenemos que volver a tiempo. ¡Qué lejos vive esta gente!

NOVIO.—Pero estas tierras son buenas.

MADRE. — Buenas; pero demasiado solas. Cuatro horas de camino y ni una casa ni un árbol.

NOVIO.—Éstos son los secanos.

MADRE.—Tu padre los hubiera cubierto de árboles.

NOVIO.—¿Sin agua?

MADRE. — Ya la hubiera buscado. Los tres años que estuvo casado conmigo, plantó diez cerezos. *(Haciendo memoria.)* Los tres nogales del molino, toda una viña y una planta que se llama Júpiter, que da flores encarnadas, y se secó *(Pausa.)*

NOVIO.—*(Por la novia.)* Debe estar vistiéndose.

(Entra el PADRE de la novia. Es anciano, con el cabello blanco reluciente. Lleva la cabeza inclinada. La MADRE y el NOVIO se levantan y se dan las manos en silencio.)

PADRE.—¿Mucho tiempo de viaje?

MADRE. — Cuatro horas. *(Se sientan.)*

PADRE.—Habéis venido por el camino más largo

MADRE.—Yo estoy ya vieja para andar por las terreras del río.

NOVIO.—Se marea. *(Pausa.)*

PADRE.—Buena cosecha de esparto.

NOVIO.—Buena de verdad

PADRE.—En mi tiempo, ni esparto daba esta tierra. Ha sido necesario castigarla y hasta llorarla, para que nos dé algo provechoso.

MADRE.—Pero ahora da. No te quejes. Yo no vengo a pedirte nada.

PADRE.—*(Sonriendo.)* Tú eres más rica que yo. Las viñas valen un capital. Cada pámpano una moneda de plata. Lo que siento es que las tierras... ¿entiendes?... estén separadas. A mí me gusta todo junto. Una espina tengo en el corazón, y es la huertecilla ésa metida entre mis tierras, que no me quieren vender por todo el oro del mundo.

NOVIO.—Eso pasa siempre.

PADRE.—Si pudiéramos con veinte pares de bueyes traer tus viñas aquí y ponerlas en la ladera. ¡Qué alegría!...

MADRE.—¿Para qué?

PADRE.—Lo mío es de ella y lo tuyo de él. Por eso. Para verlo todo junto, ¡que junto es una hermosura!

NOVIO.—Y sería menos trabajo.

MADRE. — Cuando yo me muera, vendéis aquello y compráis aquí al lado.

PADRE. — Vender, ¡vender!, ¡bah!; comprar, hija, comprarlo todo. Si yo hubiera tenido hijos hubiera comprado todo este monte hasta la parte del arroyo. Porque no es buena tierra; pero con brazos se la hace buena, y como no pasa gente no te roban los frutos y puedes dormir tranquilo. *(Pausa.)*

MADRE.—Tú sabes a lo que vengo.

PADRE.—Sí.

MADRE.—¿Y qué?

PADRE.—Me parece bien. Ellos lo han hablado.

MADRE.—Mi hijo tiene y puede.

PADRE.—Mi hija también.

MADRE.—Mi hijo es hermoso. No ha conocido mujer. La honra más limpia que una sábana puesta al sol.

PADRE.—Qué te digo de la mía. Hace las migas a las tres, cuando el lucero. No habla nunca; suave como la lana, borda toda clase de bordados y puede cortar una maroma con los dientes.

MADRE.—Dios bendiga su casa.

PADRE.—Que Dios la bendiga.

(Aparece la CRIADA *con dos bandejas. Una con copas y la otra con dulces.)*

MADRE.—*(Al hijo.)* ¿Cuándo queréis la boda?

NOVIO.—El jueves próximo.

PADRE.—Día en que ella cumple veintidós años justos.

MADRE.—¡Veintidós años! Esa edad tendría mi hijo mayor si viviera. Que viviría caliente y macho como era, si los hombres no hubieran inventado las navajas.

PADRE.—En eso no hay que pensar.

MADRE.—Cada minuto. Métete la mano en el pecho.

PADRE.—Entonces el jueves. ¿No es así?

NOVIO.—Así es.

PADRE.—Los novios y nosotros iremos en coche hasta la iglesia, que está muy lejos, y el acompañamiento en los carros y en las caballerías que traigan.

MADRE.—Conformes.

(Pasa la CRIADA.)

PADRE.—Díle que ya puede entrar. *(A la* MADRE.) Celebraré mucho que te guste.

(Aparece la NOVIA. *Trae las manos caídas en actitud modesta y la cabeza baja.)*

MADRE.—Acércate. ¿Estás contenta?

NOVIA.—Sí, señora.

PADRE.—No debes estar seria. Al fin y al cabo ella va a ser tu madre.

NOVIA. — Estoy contenta. Cuando he dado el sí es porque quiero darlo.

MADRE.—Naturalmente. *(Le coge la barbilla.)* Mírame.

PADRE.—Se parece en todo a mi mujer.

MADRE.—¿Sí? ¡Qué hermoso mirar! ¿Tú sabes lo que es casarse, criatura?

NOVIA.—*(Seria.)* Lo sé.

MADRE.—Un hombre, unos hijos y una pared de dos varas de ancho para todo lo demás.

NOVIO.—¿Es que hace falta otra cosa?

MADRE. — No. Que vivan todos, ¡eso! ¡Que vivan!

NOVIA.—Yo sabré cumplir.

MADRE.—Aquí tienes unos regalos.

NOVIA.—Gracias.

PADRE.—¿No tomamos algo?

MADRE. — Yo no quiero. *(Al* NOVIO.) ¿Y tú?

NOVIO.—Tomaré. *(Toma un dulce. La* NOVIA *toma otro.)*

PADRE.—*(Al* NOVIO.) ¿Vino?

MADRE.—No lo prueba.

PADRE.—¡Mejor! *(Pausa. Todos están en pie.)*

NOVIO. — *(A la* NOVIA.) Mañana vendré.

NOVIA.—¿A qué hora?

NOVIO.—A las cinco.

NOVIA.—Yo te espero.

NOVIO.—Cuando me voy de tu lado siento un despego grande y así como un nudo en la garganta.

NOVIA.—Cuando seas mi marido ya no lo tendrás.

NOVIO.—Eso digo yo.

MADRE.—Vamos. El sol no espera. *(Al PADRE.)*: ¿Conformes en todo?

PADRE.—Conformes.

MADRE. — *(A la CRIADA.)* Adiós, mujer.

CRIADA.—Vayan ustedes con Dios.

(La MADRE besa a la NOVIA y van saliendo en silencio.)

MADRE.—*(En la puerta.)* Adiós, hija. *(La NOVIA contesta con la mano.)*

PADRE. — Yo salgo con vosotros. *(Salen.)*

CRIADA.—Que reviento por ver los regalos.

NOVIA.—*(Agria.)* Quita.

CRIADA.—¡Ay, niña, enséñamelos!

NOVIA.—No quiero.

CRIADA.—Siquiera las medias. Dicen que son todas caladas. ¡Mujer!

NOVIA.—¡Ea, que no!

CRIADA.—¡Por Dios! Está bien. Parece como si no tuvieras ganas de casarte.

NOVIA.—*(Mordiéndose la mano con rabia.)* ¡Ay!

CRIADA.—Niña, hija, ¿qué te pasa? ¿Sientes dejar tu vida de reina? No pienses en cosas agrias. ¿Tienes motivos? Ninguno. Vamos a ver los regalos. *(Coge la caja.)*

NOVIA. — *Cogiéndola de las muñecas.)* Suelta.

CRIADA.—¡Ay, mujer!

NOVIA.—Suelta, he dicho.

CRIADA.—Tienes más fuerza que un hombre.

NOVIA.—¿No he hecho yo trabajos de hombre? ¡Ojalá fuera!

CRIADA.—¡No hables así!

NOVIA.—Calla he dicho. Hablemos de otro asunto.

(La luz va desapareciendo de la escena. Pausa larga.)

CRIADA.—¿Sentiste anoche un caballo?

NOVIA.—¿A qué hora?

CRIADA.—A las tres.

NOVIA.—Sería un caballo suelto de la manada.

CRIADA.—No. Llevaba jinete.

NOVIA.—¿Por qué lo sabes?

CRIADA.—Porque lo vi. Estuvo parado en tu ventana. Me chocó mucho.

NOVIA.—¿No sería mi novio? Algunas veces ha pasado a esas horas.

CRIADA.—No.

NOVIA.—¿Tú le viste?

CRIADA.—Sí.

NOVIA.—¿Quién era?

CRIADA.—Era Leonardo.

NOVIA.—*(Fuerte.)* ¡Mentira! ¡Mentira! ¿A qué viene aquí?

CRIADA.—Vino.

NOVIA.—¡Cállate! ¡Maldita sea tu lengua!

(Se siente el ruido de un caballo.)

CRIADA. — *(En la ventana.)* Mira, asómate. ¿Era?

NOVIA.—¡Era!

TELÓN RÁPIDO

ACTO SEGUNDO

CUADRO PRIMERO

Zaguán de casa de la Novia. *Portón al fondo. Es de noche. La* Novia *sale con enaguas blancas encañonadas, llenas de encajes y puntas bordadas y un corpiño blanco, con los brazos al aire. La* Criada, *lo mismo.*

Criada.—Aquí te acabaré de peinar.

Novia.—No se puede estar ahí dentro, del calor.

Criada.—En estas tierras no refresca ni al amanecer.

(Se sienta la Novia *en una silla baja y se mira en un espejito de mano. La* Criada *la peina.)*

Novia.—Mi madre era de un sitio donde había muchos árboles. De tierra rica.

Criada.—¡Así era ella de alegre!

Novia.—Pero se consumió aquí.

Criada.—El sino.

Novia.—Como nos consumimos todas. Echan fuego las paredes. ¡Ay! No tires demasiado.

Criada.—Es para arreglarte mejor esta onda. Quiero que te caiga sobre la frente. *(La* Novia *se mira en el espejo.)* ¡Qué hermosa estás! ¡Ay! *(La besa apasionadamente.)*

Novia. — *(Seria.)* Sigue peinándome.

Criada. — *(Peinándola.)* ¡Dichosa tú que vas a abrazar a un hombre, que lo vas a besar, que vas a sentir su peso!

Novia.—Calla.

Criada.—Y lo mejor es cuando te despiertes y lo sientas al lado y que él te roza los hombros con su aliento, como con una plumilla de ruiseñor.

Novia.—*(Fuerte.)* ¿Te quieres callar?

Criada.—¡Pero niña! ¿Una boda, qué es? Una boda es esto y nada más. ¿Son los dulces? ¿Son los ramos de flores? No. Es una cama relumbrante y un hombre y y una mujer.

Novia.—No se debe decir.

Criada.—Eso es otra cosa ¡Pero es bien alegre!

Novia.—O bien amargo.

Criada.—El azahar te lo voy a poner desde aquí hasta aquí, de modo que la corona luzca sobre el peinado. *(Le prueba un ramo de azahar.)*

Novia. — *(Se mira en el espejo.)* Trae. *(Coge el azahar, lo mira y deja caer la cabeza, abatida.)*

Criada.—¿Qué es esto?

Novia.—Déjame.

Criada.—No son horas de ponerse triste. *(Animosa.)* Trae el azahar. *(La* Novia *tira el azahar.)* ¡Niña! ¿Qué castigo pides tirando al suelo la corona? ¡Levanta esa frente! ¿Es que no te quieres casar? Dílo. Todavía te puedes arrepentir. *(Se levanta.)*

Novia.—Son nublos. Un mal aire en el centro, ¿quién no lo tiene?

Criada.—¿Tú quieres a tu novio?

Novia.—Lo quiero.

Criada.—Sí, sí, estoy segura.

Novia.—Pero éste es un paso muy grande.

Criada.—Hay que darlo.

174

NOVIA.—Ya me he comprometido.

CRIADA.—Te voy a poner la corona.

NOVIA. — *(Se sienta.)* Date prisa, que ya deben ir llegando.

CRIADA.—Ya llevarán lo menos dos horas de camino.

NOVIA.—¿Cuánto hay de aquí a la iglesia?

CRIADA.—Cinco leguas por el arroyo, que por el camino hay el doble.

(La NOVIA *se levanta y la* CRIADA *se entusiasma al verla.)*

Despierte la novia
la mañana de la boda.
¡Qué los ríos del mundo
lleven tu corona!

NOVIA.—*(Sonriente.)* Vamos.

CRIADA.—*(La besa entusiasmada y baila alrededor.)*

Que despierte
con el ramo verde
del laurel florido.
¡Que despierte
por el tronco y la rama
de los laureles!

(Se oyen unos aldabonazos.)

NOVIA.—¡Abre! Deben ser los primeros convidados. *(Entra. La* CRIADA *abre sorprendida.)*

CRIADA.—¿Tú?

LEONARDO.—Yo. Buenos días.

CRIADA.—¡El primero!

LEONARDO.—¿No me han convidado?

CRIADA.—Sí.

LEONARDO.—Por eso vengo.

CRIADA.—¿Y tu mujer?

LEONARDO.—Yo vine a caballo. Ella se acerca por el camino.

CRIADA.—¿No te has encontrado a nadie?

LEONARDO.—Los pasé con el caballo.

CRIADA.—Vas a matar al animal con tanta carrera.

LEONARDO. — ¡Cuando se muera muerto está! *(Pausa.)*

CRIADA.—Siéntate. Todavía no se ha levantado nadie.

LEONARDO.—¿Y la novia?

CRIADA.—Ahora mismo la voy a vestir.

LEONARDO.—¡La novia! ¡Estará contenta!

CRIADA. — *(Variando de conversación.)* ¿Y el niño?

LEONARDO.—¿Cuál?

CRIADA.—Tu hijo.

LEONARDO.—*(Recordando como soñoliento.)* ¡Ah!

CRIADA.—¿Lo traen?

LEONARDO.—No. *(Pausa. Voces cantando muy lejos.)*

VOCES.—
¡Despierte la novia
la mañana de la boda!

LEONARDO.—
Despierte la novia
la mañana de la boda.

CRIADA.—Es la gente. Vienen lejos todavía.

LEONARDO. — *(Levantándose.)* ¿La novia llevará una corona grande, no? No debía ser tan grande. Un poco más pequeña le sentaría mejor. ¿Y trajo ya el novio el azahar que se tiene que poner en el pecho?

NOVIA. — *(Apareciendo todavía en enaguas y con la corona de azahar puesta.)* Lo trajo.

CRIADA.—*(Fuerte.)* No salgas así.

NOVIA. — ¿Qué más da? *(Seria.)* ¿Por qué preguntas si trajeron el azahar? ¿Llevas intención?

LEONARDO.—Ninguna. ¿Qué intención iba a tener? *(Acercándose.)* Tú, que me conoces, sabes que no la llevo. Dímelo. ¿Quién he sido yo para ti? Abre y refresca tu recuerdo. Pero dos bueyes y una mala choza son casi nada. Ésa es la espina.

NOVIA.—¿A qué vienes?

LEONARDO.—A ver tu casamiento.

NOVIA.—¡También yo vi el tuyo!

LEONARDO.—Amarrado por ti, hecho con tus dos manos. A mí me pueden matar, pero no me pueden escupir. Y la plata, que brilla tanto, escupe algunas veces.

NOVIA.—¡Mentira!

LEONARDO.—No quiero hablar, porque soy hombre de sangre y no quiero que todos estos cerros oigan mis voces.

NOVIA.—Las mías serían más fuertes.

CRIADA.—Estas palabras no pueden seguir. Tú no tienes que hablar de lo pasado. *(La* CRIADA *mira a las puertas presa de inquietud.)*

NOVIA.—Tiene razón. Yo no debo hablarte siquiera. Pero se me calienta el alma de que vengas a verme y atisbar mi boda y preguntes con intención por el azahar. Vete y espera a tu mujer en la puerta.

LEONARDO.—¿Es que tú y yo no podemos hablar?

CRIADA.—*(Con rabia.)* No; no podéis hablar.

LEONARDO.—Después de mi casamiento he pensado noche y día de quién era la culpa, y cada vez que pienso sale una culpa nueva que se come a la otra; ¡pero siempre hay culpa!

NOVIA.—Un hombre con su caballo sabe mucho y puede mucho para poder estrujar a una muchacha metida en un desierto. Pero yo tengo orgullo. Por eso me caso. Y me encerraré con mi marido, a quien tengo que querer por encima de todo.

LEONARDO.—El orgullo no te servirá de nada. *(Se acerca.)*

NOVIA.—¡No te acerques!

LEONARDO.—Callar y quemarse es el castigo más grande que nos podemos echar encima. ¿De qué me sirvió a mí el orgullo y el no mirarte y el dejarte despierta noches y noches? ¡De nada! ¡Sirvió para echarme fuego encima! Porque tú crees que el tiempo cura y que las paredes tapan, y no es verdad, no es verdad. ¡Cuando las cosas llegan a los centros no hay quien las arranque!

NOVIA.—*(Temblando.)* No puedo

oírte. No puedo oír tu voz. Es como si me bebiera una botella de anís y me durmiera en una colcha de rosas. Y me arrastra, y sé que me ahogo, pero voy detrás.

CRIADA. — *(Cogiendo a* LEONARDO *por las solapas.)* ¡Debes irte ahora mismo!

LEONARDO.—Es la última vez que voy a hablar con ella. No temas nada.

NOVIA.—Y sé que estoy loca y sé que tengo el pecho podrido de aguantar, y aquí estoy quieta por oírlo, por verlo menear los brazos.

LEONARDO.—No me quedo tranquilo si no te digo estas cosas. Yo me casé. Cásate tú ahora.

CRIADA.—*(A* LEONARDO.*)* ¡Y se casa!

VOCES.—*(Cantando más cerca.)*
Despierte la novia
la mañana de la boda.

NOVIA.—

¡Despierte la novia!

(Sale corriendo a su cuarto.)

CRIADA. — Ya está aquí la gente. *(A* LEONARDO.*)* No te vuelvas a acercar a ella.

LEONARDO.—Descuida. *(Sale por la izquierda. Empieza a clarear el día.)*

MUCHACHA 1ª *(Entrando.)*
Despierte la novia
la mañana de la boda;
ruede la ronda
y en cada balcón una corona.

VOCES.—

¡Despierte la novia!

CRIADA.—*(Moviendo algazara.)*
Que despierte
con el ramo verde
del amor florido.
¡Que despierte
por el tronco y la rama
de los laureles!

MUCHACHA 2ª *(Entrando.)*
Que despierte

con el largo pelo,
camisa de nieve,
botas de charol y plata
y jazmines en la frente.

CRIADA.—
   ¡Ay, pastora,
   que la luna asoma!

MUCHACHA 1ª—
   ¡Ay, galán,
   deja su sombrero por el olivar!

MOZO 1º *(Entrando con el sombre-*
ro en alto.)
   Despierte la novia,
   que por los campos viene
   rodando la boda,
   con bandejas de dalias
   y panes de gloria.

VOCES.—
   ¡Despierte la novia!

MUCHACHA 2ª.—
   La novia
   se ha puesto su blanca corona,
   y el novio
   se la prende con lazos de oro.

CRIADA.—
   Por el toronjil
   la novia no puede dormir.

MUCHACHA 3ª *(Entrando.)*
Por el naranjel
el novio le ofrece cuchara y mantel.

(Entran tres CONVIDADOS.*)*

MOZO 1º—
   ¡Despierta, paloma!
   El alba despeja
   campanas de sombra.

CONVIDADO.—
   La novia, la blanca novia,
   hoy doncella,
   mañana señora.

MUCHACHA 1ª—
   Baja, morena,
   arrastrando tu cola de seda.

CONVIDADO.—
   Baja, morenita,
   que llueve rocío la mañana fría.

MOZO 1º—
Despertad, señora, despertad,
porque viene el aire lloviendo aza-
                       [har.

CRIADA.—
   Un árbol quiero bordarle
   lleno de cintas granates
   y en cada cinta un amor
   con vivas alrededor.

VOCES.—
   Despierte la novia.

MOZO 1º—
   ¡La mañana de la boda!

CONVIDADO.—
   La mañana de la boda
   qué galana vas a estar;
   pareces, flor de los montes,
   la mujer de un capitán.

PADRE.—*(Entrando.)*
   La mujer de un capitán
   se lleva el novio.
   ¡Ya viene con sus bueyes
   por el tesoro!

MUCHACHA 3ª—
El novio
parece la flor del oro;
cuando camina,
a sus plantas se agrupan las clave-
                   [linas.

CRIADA.—
   ¡Ay mi niña dichosa!

MOZO 2º—
   Que despierte la novia.

CRIADA.—
   ¡Ay mi galana!

MUCHACHA 1ª—
   La boda está llamando
   por las ventanas.

MUCHACHA 2ª—
   Que salga la novia.

MUCHACHA 1ª—
   ¡Que salga, que salga!

CRIADA.—
¡Que toquen y repiquen
las campanas!

MOZO 1º—
¡Que viene aquí! ¡Que sale ya!

CRIADA.—
¡Como un toro, la boda
levantándose está!

(Aparece la NOVIA. Lleva un traje negro mil novecientos, con caderas y larga cola rodeada de gasas plisadas y encajes duros. Sobre el peinado de visera lleva la corona de azahar. Suenan las guitarras. Las MUCHACHAS besan a la NOVIA.)

MUCHACHA 3ª — ¿Qué esencia te echaste en el pelo?

NOVIA.—*(Riendo.)* Ninguna.
MUCHACHA 2ª — *(Mirando el traje)* La tela es de lo que no hay.
MOZO 1º—¡Aquí está el novio!
NOVIO.—¡Salud!
MUCHACHA 1ª — *(Poniéndole una flor en la oreja.)*
El novio
parece la flor del oro.

MUCHACHA 2ª—
¡Aires de sosiego
le manan los ojos!

(El NOVIO se dirige al lado de la NOVIA.)

NOVIA.—¿Por qué te pusiste esos zapatos?
NOVIO.—Son más alegres que los negros.
MUJER DE LEONARDO. — *(Entrando y besando a la NOVIA.)* ¡Salud!
(Hablan todas con algazara.)
LEONARDO.—*(Entrando como quien cumple un deber.)*
La mañana de casada
la corona te ponemos.

MUJER.—
¡Para que el campo se alegre
con el agua de tu pelo!

MADRE. — *(Al PADRE.)* ¿También están ésos aquí?

PADRE.—Son familia. ¡Hoy es día de perdones!
MADRE.—Me aguanto, pero no perdono.
NOVIO.—¡Con la corona da alegría mirarte!
NOVIA. — ¡Vámonos pronto a la iglesia!
NOVIO.—¿Tienes prisa?
NOVIA.—Sí. Estoy deseando ser tu mujer y quedarme sola contigo, y no oír más voz que la tuya.
NOVIO.—¡Eso quiero yo!
NOVIA.—Y no ver más que tus ojos. Y que me abrazaras tan fuerte, que aunque me llamara mi madre, que está muerta, no me pudiera despegar de ti.
NOVIO. — Yo tengo fuerza en los brazos. Te voy a abrazar cuarenta años seguidos.
NOVIA. — *(Dramática, cogiéndolo del brazo.)* ¡Siempre!
PADRE.—¡Vamos pronto! ¡A coger las caballerías y los carros! Que ya ha salido el sol.
MADRE.—¡Que llevéis cuidado! No sea que tengamos mala hora.

(Se abre el gran portón del fondo. Empiezan a salir.)

CRIADA.—*(Llorando.)*
Al salir de tu casa,
blanca doncella,
acuérdate que sales
como una estrella...

MUCHACHA 1ª—
Limpia de cuerpo y ropa
al salir de tu casa para la boda.

(Van saliendo.)

MUCHACHA 2ª—
¡Ya sales de tu casa
para la iglesia!

CRIADA.—
¡El aire pone flores
por las arenas!

MUCHACHA 3ª—
¡Ay la blanca niña!

CRIADA.—
    Aire oscuro el encaje
    de su mantilla.

(Salen. Se oyen guitarras, pali-
llos y panderetas. Quedan solos
LEONARDO *y su* MUJER.)

MUJER.—Vamos.
LEONARDO.—¿Adónde?
MUJER.—A la iglesia. Pero no vas
en el caballo. Vienes conmigo.
LEONARDO.—¿En el carro?
MUJER.—¿Hay otra cosa?
LEONARDO. — Yo no soy hombre
para ir en carro.
MUJER.—Y yo no soy mujer para
ir sin su marido a un casamien-
to. ¡Que no puedo más!
LEONARDO.—¡Ni yo tampoco!
MUJER.—¿Por qué me miras así?
Tienes una espina en cada ojo.
LEONARDO.—¡Vamos!
MUJER.—No sé lo que pasa. Pero
pienso y no quiero pensar. Una
cosa sé. Yo ya estoy despacha-
da. Pero tengo un hijo. Y otro
que viene. Vamos andando. El
mismo sino tuvo mi madre. Pero

de aquí no me muevo. *(Voces*
fuera.)

VOCES.—
    ¡Al salir de tu casa
    para la iglesia,
    acuérdate que sales
    como una estrella!

MUJER.—*(Llorando.)*
    ¡Acuérdate que sales
    como una estrella!

    Así salí yo de mi casa también.
    Que me cabía todo el campo en
    la boca.

LEONARDO. — *(Levantándose.)* Va-
mos.
MUJER.—¡Pero conmigo!
LEONARDO.—Sí. *(Pausa.)* ¡Echa a
andar! *(Salen.)*

VOCES.—
    Al salir de tu casa
    para la iglesia,
    acuérdate que sales
    como una estrella.

TELÓN LENTO

CUADRO SEGUNDO

Exterior de la cueva de la NOVIA. *Entonación en blancos, grises y azules fríos. Grandes chumberas. Tonos sombríos y plateados. Panorama de mesetas color barquillo, todo endurecido como paisaje de cerámica popular.*

CRIADA.—*(Arreglando en una mesa copas y bandejas.)*
Giraba,
giraba la rueda
y el agua pasaba;
porque llega la boda
que se aparten las ramas
y la luna se adorne
por su blanca baranda.

(En voz alta.) ¡Pon los manteles!

(En voz patética.) Cantaban,
cantaban los novios
y el agua pasaba.
Porque llega la boda
que relumbre la escarcha
y se llenen de miel
las almendras amargas.

(En voz alta.) ¡Prepara el vino!

(En voz poética.) Galana.
Galana de la tierra,
mira cómo el agua pasa.
Porque llega tu boda
recógete las faldas
y bajo el ala del novio
nunca salgas de tu casa.
Porque el novio es un palomo
con todo el pecho de brasa
y espera el campo el rumor
de la sangre derramada.
Giraba,
giraba la rueda
y el agua pasaba.
¡Porque llega tu boda,
deja que relumbre el agua!

MADRE.—*(Entrando.)* ¡Por fin!
PADRE.—¿Somos los primeros?

CRIADA.—No. Hace rato llegó Leonardo con su mujer. Corrieron como demonios. La mujer llegó muerta de miedo. Hicieron el camino como si hubieran venido a caballo.
PADRE.—Ése busca la desgracia. No tiene buena sangre.
MADRE.—¿Qué sangre va a tener? La de toda su familia. Mana de su bisabuelo, que empezó matando, y sigue en toda la mala ralea, manejadores de cuchillos y gente de falsa sonrisa.
PADRE.—¡Vamos a dejarlo!
CRIADA.—¿Cómo lo va a dejar?
MADRE.—Me duele hasta la punta de las venas. En la frente de todos ellos yo no veo más que la mano con que mataron a lo que era mío. ¿Tú me ves a mí? ¿No te parezco loca? Pues es loca de no haber gritado todo lo que mi pecho necesita. Tengo en mi pecho un grito siempre puesto de pie a quien tengo que castigar y meter entre los mantos. Pero se llevan a los muertos y hay que callar. Luego la gente critica. *(Se quita el manto.)*
PADRE.—Hoy no es día de que te acuerdes de esas cosas.
MADRE.—Cuando sale la conversación, tengo que hablar. Y hoy más. Porque hoy me quedo sola en mi casa.
PADRE.—En espera de estar acompañada.
MADRE. — Ésa es mi ilusión: los nietos. *(Se sientan.)*
PADRE.—Yo quiero que tengan mu-

180

chos. Esta tierra necesita brazos que no sean pagados. Hay que sostener una batalla con las malas hierbas, con los cardos, con los pedruscos que salen no se sabe dónde. Y estos brazos tienen que ser de los dueños, que castiguen y que dominen, que hagan brotar las simientes. Se necesitan muchos hijos.

MADRE.—¡Y alguna hija! ¡Los varones son del viento! Tienen por fuerza que manejar armas. Las niñas no salen jamás a la calle.

PADRE.—(Alegre.) Yo creo que tendrán de todo.

MADRE.—Mi hijo la cubrirá bien. Es de buena simiente. Su padre pudo haber tenido conmigo muchos hijos.

PADRE.—Lo que yo quisiera es que esto fuera cosa de un día. Que en seguida tuvieran dos o tres hombres.

MADRE.—Pero no es así. Se tarda mucho. Por eso es tan terrible ver la sangre de una derramada por el suelo. Una fuente que corre un minuto y a nosotros nos ha costado años. Cuando yo llegué a ver a mi hijo, estaba tumbado en mitad de la calle. Me mojé las manos de sangre y me las lamí con la lengua. Porque era mía. Tú no sabes lo que es eso. En una custodia de cristal y topacios pondría yo la tierra empapada por ella.

PADRE.—Ahora tienes que esperar. Mi hija es ancha y tu hijo es fuerte.

MADRE.—Así espero. (Se levantan.)

PADRE.—Prepara las bandejas de trigo.

CRIADA.—Están preparadas.

MUJER DE LEONARDO.—(Entrando.) ¡Que sea para bien!

MADRE.—Gracias.

LEONARDO.—¿Va a haber fiesta?

PADRE.—Poca. La gente no puede entretenerse.

CRIADA.—¡Ya están aquí!

(Van entrando invitados, en ale-

gres grupos. Entran los novios cogidos del brazo. Sale LEONARDO.)

NOVIO. — En ninguna boda se vio tanta gente.

NOVIA.—(Sombría.) En ninguna.

PADRE.—Fue lucida.

MADRE.—Ramas enteras de familias han venido.

NOVIO.—Gente que no salía de su casa.

MADRE.—Tu padre sembró mucho y ahora lo recoges tú.

NOVIO.—Hubo primos míos que yo ya no conocía.

MADRE.—Toda la gente de la costa.

NOVIO. — (Alegre.) Se espantaban de los caballos. (Hablan.)

MADRE.—(A la NOVIA.) ¿Qué piensas?

NOVIA.—No pienso en nada.

MADRE.—Las bendiciones pesan mucho. (Se oyen guitarras.)

NOVIA.—Como plomo.

MADRE.—(Fuerte.) Pero no han de pesar. Ligera como paloma debes ser.

NOVIA.—¿Se queda usted aquí esta noche?

MADRE.—No. Mi casa está sola.

NOVIA.—¡Debía usted quedarse!

PADRE.—(A la MADRE.) Mira el baile que tienen formado. Bailes de allá de la orilla del mar.

(Sale LEONARDO y se sienta. Su MUJER detrás de él, en actitud rígida.)

MADRE.—Son los primos de mi marido. Duros como piedras para la danza.

PADRE. — Me alegra verlos. ¡Qué cambio para esta casa! (Se va.)

NOVIO.—(A la NOVIA.) ¿Te gustó el azahar?

NOVIA.—(Mirándole fija.) Sí.

NOVIO. — Es todo de cera. Dura siempre. Me hubiera gustado que llevaras en todo el vestido.

NOVIA.—No hace falta. (Mutis LEONARDO por la derecha.)

MUCHACHA 1ª.—Vamos a quitarte los alfileres.

NOVIA.—(Al NOVIO.) Ahora vuelvo.

MUJER.—¡Que seas feliz con mi prima!

NOVIO.—Tengo seguridad.

MUJER.—Aquí los dos; sin salir nunca y a levantar la casa. ¡Ojalá yo viviera también así de lejos!

NOVIO.—¿Por qué no compráis tierras? El monte es barato y los hijos se crían mejor.

MUJER.—No tenemos dinero. ¡Y con el camino que llevamos!

NOVIO.—Tu marido es un buen trabajador.

MUJER.—Sí, pero le gusta volar demasiado. Ir de una cosa a otra. No es hombre tranquilo.

CRIADA.—¿No tomáis nada? Te voy a envolver unos roscos de vino para tu madre, que a ella le gustan mucho.

NOVIO.—Ponle tres docenas.

MUJER.—No, no. Con media tiene bastante.

NOVIO.—Un día es un día.

MUJER.—(A la CRIADA.) ¿Y Leonardo?

CRIADA.—No lo vi.

NOVIO.—Debe estar con la gente.

MUJER.—¡Voy a ver! (Se va.)

CRIADA.—Aquello está hermoso.

NOVIO.—¿Y tú no bailas?

CRIADA.—No hay quien me saque.

(Pasan al fondo dos MUCHACHAS; durante todo este acto el fondo será un animado cruce de figuras.)

NOVIO.—(Alegre.) Eso se llama no entender. Las viejas frescas como tú bailan mejor que las jóvenes.

CRIADA.—Pero ¿vas a echarme requiebros, niño? ¡Qué familia la tuya! ¡Machos entre los machos! Siendo niña vi la boda de tu abuelo. ¡Qué figura! Parecía como si se casara un monte.

NOVIO.—Yo tengo menos estatura.

CRIADA.—Pero el mismo brillo en los ojos. ¿Y la niña?

NOVIO.—Quitándose la toca.

CRIADA.—¡Ah! Mira. Para la medianoche, como no dormiréis, os he preparado jamón, y unas copas grandes de vino antiguo. En la parte baja de la alacena. Por si lo necesitáis.

NOVIO. — (Sonriente.) No como a media noche.

CRIADA.—(Con malicia.) Si tú no, la novia. (Se va.)

MOZO 1º—(Entrando.) ¡Tienes que beber con nosotros!

NOVIO.—Estoy esperando a la novia.

MOZO 2º—¡Ya la tendrás en la madrugada!

MOZO 1º—¡Que es cuando más gusta!

MOZO 2º—Un momento.

NOVIO.—Vamos.

(Salen. Se oye gran algazara. Sale la NOVIA. Por el lado opuesto salen dos MUCHACHAS corriendo a encontrarla.)

MUCHACHA 1ª—¿A quién diste el primer alfiler, a mí o a ésta?

NOVIA.—No me acuerdo.

MUCHACHA 1ª—A mí me lo diste aquí.

MUCHACHA 2ª—A mí delante del altar.

NOVIA.—(Inquieta y con una gran lucha interior.) No sé nada.

MUCHACHA 1ª—Es que yo quisiera que tú...

NOVIA.—(Interrumpiendo.) Ni me importa. Tengo mucho que pensar.

MUCHACHA 2ª — Perdona. (LEONARDO cruza al fondo.)

NOVIA (Ve a LEONARDO.) Y estos momentos son agitados.

MUCHACHA 1ª—¡Nosotras no sabemos nada!

NOVIA.—Ya lo sabréis cuando os llegue la hora. Estos pasos son pasos que cuestan mucho.

MUCHACHA 1ª—¿Te has disgustado?

NOVIA.—No. Perdonad vosotras.

MUCHACHA 2ª—¿De qué? Pero los dos alfileres sirven para casarse, ¿verdad?

NOVIA.—Los dos.

MUCHACHA 1ª—Ahora, que una se casa antes que otra.

NOVIA.—¿Tantas ganas tenéis?

MUCHACHA 2ª—(Vergonzosa.) Sí.
NOVIA.—¿Para qué?
MUCHACHA 1ª—Pues... (Abrazando a la segunda.)

(Echan a correr las dos. Llega el Novio y muy despacio abraza a la Novia por detrás.)

NOVIA — (Con gran sobresalto.) ¡Quita!
NOVIO —¿Te asustas de mí?
NOVIA.—¡Ay! ¿Eras tú?
NOVIO.—¿Quién iba a ser? (Pausa.) Tu padre o yo.
NOVIA.—¡Es verdad!
NOVIO.—Ahora que tu padre te hubiera abrazado más blando.
NOVIA.—(Sombría.) ¡Claro!
NOVIO.—(La abraza fuertemente de modo un poco brusco.) Porque es viejo.
NOVIA.—(Seca.) ¡Déjame!
NOVIO.—¿Por qué? (La deja.)
NOVIA.—Pues... la gente. Pueden vernos. (Vuelve a cruzar al fondo la CRIADA, que no mira a los novios.)
NOVIO.—¿Y qué? Ya es sagrado.
NOVIA.—Sí, pero déjame... Luego.
NOVIO.—¿Qué tienes? ¡Estás como asustada!
NOVIA.—No tengo nada. No te vayas. (Sale la mujer de LEONARDO.)
MUJER.—No quiero interrumpir...
NOVIO.—Dime.
MUJER.—¿Pasó por aquí mi marido?
NOVIO.—No.
MUJER.—Es que no lo encuentro, y el caballo no está tampoco en el establo.
NOVIO.—(Alegre.) Debe estar dándole una carrera. (Se va la MUJER inquieta. Sale la CRIADA.)
CRIADA.—¿No andáis satisfechos de tanto saludo?
NOVIO.—Ya estoy deseando que esto acabe. La novia está un poco cansada.
CRIADA.—¿Qué es eso, niña?
NOVIA.—¡Tengo como un golpe en las sienes!
CRIADA.—Una novia de estos montes debe ser fuerte. (Al Novio.) Tú eres el único que la puedes curar, porque tuya es. (Sale corriendo.)
NOVIO.—(Abrazándola.) Vamos un rato al baile. (La besa.)
NOVIA.—(Angustiada.) No. Quiero echarme en la cama un poco.
NOVIO.—Yo te haré compañía.
NOVIA.—¡Nunca! ¿Con toda la gente aquí? ¿Qué dirían? Déjame sosegar un momento.
NOVIO.—¡Lo que quieras! ¡Pero no estés así por la noche!
NOVIA.—(En la puerta.) A la noche estaré mejor.
NOVIO.—¡Que es lo que yo quiero!

(Aparece la MADRE.)

MADRE.—Hijo.
NOVIO.—¿Dónde anda usted?
MADRE.—En todo ese ruido. ¿Estás contento?
NOVIO.—Sí.
MADRE.—¿Y tu mujer?
NOVIO. — Descansa un poco. ¡Mal día para las novias!
MADRE.—¿Mal día? El único bueno. Para mí fue como una herencia. (Entra la CRIADA y se dirige al cuarto de la NOVIA.) Es la roturación de las tierras, la plantación de árboles nuevos.
NOVIO.—¿Usted se va a ir?
MADRE.—Sí. Yo tengo que estar en mi casa.
NOVIO.—Sola.
MADRE.—Sola no. Que tengo la cabeza llena de cosas y de hombres y luchas.
NOVIO.—Pero luchas que ya no son luchas.

(Sale la CRIADA rápidamente; desaparece corriendo por el fondo.)

MADRE.—Mientras una vive, lucha.
NOVIO.—¡Siempre la obedezco!
MADRE.—Con tu mujer procura estar cariñoso, y si la notaras infatuada o arisca, hazle una caricia que le produzca un poco de daño, un abrazo fuerte, un mordis-

co y luego un beso suave. Que ella no pueda disgustarse, pero que sienta que tú eres el macho, el amo, el que manda. Así aprendí de tu padre. Y como no lo tienes, tengo que ser yo la que te enseñe estas fortalezas.

NOVIO.—Yo siempre haré lo que usted mande.

PADRE.—(Entrando.) ¿Y mi hija?

NOVIO.—Está dentro.

MUCHACHA 1ª — ¡Vengan los novios, que vamos a bailar la rueda!

MOZO 1º—(Al NOVIO.) Tú la vas a dirigir.

PADRE.—(Saliendo.) ¡Aquí no está!

NOVIO.—¿No?

PADRE.—Debe haber salido a la baranda.

NOVIO.—¡Voy a ver! (Entra.)

(Se oye algazara y guitarras.)

MUCHACHA 1ª—¡Ya han empezado! (Sale.)

NOVIO.—(Saliendo.) No está.

MADRE.—(Inquieta.) ¿No?

PADRE.—¿Y dónde pudo haber ido?

CRIADA.—(Entrando.) ¿Y la niña, dónde está?

MADRE.—(Seria.) No lo sabemos.

(Sale el NOVIO. Entran tres invitados.)

PADRE.—(Dramático.) Pero ¿no está en el baile?

CRIADA.—En el baile no está.

PADRE.—(Con arranque.) Hay mucha gente. ¡Mirad!

CRIADA.—¡Ya he mirado!

PADRE. — (Trágico.) ¿Pues dónde está?

NOVIO.—(Entrando.) Nada. En ningún sitio.

MADRE.—(Al PADRE.) ¿Qué es esto? ¿Dónde está tu hija?

(Entra la mujer de LEONARDO.)

MUJER.—¡Han huido! ¡Han huido! Ella y Leonardo. En el caballo. ¡Iban abrazados, como una exhalación!

PADRE.—¡No es verdad! ¡Mi hija, no!

MADRE.—¡Tu hija, sí! Planta de mala madre, y él, también él. ¡Pero ya es la mujer de mi hijo!

NOVIO.—(Entrando.) ¡Vamos detrás! ¿Quién tiene un caballo?

MADRE.—¿Quién tiene un caballo ahora mismo, quién tiene un caballo? Que le daré todo lo que tengo, mis ojos y hasta mi lengua...

VOZ.—Aquí hay uno.

MADRE. — (Al hijo.) ¡Anda! ¡Detrás! (Sale con dos mozos.) No. No vayas. Esa gente mata pronto y bien...; ¡pero sí, corre, y yo detrás!

PADRE.—No será ella. Quizá se haya tirado al aljibe.

MADRE.—Al agua se tiran las honradas, las limpias; ¡ésa, no! Pero ya es mujer de mi hijo. Dos bandos. Aquí hay dos bandos. (Entran todos.) Mi familia y la tuya. Salid todos de aquí. Limpiarse el polvo de los zapatos. Vamos a ayudar a mi hijo. (La gente se separa en dos grupos.) Porque tiene gente; que son sus primos del mar y todos los que llegan de tierra adentro. ¡Fuera de aquí! Por todos los caminos. Ha llegado otra vez la hora de la sangre. Dos bandos. Tú con el tuyo y yo con el mío. ¡Atrás! ¡Atrás!

TELÓN

ACTO TERCERO

CUADRO PRIMERO

Bosque. Es de noche. Grandes troncos húmedos. Ambiente oscuro. Se oyen dos violines.

(Salen tres Leñadores.*)*

Leñador 1º—¿Y los han encontrado?

Leñador 2º—No. Pero los buscan por todas partes.

Leñador 3º—Ya darán con ellos.

Leñador 2º—¡Chisss!

Leñador 3º—¿Qué?

Leñador 2º—Parece que sé acercan por todos los caminos a la vez.

Leñador 1º—Cuando salga la luna los verán.

Leñador 2º—Debían dejarlos.

Leñador 1º—El mundo es grande. Todos pueden vivir en él.

Leñador 3º—Pero los matarán.

Leñador 2º—Hay que seguir la inclinación; han hecho bien en huir.

Leñador 1º—Se estaban engañando uno a otro y al final la sangre pudo más.

Leñador 3º—¡La sangre!

Leñador 1º—Hay que seguir el camino de la sangre.

Leñador 2º—Pero sangre que vé la luz se la bebe la tierra.

Leñador 1º—¿Y qué? Vale más ser muerto desangrado que vivo con ella podrida.

Leñador 3º—Callar.

Leñador 1º—¿Qué? ¿Oyes algo?

Leñador 3º—Oigo los grillos, las ranas, el acecho de la noche.

Leñador 1º—Pero el caballo no se siente.

Leñador 3º—No.

Leñador 1º—Ahora la estará queriendo.

Leñador 2º—El cuerpo de ella era para él y el cuerpo de él para ella.

Leñador 3º—Los buscan y los matarán.

Leñador 1º—Pero ya habrán mezclado sus sangres y serán como dos cántaros vacíos, como dos arroyos secos.

Leñador 2º—Hay muchas nubes y será fácil que la luna no salga.

Leñador 3º—El novio los encontrará con luna o sin luna. Yo lo vi salir. Como una estrella furiosa. La cara color ceniza. Expresaba el sino de su casta.

Leñador 1º—Su casta de muertos en mitad de la calle.

Leñador 2º—¡Eso es!

Leñador 3º—¿Crees que ellos lograrán romper el cerco?

Leñador 2º—Es difícil. Hay cuchillos y escopetas a diez leguas a la redonda.

Leñador 3º—Él lleva un buen caballo.

Leñador 2º—Pero lleva una mujer.

Leñador 1º—Ya estamos cerca.

Leñador 2º—Un árbol de cuarenta ramas. Lo cortaremos pronto.

Leñador 3º—Ahora sale la luna. Vamos a darnos prisa.

(Por la izquierda surge una claridad.)

Leñador 1º—
¡Ay luna que sales!
Luna de las hojas grandes.

LEÑADOR 2º—
¡Llena de jazmines la sangre!

LEÑADOR 1º—
¡Ay luna sola!
¡Luna de las verdes hojas!

LEÑADOR 2º—
Plata en la cara de la novia.

LEÑADOR 3º—
¡Ay luna mala!
Deja para el amor la oscura rama.

LEÑADOR 1º—
¡Ay triste luna!
¡Deja para el amor la rama oscura!

(Salen. Por la claridad de la izquierda aparece la LUNA. La LUNA es un leñador joven con la cara blanca. La escena adquiere un vivo resplandor azul.)

LUNA.—
Cisne redondo en el río,
ojo de las catedrales,
alba fingida en las hojas
soy; ¡no podrán escaparse!
¿Quién se oculta? ¿Quién solloza
por la maleza del valle?
La luna deja un cuchillo
abandonado en el aire,
que siendo acecho de plomo
quiere ser dolor de sangre.
¡Dejadme entrar! ¡Vengo helada
por paredes y cristales!
¡Abrir tejados y pechos
donde pueda calentarme!
¡Tengo frío! Mis cenizas
de soñolientos metales,
buscan la cresta del fuego
por los montes y las calles.
Pero me lleva la nieve
sobre su espalda de jaspe,
y me anega, dura y fría,
el agua de los estanques.
Pues esta noche tendrán
mis mejillas roja sangre,
y los juncos agrupados
en los anchos pies del aire.
¡No haya sombra ni emboscada,
que no puedan escaparse!
¡Que quiero entrar en un pecho
para poder calentarme!

¡Un corazón para mí!
¡Caliente, que se derrame
por los montes de mi pecho;
dejadme entrar, ¡ay, dejadme!

(A las ramas.)

No quiero sombras. Mis rayos
han de entrar en todas partes,
y haya en los troncos oscuros
un rumor de claridades,
para que esta noche tengan
mis mejillas dulce sangre,
y los juncos agrupados
en los anchos pies del aire.
¿Quién se oculta? ¡Afuera digo!
¡No! ¡No podrán escaparse!
Yo haré lucir al caballo
una fiebre de diamante.

(Desaparece entre los troncos, y vuelve la escena a su luz oscura. Sale una anciana totalmente cubierta por tenues paños verdeoscuros. Lleva los pies descalzos. Apenas si se le verá el rostro entre los pliegues. Este personaje no figura en el reparto.)

MENDIGA.—
Esa luna se va y ellos se acercan.
De aquí no pasan. El rumor del río
apagará con el rumor de troncos
el desgarrado vuelo de los gritos.
Aquí ha de ser, y pronto. Estoy cansada.
Abren los cofres, y los blancos hilos
aguardan por el suelo de la alcoba
cuerpos pesados con el cuello herido.
No se despierte un pájaro y la brisa,
recogiendo en su falda los gemidos,
huya con ellos por las negras copas
o los entierre por el blando limo.

(Impaciente.)

¡Esa luna, esa luna!

(Aparece la LUNA. Vuelve la luz azul intensa.)

LUNA.—
          Ya se acercan.
Unos por la cañada y otros por el
[río.

Voy a alumbrar las piedras. ¿Qué
[necesitas?

MENDIGA.—

Nada.

LUNA.—
El aire va llegando duro, con doble
[filo.

MENDIGA.—
Ilumina el chaleco y aparta los bo-
[tones,
que después las navajas ya saben el
[camino.

LUNA.—
Pero que tarden mucho en morir.
[Que la sangre
me ponga entre los dedos su delica-
[do silbo.
¡Mira que ya mis valles de ceniza
[despiertan
en ansia de esta fuente de chorro
[estremecido!

MENDIGA.—
No dejemos que pasen el arroyo.
[¡Silencio!

LUNA.—
¡Allí vienen! *(Se va. Queda la es-
cena oscura.)*

MENDIGA.—
De prisa. Mucha luz. ¿Me has oído?
¡No pueden escaparse!

(Entran el NOVIO *y* MOZO 1º *La*
MENDIGA *se sienta y se tapa con el
manto.)*

NOVIO.—Por aquí.

MOZO 1º—No los encontrarás.

NOVIO *(Enérgico.)* ¡Sí los encontra-
ré!

MOZO 1º—Creo que se han ido por
otra vereda.

NOVIO.—No. Yo sentí hace un mo-
mento el galope.

MOZO 1º—Sería otro caballo.

NOVIO.—*(Dramático.)* Oye. No hay
más que un caballo en el mun-
do, y es éste. ¿Te has enterado?
Si me sigues, sígueme sin hablar.

MOZO 1º—Es que quisiera...

NOVIO.—Calla. Estoy seguro de en-
contrármelos aquí. ¿Ves este bra-
zo? Pues no es mi brazo. Es el
brazo de mi hermano y el de mi

padre y el de toda mi familia
que está muerta. Y tiene tanto
poderío, que puede arrancar este
árbol de raíz si quiere. Y va-
mos pronto, que siento los dien-
tes de todos los míos clavados
aquí de una manera que se me
hace imposible respirar tranquilo.

MENDIGA.—*(Quejándose.)* ¡Ay!

MOZO 1º—¿Has oído?

NOVIO. — Vete por ahí y da la
vuelta.

MOZO 1º—Esto es una caza.

NOVIO.—Una caza. La más grande
que se puede hacer.

(Se va el MOZO. *El* NOVIO *se diri-
ge rápidamente hacia la izquierda y
tropieza con la* MENDIGA, *la Muer-
te.)*

MENDIGA.—¡Ay!

NOVIO.—¿Qué quieres?

MENDIGA.—Tengo frío.

NOVIO.—¿Adónde te diriges?

MENDIGA. — *(Siempre quejándose
como una mendiga.)* Allá lejos...

NOVIO.—¿De dónde vienes?

MENDIGA.—De allí..., de muy le-
jos.

NOVIO.—¿Viste un hombre y una
mujer que corrían montados en
un caballo?

MENDIGA.—*(Despertándose.)* Espe-
ra... *(Lo mira.)* Hermoso galán.
(Se levanta.) Pero mucho más
hermoso si estuviera dormido.

NOVIO.—Dime, contesta, ¿los vis-
te?

MENDIGA.—Espera... ¡Qué espal-
das más anchas! ¿Cómo no te
gusta estar tendido sobre ellas
y no andar sobre las plantas de
los pies que son tan chicas?

NOVIO.—*(Zamarreándola.)* ¡Te digo
si los viste! ¿Han pasado por
aquí?

MENDIGA.—*(Enérgica.)* No han pa-
sado; pero están saliendo de la
colina. ¿No lo oyes?

NOVIO.—No.

MENDIGA.—¿Tú no conoces el ca-
mino?

NOVIO.—¡Iré sea como sea!

MENDIGA.—Te acompañaré. Conoz-
co esta tierra.
NOVIO. — *(Impaciente.)* ¡Pues va-
mos! ¿Por dónde?
MENDIGA.—*(Dramática.)* ¡Por allí!

*(Salen rápidos. Se oyen lejanos
dos violines que expresan el bosque.
Vuelven los* LEÑADORES. *Llevan las
hachas al hombro. Pasan lentos en-
tre los troncos.)*

LEÑADOR 1º—
   ¡Ay muerte que sales!
   Muerte de las hojas grandes.

LEÑADOR 2º—
¡No abras el chorro de la sangre!

LEÑADOR 1º—
   ¡Ay muerte sola!
   Muerte de las secas hojas.

LEÑADOR 3º—
   ¡No cubras de flores la boda!

LEÑADOR 2º—
¡Ay triste muerte!
Deja para el amor la rama verde.

LEÑADOR 1º—
¡Ay muerte mala!
¡Deja para el amor la verde rama!

*(Van saliendo mientras hablan.
Aparecen* LEONARDO y *la* NOVIA.)

LEONARDO.—
   ¡Calla!

NOVIA.—
   Desde aquí yo me iré sola.
   ¡Vete! Quiero que te vuelvas.

LEONARDO.—
   ¡Calla, digo!

NOVIA.—
               Con los dientes,
con las manos, como puedas,
quita de mi cuello honrado
el metal de esta cadena,
dejándome arrinconada
allá en mi casa de tierra.
Y si no quieres matarme

como a víbora pequeña,
pon en mis manos de novia
el cañón de la escopeta.
¡Ay, qué lamento, qué fuego
me sube por la cabeza!
¡Qué vidrios se me clavan en la
                              [lengua!

LEONARDO.—
   Ya dimos el paso; ¡calla!
   porque nos persiguen cerca
   y te he de llevar conmigo.

NOVIA.—
   ¡Pero ha de ser a la fuerza!

LEONARDO.—
   ¿A la fuerza? ¿Quién bajó
   primero las escaleras?

NOVIA.—
   Yo las bajé.

LEONARDO.—
               ¿Quién le puso
al caballo bridas nuevas?

NOVIA.—
   Yo misma. Verdá.

LEONARDO.—
               ¿Y qué manos
me calzaron las espuelas?

NOVIA.—
Estas manos, que son tuyas,
pero que al verte quisieran
quebrar las ramas azules
y el murmullo de tus venas.
¡Te quiero! ¡Te quiero! ¡Aparta!
Que si matarte pudiera,
te pondría una mortaja
con los filos de violetas.
¡Ay, qué lamento, qué fuego
me sube por la cabeza!

LEONARDO.—
¡Qué vidrios se me clavan en la len-
Porque yo quise olvidar   [gua!
y puse un muro de piedra
entre tu casa y la mía.
Es verdad. ¿No lo recuerdas?
Y cuando te vi de lejos
me eché en los ojos arena.
Pero montaba a caballo
y el caballo iba a tu puerta.

Con alfileres de plata
mi sangre se puso negra,
y el sueño me fue llenando
las carnes de mala hierba.
Que yo no tengo la culpa,
que la culpa es de la tierra
y de ese olor que te sale
de los pechos y las trenzas.

NOVIA.—

   ¡Ay qué sinrazón! No quiero
contigo cama ni cena,
y no hay minuto del día
que estar contigo no quiera,
porque me arrastras y voy,
y me dices que me vuelva
y te sigo por el aire
como una brizna de hierba.
He dejado a un hombre duro
y a toda su descendencia
en la mitad de la boda
y con la corona puesta.
Para ti será el castigo
y no quiero que lo sea.
¡Déjame sola! ¡Huye tú!
No hay nadie que te defienda.

LEONARDO.—

   Pájaros de la mañana
por los árboles se quiebran.
La noche se está muriendo
en el filo de la piedra.
Vamos al rincón oscuro
donde yo siempre te quiera,
que no me importa la gente
ni el veneno que nos echa.

(La abraza fuertemente.)

NOVIA.—

   Y yo dormiré a tus pies
para guardar lo que sueñas.
Desnuda, mirando al campo,

(Dramática.)

como si fuera una perra,
¡porque eso soy! Que te miro
y tu hermosura me quema.

LEONARDO.—

   Se abrasa lumbre con lumbre.
La misma llama pequeña
mata dos espigas juntas.
¡Vamos!
(La arrastra.)

NOVIA.—

      ¿Adónde me llevas?

LEONARDO.—

   Adonde no puedan ir
estos hombres que nos cercan.
¡Donde yo pueda mirarte!

NOVIA.—*(Sarcástica.)*

   Llévame de feria en feria,
dolor de mujer honrada,
a que las gentes me vean
con las sábanas de boda
al aire, como banderas.

LEONARDO.—

También yo quiero dejarte
si pienso como se piensa.
Pero voy donde tú vas.
Tú también. Da un paso. Prueba.
Clavos de luna nos funden
mi cintura y tus caderas.

(Toda esta escena es violenta, llena de gran sensualidad.)

NOVIA.—
   ¿Oyes?

LEONARDO.—

     Viene gente.

NOVIA.—

         ¡Huye!
Es justo que yo aquí muera
con los pies dentro del agua
y espinas en la cabeza.
Y que me lloren las hojas,
mujer perdida y doncella.

LEONARDO.—
   Cállate. Ya suben.

NOVIA.—

        ¡Vete!
LEONARDO.—
   Silencio. Que no nos sientan.
Tú delante. ¡Vamos, digo!

(Vacila la NOVIA.)

NOVIA.—
   ¡Los dos juntos!

LEONARDO.— *(Abrazándola.)*
¡Como quieras!
Si nos separan, será
porque esté muerto.

NOVIA.—
Y yo muerta.

(Salen abrazados.)

(Aparece la LUNA *muy despacio.*

La escena adquiere una fuerte luz azul. Se oyen los dos violines. Bruscamente se oyen dos largos gritos desgarrados, y se corta la música de los violines. Al segundo grito aparece la MENDIGA *y queda de espaldas. Abre el manto y queda en el centro como un gran pájaro de alas inmensas. La* LUNA *se detiene. El telón baja en medio de un silencio absoluto.)*

TELÓN

CUADRO ÚLTIMO

Habitación blanca con arcos y gruesos muros. A la derecha y a la izquierda escaleras blancas. Gran arco al fondo y pared del mismo color. El suelo será también de un blanco reluciente. Esta habitación simple tendrá un sentido monumental de iglesia. No habrá ni un gris, ni una sombra, ni siquiera lo preciso para la perspectiva.

(Dos MUCHACHAS vestidas de azul oscuro están devanando una madeja roja.)

MUCHACHA 1ª—
    Madeja, madeja,
    ¿qué quieres hacer?

MUCHACHA 2ª—
    Jazmín de vestido,
    cristal de papel.
    Nacer a las cuatro,
    morir a las diez.
    Ser hilo de lana,
    cadena a tus pies
    y nudo que apriete
    amargo laurel.

NIÑA *(Cantando.)*
    ¿Fuisteis a la boda?

MUCHACHA 1ª—
    No.

NIÑA.—
    ¡Tampoco fui yo!
    ¿Qué pasaría
    por los tallos de las viñas?
    ¿Qué pasaría
    por el ramo de la oliva?
    ¿Qué pasó
    que nadie volvió?
    ¿Fuisteis a la boda?

MUCHACHA 2ª—
    Hemos dicho que no.

NIÑA *(Yéndose.)*
    ¡Tampoco fui yo!

MUCHACHA 2ª—
    Madeja, madeja,
    ¿qué quieres cantar?

MUCHACHA 1ª—
    Heridas de cera,.
    dolor de arrayán.
    Dormir la mañana,
    de noche velar.

NIÑA *(En la puerta.)*
    El hilo tropieza
    con el pedernal.
    Los montes azules
    lo dejan pasar.
    Corre, corre, corre,
    y al fin llegará
    a poner cuchillo
    y quitar el pan.

    (Se va.)

MUCHACHA 2ª—
    Madeja, madeja,
    ¿qué quieres decir?

MUCHACHA 1ª—
    Amante sin habla.
    Novio carmesí.
    Por la orilla muda
    tendidos los vi.

    (Se detiene mirando la madeja.)

NIÑA *(Asomándose a la puerta.)*
    Corre, corre, corre,

el hilo hasta aquí.
Cubiertos de barro
los siento venir.
¡Cuerpos estirados,
paños de marfil!

(Se va.)

(Aparecen la MUJER *y la* SUEGRA
de LEONARDO. *Llegan angustiadas.)*

MUCHACHA 1ª—
¿Vienen ya?

SUEGRA.—*(Agria.)*
No sabemos.

MUCHACHA 2ª—
¿Qué contáis de la boda?

MUCHACHA 1ª—
Dime.

SUEGRA.—*(Seca.)*
Nada.

MUJER.—
Quiero volver para saberlo todo.

SUEGRA.—*(Enérgica.)*
Tú, a tu casa.
Valiente y sola en tu casa.
A envejecer y a llorar.
Pero la puerta cerrada.
Nunca. Ni muerto ni vivo.
Clavaremos las ventanas.
Y vengan lluvias y noches
sobre las hierbas amargas.

MUJER.—
¿Qué habrá pasado?

SUEGRA.—
No importa.
Échate un velo en la cara.
Tus hijos son hijos tuyos
nada más. Sobre la cama
pon una cruz de ceniza
donde estuvo su almohada.

(Salen.)

MENDIGA.—*(A la puerta.)*
Un pedazo de pan, muchachas.

NIÑA.—
¡Vete!

(Las MUCHACHAS *se agrupan.)*

MENDIGA.—
¿Por qué?

NIÑA.—
Porque tú gimes: vete.

MUCHACHA 1ª—
¡Niña

MENDIGA.—
¡Pude pedir tus ojos! Una nube
de pájaros me sigue; ¿quieres uno?

NIÑA.—
¡Yo me quiero marchar!

MUCHACHA 2ª—*(A la* MENDIGA.*)*
¡No le hagas caso!

MUCHACHA 1ª—
¿Vienes por el camino del arroyo?

MENDIGA.—
¡Por allí vine!

MUCHACHA 1ª—*(Tímida.)*
¿Puedo preguntarte?

MENDIGA.—
Yo los vi; pronto llegan: dos to-
[rrentes
quietos al fin entre piedras grandes,
dos hombres en las patas del ca-
[ballo.
Muertos en la hermosura de la no-
[che.
(Con delectación.)
Muertos, sí, muertos.

MUCHACHA 1ª—
¡Calla, vieja, calla!

MENDIGA.—
Flores rotas los ojos, y sus dientes
dos puñados de nieve endurecida.
Los dos cayeron, y la novia vuelve
teñida en sangre falda y cabellera.
Cubiertos con dos mantas ellos vie-
[nen
sobre los hombros de los mozos al-
[tos.
Así fue, nada más. Era lo justo.
Sobre la flor del oro, sucia arena.

(Se va. Las MUCHACHAS *inclinan la cabeza y rítmicamente van saliendo.)*

MUCHACHA 1ª—
Sucia arena.

MUCHACHA 2ª—
Sobre la flor del oro.

NIÑA.—
Sobre la flor del oro
traen a los muertos del arroyo.
Morenito el uno,
morenito el otro.
¡Qué ruiseñor de sombra vuela y
sobre la flor del oro!   [gime

(Se va. Queda la escena sola. Aparece la MADRE *con una* VECINA. *La* VECINA *viene llorando.)*

MADRE.—Calla.

VECINA.—No puedo.

MADRE.—Calla, he dicho. *(En la puerta.)* ¿No hay nadie aquí? *(Se lleva las manos a la frente.)* Debía contestarme mi hijo. Pero mi hijo es ya un brazado de flores secas. Mi hijo es ya una voz oscura detrás de los montes. *(Con rabia a la* VECINA.*)* ¿Te quieres callar? No quiero llantos en esta casa. Vuestras lágrimas son lágrimas de los ojos nada más, y las mías vendrán cuando yo esté sola, de las plantas de los pies, de mis raíces, y serán más ardientes que la sangre.

VECINA.—Vente a mi casa; no te quedes aquí.

MADRE.—Aquí. Aquí quiero estar. Y tranquila. Ya todos están muertos. A medianoche dormiré, dormiré sin que ya me aterren la escopeta o el cuchillo. Otras madres se asomarán a las ventanas, azotadas por la lluvia, para ver el rostro de sus hijos. Yo no. Yo haré con mi sueño una fría paloma de marfil que lleve camelias de escarcha sobre el camposanto. Pero no; camposanto no, camposanto no: lecho de tierra, cama que los cobija y que los mece

por el cielo. *(Entra una mujer de negro que se dirige a la derecha y allí se arrodilla. A la* VECINA.*)* Quítate las manos de la cara. Hemos de pasar días terribles. No quiero ver a nadie. La tierra y yo. Mi llanto y yo. Y estas cuatro paredes. ¡Ay! ¡Ay! *(Se sienta transida.)*

VECINA.—Ten caridad de ti misma.

MADRE.—*(Echándose el pelo hacia atrás.)* He de estar serena. *(Se sienta.)* Porque vendrán las vecinas y no quiero que me vean tan pobre. ¡Tan pobre! Una mujer que no tiene un hijo siquiera que poderse llevar a los labios.

(Aparece la NOVIA. *Viene sin azahar y con un manto negro.)*

VECINA.—*(Viendo a la* NOVIA *con rabia.)* ¿Dónde vas?

NOVIA.—Aquí vengo.

MADRE.—*(A la vecina.)* ¿Quién es?

VECINA.—¿No la reconoces?

MADRE.—Por eso pregunto quién es. Porque tengo que no reconocerla, para no clavarla mis dientes en el cuello. ¡Víbora! *(Se dirige hacia la* NOVIA *con ademán fulminante; se detiene. A la* VECINA.*)* ¿La ves? Está ahí y está llorando, y yo quieta sin arrancarle los ojos. No me entiendo. ¿Será que yo no quería a mi hijo? Pero ¿y su honra? ¿Dónde está su honra? *(Golpea a la* NOVIA. *Ésta cae al suelo.)*

VECINA.—¡Por Dios! *(Trata de separarlas.)*

NOVIA.—*(A la* VECINA.*)* Déjala; he venido para que me mate y que me lleven con ellos. *(A la* MADRE.*)* Pero no con las manos; con garfios de alambre, con una hoz, y con fuerza, hasta que se rompa en mis huesos. ¡Déjala! Que quiero que sepa que yo soy limpia, que estaré loca, pero que me pueden enterrar sin que ningún hombre se haya mirado en la blancura de mis pechos.

MADRE.—Calla, calla; ¿qué me importa eso a mí?

NOVIA.—¡Porque yo me fui con el otro, me fui! *(Con angustia.)* Tú también te hubieras ido. Yo era una mujer quemada, llena de llagas por dentro y por fuera, y tu hijo era un poquito de agua de la que yo esperaba hijos, tierra, salud; pero el otro era un río oscuro, lleno de ramas, que acercaba a mí el rumor de sus juncos y su cantar entre dientes. Y yo corría con tu hijo que era como un niñito de agua, frío, y el otro me mandaba cientos de pájaros que me impedían el andar y que dejaban escarcha sobre mis heridas de pobre mujer marchita, de muchacha acariciada por el fuego. Yo no quería, ¡óyelo bien!, yo no quería. ¡Tu hijo era mi fin y yo no lo he engañado, pero el brazo del otro me arrastró como un golpe de mar, como la cabezada de un mulo, y me hubiera arrastrado siempre, siempre, siempre, aunque hubiera sido vieja y todos los hijos de tu hijo me hubiesen agarrado de los cabellos. *(Entra una vecina.)*

MADRE.—Ella no tiene la culpa, ¡ni yo! *(Sarcástica.)* ¿Quién la tiene, pues? ¡Floja, delicada, mujer de mal dormir es quien tira una corona de azahar para buscar un pedazo de cama calentado por otra mujer!

NOVIA.—¡Calla, calla! Véngate de mí; ¡aquí estoy! Mira que mi cuello es blando; te costará menos trabajo que segar una dalia de tu huerto. Pero ¡eso no! Honrada, honrada como una niña recién nacida. Y fuerte para demostrártelo. Enciende la lumbre. Vamos a meter las manos: tú, por tu hijo; yo, por mi cuerpo. Las retirarás antes tú. *(Entra otra vecina.)*

MADRE.—Pero ¿qué me importa a mí tu honradez? ¿Qué me importa tu muerte? ¿Qué me importa a mí nada de nada? Benditos sean los trigos, porque mis hijos están debajo de ellos; bendita sea la lluvia, porque moja la cara de los muertos. Bendito sea Dios, que nos tiende juntos para descansar. *(Entra otra vecina.)*

NOVIA.—Déjame llorar contigo.

MADRE.—Llora. Pero en la puerta.

(Entra la NIÑA. La NOVIA queda en la puerta. La MADRE, en el centro de la escena.)

MUJER.—*(Entrando y dirigiéndose a la izquierda.)*
Era hermoso jinete,
y ahora montón de nieve.
Corría ferias y montes
y brazos de mujeres.
Ahora, musgo de noche
le corona la frente.

MADRE.—
Girasol de tu madre,
espejo de la tierra.
Que te pongan al pecho
cruz de amargas adelfas;
sábana que te cubra
de reluciente seda,
y el agua forme un llanto
entre tus manos quietas.

MUJER.—
¡Ay, que cuatro muchachos
llegan con hombros cansados!

NOVIA.—
¡Ay, que cuatro galanes
traen a la muerte por el aire!

MADRE.—
Vecinas.

NIÑA.—*(En la puerta.)*
Ya los traen.

MADRE.—
Es lo mismo.
La cruz, la cruz.

MUJERES.—
Dulces clavos,
dulce cruz,
dulce nombre
de Jesús.

NOVIA.—
Que la cruz ampare a muertos y vi-
[vos.

MADRE.—
Vecinas, con un cuchillo,
con un cuchillito,
en un día señalado, entre las dos y
                                las tres,
se mataron los dos hombres del
Con un cuchillo,   [amor.
con un cuchillito
que apenas cabe en la mano,
pero que penetra fino
por las carnes asombradas,
y que se para en el sitio
donde tiembla enmarañada
la oscura raíz del grito.

NOVIA.—
Y esto es un cuchillo,
un cuchillito

que apenas cabe en la mano;
pez sin escamas ni río,
para que un día señalado, entre
                          [las dos y las tres,
con este cuchillo,
se queden dos hombres duros
con los labios amarillos.

MADRE.—
     Y apenas cabe en la mano,
     pero que penetra frío
     por las carnes asombradas
     y allí se para, en el sitio
     donde tiembla enmarañada
     la oscura raíz del grito.

     (Las vecinas, arrodilladas en el
suelo, lloran.)

TELÓN

FIN DE
«BODAS DE SANGRE»

YERMA

POEMA TRÁGICO EN TRES ACTOS
Y SEIS CUADROS

(1934)

PERSONAJES:

YERMA	HEMBRA
MARÍA	CUÑADA 1ª
VIEJA PAGANA	CUÑADA 2ª
DOLORES	MUJER 1ª
LAVANDERA 1ª	MUJER 2ª
LAVANDERA 2ª	NIÑO
LAVANDERA 3ª	JUAN
LAVANDERA 4ª	VÍCTOR
LAVANDERA 5ª	MACHO
LAVANDERA 6ª	HOMBRE 1º
MUCHACHA 1ª	HOMBRE 2º
MUCHACHA 2ª	HOMBRE 3º

MARRIED
.COUPLE
ARGUING

ACTO PRIMERO

CUADRO PRIMERO

(Al levantarse el telón está YERMA dormida con un tabanque de costura a los pies. La escena tiene una extraña luz de sueño. Un pastor sale de puntillas mirando fijamente a YERMA. Lleva de la mano a un niño vestido de blanco. Suena el reloj. Cuando sale el pastor, la luz se cambia por una alegre luz de mañana de primavera. YERMA se despierta.)

CANTO

VOZ DENTRO.—
  A la nana, nana, nana,
  a la nanita le haremos
  una chocita en el campo
  y en ella nos meteremos.

YERMA.—Juan, ¿me oyes? Juan.
JUAN.—Voy.
YERMA.—Ya es la hora.
JUAN.—¿Pasaron las yuntas?
YERMA.—Ya pasaron.
JUAN.—Hasta luego. *(Va a salir.)*
YERMA.—¿No tomas un vaso de leche?
JUAN.—¿Para qué?
YERMA.—Trabajas mucho y no tienes tú cuerpo para resistir los trabajos.
JUAN.—Cuando los hombres se quedan enjutos se ponen fuertes como el acero.
YERMA.—Pero tú no. Cuando nos casamos eras otro. Ahora tienes la cara blanca como si no te diera en ella el sol. A mí me gustaría que fueras al río y nadaras y que te subieras al tejado cuando la lluvia cala nuestra vivienda. Veinticuatro meses llevamos casados, y tú cada vez más triste, más enjuto, como si crecieras al revés.
JUAN.—¿Has acabado?
YERMA.—*(Levantándose.)* No lo tomes a mal. Si yo estuviera enferma me gustaría que tú me cuidases. "Mi mujer está enferma. Voy a matar ese cordero para hacerle un buen guiso de carne." "Mi mujer está enferma. Voy a guardar esta enjundia de gallina para aliviar su pecho, voy a llevarle esta piel de oveja para guardar sus pies de la nieve." Así soy yo. Por eso te cuido.
JUAN.—Y yo te lo agradezco.
YERMA.—Pero no te dejas cuidar.
JUAN.—Es que no tengo nada. Todas esas cosas son suposiciones tuyas. Trabajo mucho. Cada año seré más viejo.
YERMA.—Cada año... Tú y yo seguiremos aquí cada año...
JUAN.—*(Sonriente.)* Naturalmente. Y bien sosegados. Las cosas de la labor van bien, no tenemos hijos que gasten.
YERMA. — No tenemos hijos... ¡Juan!
JUAN.—Dime.
YERMA.—¿Es que yo no te quiero a ti?
JUAN.—Me quieres.
YERMA. — Yo conozco muchachas que han temblado y que lloraban antes de entrar en la cama con sus maridos. ¿Lloré yo la primera vez que me acosté contigo? ¿No cantaba al levantar los embozos de holanda? Y no te dije,

201

¡cómo huelen a manzanas estas
ropas!
JUAN.—¡Eso dijiste!
YERMA.—Mi madre lloró porque
no sentí separarme de ella. ¡Y
era verdad! Nadie se casó con
más alegría. Y, sin embargo...
JUAN. — Calla. Demasiado trabajo
tengo yo con oír en todo momen-
to...
YERMA.—No. No me repitas lo que
dicen. Yo veo por mis ojos que
eso no puede ser... A fuerza de
caer la lluvia sobre las piedras
éstas se ablandan y hacen crecer
jaramagos, que las gentes dicen
que no sirven para nada. "Los
jaramagos no sirven para nada",
pero yo bien los veo mover sus
flores amarillas en el aire.
JUAN.—¡Hay que esperar!
YERMA. — Sí; queriendo. (YERMA
*abraza y besa al marido, tomando
ella la iniciativa.)*
JUAN.—Si necesitas algo me lo di-
ces y lo traeré. Ya sabes que no
me gusta que salgas.
YERMA.—Nunca salgo.
JUAN.—Estás mejor aquí.
YERMA.—Sí.
JUAN.—La calle es para la gente
desocupada.
YERMA.—*(Sombría)* Claro.

(El marido sale y YERMA *se diri-
ge a la costura, se pasa la mano por
el vientre, alza los brazos en un her-
moso bostezo y se sienta a coser.)*

¿De dónde vienes, amor, mi niño?
De la cresta del duro frío.
¿Qué necesitas, amor, mi niño?
La tibia tela de tu vestido.

(Enhebra la aguja.)

¡Que se agiten las ramas al sol
y salten las fuentes alrededor!

(Como si hablara con un niño.)

En el patio ladra el perro,
en los árboles canta el viento.
Los bueyes mugen al boyero

y la luna me riza los cabellos.
¿Qué pides, niño, desde tan lejos?

(Pausa.)

Los blancos montes que hay en tu
[pecho.
¡Que se agiten las ramas al sol
y salten las fuentes alrededor!

(Cosiendo.)

Te diré, niño mío, que sí,
tronchada y rota soy para ti.
¡Cómo me duele esta cintura
donde tendrás primera cuna!
Cuándo, mi niño, vas a venir.

(Pausa.)

Cuando tu carne huela a jazmín.
¡Que se agiten las ramas al sol
y salten las fuentes alrededor!

*(YERMA queda cantando. Por la
puerta entra* MARÍA, *que viene con
un lío de ropa.)*

YERMA.—¿De dónde vienes?
MARÍA.—De la tienda.
YERMA.—¿De la tienda tan tem-
prano?
MARÍA.—Por mi gusto hubiera es-
perado en la puerta a que abrie-
ran; y ¿a que no sabes lo que
he comprado?
YERMA. — Habrás comprado café
para el desayuno, azúcar, los pa-
nes.
MARÍA.—No. He comprado enca-
jes, tres varas de hilo, cintas y
lanas de color para hacer madro-
ños. El dinero lo tenía mi mari-
do y me lo ha dado él mismo.
YERMA.—Te vas a hacer una blusa.
MARÍA.—No, es porque... ¿sabes?
YERMA.—¿Qué?
MARÍA.—Porque ¡ya ha llegado!

(Queda con la cabeza baja. YER-
MA *se levanta y queda mirándola
con admiración.)*

YERMA.—¡A los cinco meses!
MARÍA.—Sí.

YERMA.—¿Te has dado cuenta de ello?

MARÍA.—Naturalmente.

YERMA.—*(Con curiosidad.)* ¿Y qué sientes?

MARÍA.—No sé. Angustia.

YERMA. — Angustia. *(Agarrada a ella.)* Pero... ¿cuándo llegó?... Dime. Tú estabas descuidada.

MARÍA.—Sí, descuidada...

YERMA. — Estarías cantando, ¿verdad? Yo canto. Tú... dime...

MARÍA.—No me preguntes. ¿No has tenido nunca un pájaro vivo apretado en la mano?

YERMA.—Sí.

MARÍA.—Pues, lo mismo..., pero por dentro de la sangre.

YERMA. — ¡Qué hermosura! *(La mira extraviada.)*

MARÍA. — Estoy aturdida. No sé nada.

YERMA.—¿De qué?

MARÍA.—De lo que tengo que hacer. Le preguntaré a mi madre.

YERMA.—¿Para qué? Ya está vieja y habrá olvidado estas cosas. No andes mucho y cuando respires respira tan suave como si tuvieras una rosa entre los dientes.

MARÍA.—Oye, dicen que más adelante te empuja suavemente con las piernecitas.

YERMA.—Y entonces es cuando se le quiere más, cuando se dice ya: ¡mi hijo!

MARÍA.—En medio de todo tengo vergüenza.

YERMA.—¿Qué ha dicho tu marido?

MARÍA.—Nada.

YERMA.—¿Te quiere mucho?

MARÍA.—No me lo dice, pero se pone junto a mí y sus ojos tiemblan como dos hojas verdes.

YERMA.—¿Sabía él que tú...?

MARÍA.—Sí.

YERMA.—¿Y por qué lo sabía?

MARÍA.—No sé. Pero la noche que nos casamos me lo decía constantemente con su boca puesta en mi mejilla, tanto que a mí me parece que mi niño es un palomo de lumbre que él me deslizó por la oreja.

YERMA.—¡Dichosa!

MARÍA.—Pero tú estás más enterada de esto que yo.

YERMA.—¿De qué me sirve?

MARÍA.—¡Es verdad! ¿Por qué será eso? De todas las novias de tu tiempo tú eres la única...

YERMA.—Es así. Claro que todavía es tiempo. Elena tardó tres años y otras antiguas del tiempo de mi madre mucho más, pero dos años y veinte días, como yo, es demasiada espera. Pienso que no es justo que yo me consuma así. Muchas noches salgo descalza al patio para pisar la tierra, no sé por qué. Si sigo así, acabaré volviéndome mala.

MARÍA.—Pero ven acá, criatura; hablas como si fueras una vieja. ¡Qué digo! Nadie puede quejarse de estas cosas. Una hermana de mi madre lo tuvo a los catorce años, ¡y si vieras qué hermosura de niño!

YERMA.—*(Con ansiedad.)* ¿Qué hacía?

MARÍA.—Lloraba como un torito, con la fuerza de mil cigarras cantando a la vez y nos orinaba y nos tiraba de las trenzas, y cuando tuvo cuatro meses nos llenaba la cara de arañazos.

YERMA.—*(Riendo.)* Pero esas cosas no duelen.

MARÍA.—Te diré...

YERMA.—¡Bah! Yo he visto a mi hermana dar de mamar a su niño con el pecho lleno de grietas y le producía un gran dolor, pero era un dolor fresco, bueno, necesario para la salud.

MARÍA.—Dicen que con los hijos se sufre mucho.

YERMA.—Mentira. Eso lo dicen las madres débiles, las quejumbrosas. ¿Para qué los tienen? Tener un hijo no es tener un ramo de rosas. Hemos de sufrir para verlos crecer. Yo pienso que se nos va la mitad de nuestra sangre. Pero esto es bueno, sano, hermoso. Cada mujer tiene sangre para cuatro o cinco hijos y cuando no los tiene se le vuelve veneno, como me va a pasar a mí.

[Anotación manuscrita:] Yerma quiere estar embarazada pero Juan no los puede tener. El es estéril. No sabemos eso hasta el fin.

MARÍA.—No sé lo que tengo.

YERMA.—Siempre oí decir que las primerizas tienen susto.

MARÍA. — (Tímida.) Veremos... Como tú coses tan bien...

YERMA.—(Cogiendo el lío.) Trae. Te cortaré dos trajecitos. ¿Y esto?

MARÍA.—Son los pañales.

YERMA.—Bien. (Se sienta.)

MARÍA.—Entonces... Hasta luego. (Se acerca y YERMA le coge amorosamente el vientre con las manos.)

YERMA.—No corras por las piedras de la calle.

MARÍA.—Adiós. (La besa y sale.)

YERMA.—Vuelve pronto. (YERMA queda en la misma actitud que al principio. Coge las tijeras y empieza a cortar. Sale VÍCTOR.) Adiós, Víctor.

VÍCTOR.—(Es profundo y lleva firme gravedad.) ¿Y Juan?

YERMA.—En el campo.

VÍCTOR.—¿Qué coses?

YERMA.—Corto unos pañales.

VÍCTOR.—(Sonriente.) ¡Vamos!

YERMA.—(Ríe.) Los voy a rodear de encajes.

VÍCTOR.—Si es niña le pondrás tu nombre.

YERMA.—(Temblando.) ¿Cómo?...

VÍCTOR.—Me alegro por ti.

YERMA. — (Casi ahogada.) No...,
no son para mí. Son para el hijo de María.

VÍCTOR.—Bueno, pues a ver si con el ejemplo té animas. En esta casa hace falta un niño.

YERMA. — (Con angustia.) ¡Hace falta!

VÍCTOR.—Pues adelante. Dile a tu marido que piense menos en el trabajo. Quiere juntar dinero y lo juntará, pero ¿a quién lo va a dejar cuando se muera? Yo me voy con las ovejas. Dile a Juan que recoja las dos que me compró, y en cuanto a lo otro, ¡que ahonde! (Se va sonriente.)

YERMA.—(Con pasión.)

¡Eso! ¡Que ahonde!
Te diré, niño mío, que sí,
tronchada y rota soy para ti.
¡Cómo me duele esta cintura,
donde tendrás primera cuna!
¿Cuándo, mi niño, vas a venir?
¡Cuando tu carne huela a jazmín!

(YERMA, que en actitud pensativa se levanta y acude al sitio donde ha estado VÍCTOR y respira fuertemente, como si aspirara aire de montaña, después va al otro lado de la habitación como buscando algo y de allí vuelve a sentarse y coge otra vez la costura. Comienza a coser y queda con los ojos fijos en un punto.)

TELÓN

CUADRO SEGUNDO

(Campo. Sale YERMA. *Trae una cesta. Sale la* VIEJA 1ª*)*

YERMA.—Buenos días.

VIEJA 1ª—Buenos los tenga la hermosa muchacha. ¿Dónde vas?

YERMA.—Vengo de llevar la comida a mi esposo, que trabaja en los olivos.

VIEJA 1ª—¿Llevas mucho tiempo de casada?

YERMA.—Tres años.

VIEJA 1ª—¿Tienes hijos?

YERMA.—No.

VIEJA 1ª—¡Bah! ¡Ya tendrás!

YERMA.—*(Con ansias.)* ¿Usted lo cree?

VIEJA 1ª—¿Por qué no? *(Se sienta.)* También yo vengo de traer la comida a mi esposo Es viejo. Todavía trabaja. Tengo nueve hijos como nueve soles, pero como ninguno es hembra, aquí me tienes a mí de un lado para otro.

YERMA.—Usted vive al otro lado del río.

VIEJA 1ª—Sí. En los molinos. ¿De qué familia eres tú?

YERMA.—Yo soy hija de Enrique el pastor.

VIEJA 1ª—¡Ah! Enrique el Pastor. Lo conocí. Buena gente. Levantarse. Sudar, comer unos panes y morirse. Ni más juego, ni más nada. Las ferias para otros. Criaturas de silencio. Pude haberme casado con un tío tuyo. Pero ¡ca! Yo he sido una mujer de faldas en el aire, he ido flechada a la tajada de melón, a la fiesta, a la torta de azúcar. Muchas veces me he asomado de madrugada a la puerta creyendo oír música de bandurrias que iba, que venía, pero era el aire. *(Ríe.)* Te vas a reír de mí. He tenido dos maridos, catorce hijos, cinco murieron y, sin embargo, no estoy triste, y quisiera vivir mucho más. Es lo que digo yo. Las higueras, ¡cuánto duran! Las casas, ¡cuánto duran!, y sólo nosotras, las endemoniadas mujeres, nos hacemos polvo por cualquier cosa.

YERMA.—Yo quisiera hacerle una pregunta.

VIEJA 1ª—¿A ver? *(La mira.)* Ya sé lo que me vas a decir. De estas cosas no se puede decir palabra. *(Se levanta.)*

YERMA.—*(Deteniéndola.)* ¿Por qué no? Me ha dado confianza el oírla hablar. Hace tiempo estoy deseando tener conversación con mujer vieja. Porque yo quiero enterarme. Sí. Usted me dirá...

VIEJA 1ª—¿Qué?

YERMA.—*(Bajando la voz.)* Lo que usted sabe. ¿Por qué estoy yo seca? ¿Me he de quedar en plena vida para cuidar aves o poner cortinitas planchadas en mi ventanillo? No. Usted me ha de decir lo que tengo que hacer, que yo haré lo que sea, aunque me mande clavarme agujas en el sitio más débil de mis ojos.

VIEJA 1ª—¿Yo? Yo no sé nada. Yo me he puesto boca arriba y he comenzado a cantar. Los hijos llegan como el agua. ¡Ay! ¿Quién puede decir que este cuerpo que tienes no es hermoso? Pisas, y al fondo de la calle relincha el caballo. ¡Ay! Déjame, muchacha, no me hagas hablar. Pienso muchas ideas que no quiero decir.

YERMA.—¿Por qué? ¡Con mi marido no hablo de otra cosa!

VIEJA 1ª—Oye. ¿A ti te gusta tu marido?

YERMA.—¿Cómo?

VIEJA 1ª—Que si lo quieres. Si deseas estar con él...

YERMA.—No sé.

VIEJA 1ª—¿No tiemblas cuando se acerca a ti? ¿No te da así como un sueño cuando acerca sus labios? Dime.

YERMA. — No. No lo he sentido nunca.

VIEJA 1ª — ¿Nunca? ¿Ni cuando has bailado?

YERMA. — *(Recordando.)* Quizá... Una vez... Víctor...

VIEJA 1ª—Sigue.

YERMA.—Me cogió de la cintura y no pude decirle nada porque no podía hablar. Otra vez el mismo Víctor, teniendo yo catorce años (él era un zagalón), me cogió en sus brazos para saltar una acequia y me entró un temblor que me sonaron los dientes. Pero es que yo he sido vergonzosa.

VIEJA 1ª—Y con tu marido...

YERMA.—Mi marido es otra cosa. Me lo dio mi padre y yo lo acepté. Con alegría. Ésta es la pura verdad. Pues el primer día que me puse de novia con él ya pensé... en los hijos... Y me miraba en sus ojos. Sí, pero era para verme muy chica, muy manejable, como si yo misma fuera hija mía.

VIEJA 1ª—Todo lo contrario que yo. Quizá por eso no hayas parido a tiempo. Los hombres tienen que gustar, muchacha. Han de deshacernos las trenzas y darnos de beber agua en su misma boca. Así corre el mundo.

YERMA.—El tuyo, que el mío no. Yo pienso muchas cosas, muchas, y estoy segura que las cosas que pienso las ha de realizar mi hijo. Yo me entregué a mi marido por él, y me sigo entregando para ver si llega, pero nunca por divertirme.

VIEJA 1ª—¡Y resulta que estás vacía!

YERMA.—No, vacía no, porque me estoy llenando de odio. Dime: ¿tengo yo la culpa? ¿Es preciso buscar en el hombre al hombre nada más? Entonces, ¿qué vas a pensar cuando te deja en la cama con los ojos tristes mirando al techo y da media vuelta y se duerme? ¿He de quedarme pensando en él o en lo que puede salir relumbrando de mi pecho? Yo no sé, ¡pero dímelo tú, por caridad! *(Se arrodilla.)*

VIEJA 1ª—¡Ay, qué flor abierta! Qué criatura tan hermosa eres. Déjame. No me hagas hablar más. No quiero hablarte más. Son asuntos de honra y yo no quemo la honra de nadie. Tú sabrás. De todos modos debías ser menos inocente.

YERMA. — *(Triste.)* Las muchachas que se crían en el campo como yo, tienen cerradas todas las puertas. Todo se vuelve medias palabras, gestos, porque todas estas cosas dicen que no se pueden saber. Y tú también, tú también te callas y te vas con aire de doctora, sabiéndolo todo, pero negándolo a la que se muere de sed.

VIEJA 1ª—A otra mujer serena yo le hablaría. A ti no. Soy vieja, y sé lo que digo.

YERMA.—Entonces, que Dios me ampare.

VIEJA 1ª—Dios, no. A mí no me ha gustado nunca Dios. ¿Cuándo os vais a dar cuenta de que no existe? Son los hombres los que te tienen que amparar.

YERMA.—Pero ¿por qué me dices eso, por qué?

VIEJA 1ª—*(Yéndose.)* Aunque debía haber Dios, aunque fuera pequeñito, para que mandara rayos contra los hombres de simiente podrida que encharcan la alegría de los campos.

YERMA.—No sé lo que me quieres decir.

VIEJA 1ª—Bueno, yo me entiendo. No pases tristeza. Espera en firme. Eres muy joven todavía. ¿Qué quieres que haga yo? *(Se va. Aparecen dos* MUCHACHAS.*)*

MUCHACHA 1ª — Por todas partes nos vamos encontrando gente.

YERMA.—Con las faenas, los hombres están en los olivos, hay que

Vieja pregunta a Yerma si lo quiere a su esposo, pero dice que no. Problema — no hay amor

traerles de comer. No quedan en
las casas más que los ancianos.
MUCHACHA 2ª—¿Tú regresas al
pueblo?
YERMA.—Hacia allá voy.
MUCHACHA 1ª — Yo llevo mucha
prisa. Me dejé al niño dormido
y no hay nadie en casa.
YERMA.—Pues aligera, mujer. Los
niños no se pueden dejar solos.
¿Hay cerdos en tu casa?
MUCHACHA 1ª—No. Pero tienes ra-
zón. Voy de prisa.
YERMA.—Anda. Así pasan las co-
sas. Seguramente lo has dejado
encerrado.
MUCHACHA 1ª—Es natural.
YERMA.—Sí, pero es que no os dais
cuenta lo que es un niño peque-
ño. La causa que nos parece más
inofensiva puede acabar con él.
Una agujita, un sorbo de agua.
MUCHACHA 1ª—Tienes razón. Voy
corriendo. Es que no me doy bien
cuenta de las cosas.
YERMA.—Anda.
MUCHACHA 2ª—Si tuvieras cuatro
o cinco no hablarías así.
YERMA.—¿Por qué? Aunque tuvie-
ra cuarenta.
MUCHACHA 2ª — De todos modos,
tú y yo, con no tenerlos, vivimos
más tranquilas.
YERMA.—Yo, no.
MUCHACHA 2ª—Yo, sí. ¡Qué afán!
En cambio, mi madre no hace
más que darme yerbajos para que
los tenga, y en octubre iremos
al Santo que dicen que los da a
la que lo pide con ansia. Mi ma-
dre pedirá. Yo, no.
YERMA.—¿Por qué te has casado?
MUCHACHA 2ª—Porque me han ca-
sado. Se casan todas. Si seguimos
así no va a haber solteras más
que las niñas. Bueno, y ade-
más…, una se casa en realidad
mucho antes de ir a la iglesia.
Pero las viejas se empeñan en
todas estas cosas. Yo tengo dieci-
nueve años y no me gusta guisar,
ni lavar. Bueno, pues todo el día
he de estar haciendo lo que no
me gusta. ¿Y para qué? ¿Qué
necesidad tiene mi marido de ser

mi marido? Porque lo mismo ha-
cíamos de novios que ahora. Ton-
terías de los viejos.
YERMA.—Calla, no digas esas co-
sas.
MUCHACHA 2ª—También tú me di-
rás loca, ¡la loca, la loca! (Ríe.)
Yo te puedo decir lo único que
he aprendido en la vida: toda la
gente está metida dentro de sus
casas haciendo lo que no les gus-
ta. Cuánto mejor se está en me-
dio de la calle. Ya voy al arro-
yo, ya subo a tocar las campa-
nas, ya me tomo un refresco de
anís.
YERMA.—Eres una niña.
MUCHACHA 2ª—Claro, pero no es-
toy loca. (Ríe.)
YERMA.—¿Tu madre vive en la par-
te más alta del pueblo?
MUCHACHA 2ª—Sí.
YERMA.—¿En la última casa?
MUCHACHA 2ª—Sí.
YERMA.—¿Cómo se llama?
MUCHACHA 2ª—Dolores. ¿Por qué
preguntas?
YERMA.—Por nada.
MUCHACHA 2ª—¿Por algo pregun-
tarás?
YERMA.—No sé…, es un decir…
MUCHACHA 2ª—Allá tú… Mira,
me voy a dar la comida a mi
marido. (Ríe.) Es lo que hay que
ver. Qué lástima no poder de-
cir mi novio, ¿verdad? (Ríe.)
¡Ya se va la loca! (Se va riendo
alegremente.) ¡Adiós!
VOZ DE VÍCTOR.—(Cantando.)
¿Por qué duermes solo, pastor?
¿Por qué duermes solo, pastor?
En mi colcha de lana
dormirías mejor.
¿Por qué duermes solo, pastor?
YERMA.—(Escuchando.)
¿Por qué duermes solo, pastor?
En mi colcha de lana
dormirías mejor.
Tu colcha de oscura piedra,
pastor,
y tu camisa de escarcha,
pastor,
juncos grises del invierno
en la noche de tu cama.

Los robles ponen agujas,
　　pastor,
debajo de tu almohada
　　pastor,
y si oyes voz de mujer
es la rota voz del agua.
　　Pastor, pastor.
¿Qué quiere el monte de ti?
　　pastor.
Monte de hierbas amargas,
¿qué niño te está matando?
¡La espina de la retama!

*(Va a salir y se tropieza con Víc-
TOR que entra.)*

VÍCTOR.—*(Alegre.)* ¿Dónde va lo
hermoso?

YERMA.—¿Cantabas tú?

VÍCTOR.—Yo.

YERMA.—¡Qué bien! Nunca te ha-
bía sentido.

VÍCTOR.—¿No?

YERMA.—Y qué voz tan pujante.
Parece un chorro de agua que te
llena toda la boca.

VÍCTOR.—Soy alegre.

YERMA.—Es verdad.

VÍCTOR.—Como tú triste.

YERMA.—No soy triste, es que ten-
go motivos para estarlo.

VÍCTOR.—Y tu marido más triste
que tú.

YERMA.—Él, sí. Tiene un carácter
seco.

VÍCTOR.—Siempre fue igual. *(Pau-
sa.* YERMA *está sentada.)* ¿Viniste
a traer la comida?

YERMA. — Sí. *(Lo mira. Pausa.)*
¿Qué tienes aquí? *(Señala la ca-
ra.)*

VÍCTOR.—¿Dónde?

YERMA.—*(Se levanta y se acerca a*
VÍCTOR*.)* Aquí..., en la mejilla;
como una quemadura.

VÍCTOR.—No es nada.

YERMA.—Me ha parecido. *(Pausa.)*

VÍCTOR.—Debe ser el sol...

YERMA.—Quizá... *(Pausa. El silen-
cio se acentúa y sin el menor ges-*
to comienza una lucha entre los
dos personajes.)*

YERMA.—*(Temblando.)* ¿Oyes?

VÍCTOR.—¿Qué?

YERMA.—¿No sientes llorar?

VÍCTOR.—*(Escuchando.)* No.

YERMA. — Me había parecido que
lloraba un niño.

VÍCTOR.—¿Sí?

YERMA.—Muy cerca. Y lloraba co-
mo ahogado.

VÍCTOR.—Por aquí hay siempre mu-
chos niños que vienen a robar
fruta.

YERMA.—No. Es la voz de un ni-
ño pequeño. *(Pausa.)*

VÍCTOR.—No oigo nada.

YERMA.—Serán ilusiones mías. *(Lo
mira fijamente y* VÍCTOR *la mira
también y desvía la mirada len-
tamente como con miedo. Sale*
JUAN*.)*

JUAN.—¡Qué haces todavía aquí!

YERMA.—Hablaba.

VÍCTOR.—Salud. *(Sale.)*

JUAN.—Debías estar en casa.

YERMA.—Me entretuve.

JUAN.—No comprendo en qué te
has entretenido.

YERMA.—Oí cantar los pájaros.

JUAN.—Está bien. Así darás que
hablar a las gentes.

YERMA.—*(Fuerte.)* Juan, ¿qué pien-
sas?

JUAN.—No lo digo por ti, lo digo
por las gentes.

YERMA.—¡Puñalada que le den a
las gentes!

JUAN.—No maldigas. Está feo en
una mujer.

YERMA.—Ojalá fuera yo una mujer.

JUAN.—Vamos a dejarnos de con-
versación. Vete a la casa. *(Pausa.)*

YERMA.—Está bien. ¿Te espero?

JUAN.—No. Estaré toda la noche
regando. Viene poca agua, es mía
hasta la salida del sol y tengo
que defenderla de los ladrones.
Te acuestas y te duermes.

YERMA.—*(Dramática.)* ¡Me dormi-
ré! *(Sale.)*

TELÓN

ACTO SEGUNDO

CUADRO PRIMERO

(Canto a telón corrido. Torrente donde lavan las mujeres del pueblo Las lavanderas están situadas en varios planos.)

CANTAN:

En el arroyo frío
lavo tu cinta,
como un jazmín caliente
tienes la risa.

LAVANDERA 1ª—A mí no me gusta hablar.

LAVANDERA 3ª—Pero aquí se habla.

LAVANDERA 4ª—Y no hay mal en ello.

LAVANDERA 5ª—La que quiera honra que la gane.

LAVANDERA 4ª—
Yo planté un tomillo,
yo lo vi crecer.
El que quiera honra
qué se porte bien *(Ríen.)*

LAVANDERA 5ª—Así se habla.

LAVANDERA 1ª—Péro es que nunca se sabe nada.

LAVANDERA 4ª—Lo cierto es qué el marido se ha llevado a vivir con ellos a sus dos hermanas.

LAVANDERA 5ª—¿Las solteras?

LAVANDERA 4ª—Sí. Estaban encargadas de cuidar la iglesia y ahora cuidan de su cunada. Yo no podría vivir con ellas.

LAVANDERA 1ª—¿Por qué?

LAVANDERA 4ª—Porque dan miedo. Son como esas hojas grandes que nacen de pronto sobre los sepulcros. Están untadas con cera. Son metidas hacia dentro. Se me figura que guisan su comida con el aceite de las lámparas.

LAVANDERA 3ª—¿Y están ya en la casa?

LAVANDERA 4ª—Desde ayer. El marido sale otra vez a sus tierras.

LAVANDERA 1ª—Pero ¿se puede saber lo que ha ocurrido?

LAVANDERA 5ª—Anteanoche, ella la pasó sentada en el tranco, a pesar del frío.

LAVANDERA 1ª—Pero ¿por qué?

LAVANDERA 4ª—Le cuesta trabajo estar en su casa.

LAVANDERA 5ª — Estas machorras son así: cuando podían estar haciendo encajes o confituras de manzanas, les gusta subirse al tejado y andar descalzas por esos ríos.

LAVANDERA 1ª—¿Quién eres tú para decir estas cosas? Ella no tiene hijos, pero no es por culpa suya.

LAVANDERA 4ª—Tiene hijos la que quiere tenerlos. Es que las regalonas, las flojas, las endulzadas no son a propósito para llevar el vientre arrugado. *(Ríen.)*

LAVANDERA 3ª—Y se echan polvos de blancura y colorete y se prenden ramos de adelfa en busca de otro que no es su marido.

LAVANDERA 5ª—¡No hay otra verdad!

LAVANDERA 1ª—Pero ¿vosotras la habéis visto con otro?

LAVANDERA 4ª—Nosotras no, pero las gentes sí.

LAVANDERA 1ª—¡Siempre las gentes!

209

LAVANDERA 5ª—Dicen que en dos ocasiones.

LAVANDERA 2ª—¿Y qué hacían?

LAVANDERA 4ª—Hablaban.

LAVANDERA 1ª—Hablar no es pecado.

LAVANDERA 4ª—Hay una cosa en el mundo que es la mirada. Mi madre lo decía. No es lo mismo una mujer mirando unas rosas que una mujer mirando los muslos de un hombre. Ella lo mira.

LAVANDERA 1ª—Pero ¿a quién?

LAVANDERA 4ª—A uno, ¿lo oyes? Entérate tú, ¿quieres que lo diga más alto? (Risas.) Y cuando no lo mira, porque está sola, porque no lo tiene delante, lo lleva retratado en los ojos.

LAVANDERA 1ª — ¡Eso es mentira! (Algazara.)

LAVANDERA 5ª—¿Y el marido?

LAVANDERA 3ª—El marido está como sordo. Parado, como un lagarto puesto al sol. (Ríen.)

LAVANDERA 1ª—Todo se arreglaría si tuvieran criaturas.

LAVANDERA 2ª—Todo esto son cuestiones de gente que no tiene conformidad con su sino.

LAVANDERA 4ª — Cada hora que transcurre aumenta el infierno en aquella casa. Ella y las cuñadas, sin despegar los labios, blanquean todo el día las paredes, friegan los cobres, limpian con vaho los cristales, dan aceite a la solería, pues cuanto más relumbra la vivienda más arde por dentro.

LAVANDERA 1ª—Él tiene la culpa; él: cuando un padre no da hijos debe cuidar de su mujer.

LAVANDERA 4ª—La culpa es de ella que tiene por lengua un pedernal.

LAVANDERA 1ª—¿Qué demonio se te ha metido entre los cabellos para que hables así?

LAVANDERA 4ª—¿Y quién ha dado licencia a tu boca para que me des consejos?

LAVANDERA 2ª—¡Callar!

LAVANDERA 1ª—Con una aguja de hacer calceta, ensartaría yo las lenguas murmuradoras.

LAVANDERA 2ª—¡Calla!

LAVANDERA 4ª—Y yo la tapa del pecho de las fingidas.

LAVANDERA 2ª—Silencio. ¿No ves que por ahí vienen las cuñadas?

(Murmullos. Entran las dos cuñadas de YERMA. Van vestidas de luto. Se ponen a lavar en medio de un silencio. Se oyen esquilas.)

LAVANDERA 1ª—¿Se van ya los zagales?

LAVANDERA 3ª—Sí, ahora salen todos los rebaños.

LAVANDERA 4ª—Me gusta el olor de las ovejas.

LAVANDERA 3ª—¿Sí?

LAVANDERA 4ª — ¿Y por qué no? Olor de lo que una tiene. Como me gusta el olor del fango rojo que trae el río por el invierno.

LAVANDERA 3ª—Caprichos.

LAVANDERA 5ª — (Mirando.) Van juntos todos los rebaños.

LAVANDERA 4ª—Es una inundación de lana. Arramblan con todo. Si los trigos verdes tuvieran cabeza, temblarían de verlos venir.

LAVANDERA 3ª—¡Mira cómo corren! ¡Qué manada de enemigos!

LAVANDERA 1ª—Ya salieron todos, no falta uno.

LAVANDERA 4ª — A ver..., no... Sí, sí, falta uno.

LAVANDERA 5ª—¿Cuál...?

LAVANDERA 4ª—El de Víctor. (Las dos cuñadas se yerguen y miran.)

En el arroyo frío
lavo tu cinta.
Como un jazmín caliente
tienes la risa.
Quiero vivir
en la nevada chica
de ese jazmín.

LAVANDERA 1ª—
¡Ay de la casada seca!
¡Ay de la que tiene los pechos de
[arena!

LAVANDERA 5ª—
Dime si tu marido
guarda semilla

para que el agua cante
por tu camisa.

LAVANDERA 4ª—
Es tu camisa
nave de plata y viento
por las orillas.

LAVANDERA 1ª—
Las ropas de mi niño
vengo a lavar
para que tome el agua
lecciones de cristal.

LAVANDERA 2ª
Por el monte ya llega
mi marido a comer.
Él me trae una rosa
y yo le doy tres.

LAVANDERA 5ª—
Por el llano ya vino
mi marido a cenar.
Las brisas que me entrega
cubro con arrayán.

LAVANDERA 4ª—
Por el aire ya viene
mi marido a dormir.
Yo, alhelíes rojos
y él, rojo alhelí.

LAVANDERA 1ª—
Hay que juntar flor con flor
cuando el verano seca la sangre al
[segador.
LAVANDERA 4ª.—
Y abrir el vientre a pájaros sin sue-
[ño
cuando a la puerta llama temblando
[el invierno.
LAVANDERA 1ª—
Hay que gemir en la sábana.

LAVANDERA 4ª.—
¡Y hay que cantar!

LAVANDERA 5ª—
Cuando el hombre nos trae
la corona y el pan.

LAVANDERA 4ª.—
Porque los brazos se enlazan.

LAVANDERA 2ª—
Porque la luz se nos quiebra en la
[garganta.

LAVANDERA 4ª—
Porque se endulza el tallo de las
[ramas.
LAVANDERA 1ª—
Y las tiendas del viento cubren a
[las montañas.

LAVANDERA 6ª—(Apareciendo en lo
alto del torrente.)
Para que un niño funda
yertos vidrios del alba.

LAVANDERA 1ª—
Y nuestro cuerpo tiene
ramas furiosas de coral.

LAVANDERA 6ª—
Para que haya remeros
en las aguas del mar.

LAVANDERA 1ª—
Un niño pequeño, un niño.

LAVANDERA 2ª—
Y las palomas abren las alas y el
[pico.
LAVANDERA 3ª—
Un niño que gime, un hijo.

LAVANDERA 4ª—
Y los hombres avanzan
como ciervos heridos.

LAVANDERA 5ª—
¡Alegría, alegría, alegría,
del vientre redondo, bajo la camisa!

LAVANDERA 2ª—
¡Alegría, alegría, alegría,
ombligo, cáliz tierno de maravilla!

LAVANDERA 1ª—
¡Pero, ay de la casada seca!
¡Ay de la que tiene los pechos de
[arena!
LAVANDERA 3ª—
¡Que relumbre!

LAVANDERA 2ª—
¡Que corra!

LAVANDERA 5ª—
¡Que vuelva a relumbrar!

LAVANDERA 1ª—
¡Que cante!

LAVANDERA 2ª—
¡Que se esconda!

LAVANDERA 1ª—
Y que vuelva a cantar.

LAVANDERA 6ª—
La aurora que mi niño
lleva en el delantal.

LAVANDERA 2ª — *(Cantan todas a coro.)*
En el arroyo frío
lavo tu cinta.
Como un jazmín caliente
tienes la risa.
¡Ja, ja, ja!

(Mueven los paños con ritmo y los golpean.)

TELÓN

JUAN Y YERMA. YERMA SE VA
BUSCAR AGUA Y JUAN, PREOCUPADO,
SE VA BUSCANDOLA.

CUADRO SEGUNDO

(Casa de YERMA. *Atardece.* JUAN *está sentado. Las dos* CUÑADAS *de pie.)*

JUAN.—¿Dices que salió hace poco? *(La hermana mayor contesta con la cabeza.)* Debe de estar en la fuente. Pero ya sabéis que no me gusta que salga sola. *(Pausa.)* Puedes poner la mesa. *(Sale la hermana menor.)* Bien ganado tengo el pan que como. *(A su hermana.)* Ayer pasé un día duro. Estuve podando los manzanos y a la caída de la tarde me puse a pensar para qué pondría yo tanta ilusión en la faena si no puedo llevarme una manzana a la boca. Estoy harto. *(Se pasa la mano por la cara. Pausa.)* Ésa no viene... Una de vosotras debía salir con ella, porque para eso estáis aquí comiendo en mi mantel y bebiendo mi vino. Mi vida está en el campo, pero mi honra está aquí. Y mi honra es también la vuestra. *(La hermana inclina la cabeza.)* No lo tomes a mal.

(Entra YERMA *con dos cántaros. Queda parada en la puerta.)*

¿Vienes de la fuente?

YERMA.—Para tener agua fresca en la comida. *(Sale la otra hermana.)* ¿Cómo están las tierras?

JUAN.—Ayer estuve podando los árboles. *(*YERMA *deja los cántaros. Pausa.)*

YERMA.—¿Te quedarás?

JUAN.—He de cuidar el ganado. Tú sabes que esto es cosa del dueño.

YERMA.—Lo sé muy bien. No lo repitas.

JUAN.—Cada hombre tiene su vida.

YERMA.—Y cada mujer la suya. No te pido yo que te quedes. Aquí tengo todo lo que necesito. Tus hermanas me guardan bien. Pan tierno y requesón y cordero asado como yo aquí, y pasto lleno de rocío tus ganados en el monte. Creo que puedes vivir en paz.

JUAN.—Para vivir en paz se necesita estar tranquilo.

YERMA.—¿Y tú no estás?

JUAN.—No lo estoy.

YERMA.—Desvía la intención.

JUAN.—¿Es que no conoces mi modo de ser? Las ovejas en el redil y las mujeres en su casa. Tú sales demasiado. ¿No me has oído decir esto siempre?

YERMA.—Justo. Las mujeres dentro de sus casas. Cuando las casas no son tumbas. Cuando las sillas se rompen y las sábanas de hilo se gastan con el uso. Pero aquí no. Cada noche, cuando me acuesto, encuentro mi cama más nueva, más reluciente, como si estuviera recién traída de la ciudad.

JUAN.—Tú misma reconoces que llevo razón al quejarme. ¡Que tengo motivos para estar alerta!

YERMA.—Alerta ¿de qué? En nada te ofendo. Vivo sumisa a ti, y lo que sufro lo guardo pegado a mis carnes. Y cada día que pase será peor. Vamos a callarnos. Yo sabré llevar mi cruz como mejor pueda, pero no me preguntes nada. Si pudiera de pronto volverme vieja y tuviera la boca como una flor machacada, te podría sonreír y conllevar la vida contigo. Ahora, ahora déjame con mis clavos.

JUAN.—Hablas de una manera que

213

yo no te entiendo. No te privo de nada. Mando a los pueblos vecinos por las cosas que te gustan. Yo tengo mis defectos, pero quiero tener paz y sosiego contigo. Quiero dormir fuera y pensar que tú duermes también.

YERMA.—Pero yo no duermo, yo no puedo dormir.

JUAN.—¿Es que te falta algo? Dime. ¡Contesta!

YERMA.—*(Con intención y mirando fijamente al marido.)* Sí, me falta. *(Pausa.)*

JUAN.—Siempre lo mismo. Hace ya más de cinco años. Yo casi lo estoy olvidando.

YERMA.—Pero yo no soy tú. Los hombres tienen otra vida, los ganados, los árboles, las conversaciones; las mujeres no tenemos más que ésta de la cría y el cuidado de la cría.

JUAN.—Todo el mundo no es igual. ¿Por qué no te traes un hijo de tu hermano? Yo no me opongo.

YERMA.—No quiero cuidar hijos de otros. Me figuro que se me van a helar los brazos de tenerlos.

JUAN.—Con ese achaque vives alocada, sin pensar en lo que debías, y te empeñas en meter la cabeza por una roca.

YERMA.—Roca que es una infamia que sea roca, porque debía ser un canasto de flores y agua dulce.

JUAN.—Estando a tu lado no se siente más que inquietud, desasosiego. En último caso, debes resignarte.

YERMA.—Yo he venido a estas cuatro paredes para no resignarme. Cuando tenga la cabeza atada con un pañuelo para que no se me abra la boca, y las manos bien amarradas dentro del ataúd, en esa hora me habré resignado.

JUAN.—Entonces, ¿qué quieres hacer?

YERMA.—Quiero beber agua y no hay vaso ni agua, quiero subir al monte y no tengo pies, quiero bordar mis enaguas y no encuentro los hilos.

JUAN.—Lo que pasa es que no eres una mujer verdadera y buscas la ruina de un hombre sin voluntad.

YERMA.—Yo no sé quién soy. Déjame andar y desahogarme. En nada te he faltado.

JUAN.—No me gusta que la gente me señale. Por eso quiero ver cerrada esa puerta y cada persona en su casa.

(Sale la HERMANA PRIMERA lentamente y se acerca a una alacena.)

YERMA.—Hablar con la gente no es pecado.

JUAN.—Pero puede parecerlo.

(Sale la otra hermana y se dirige a los cántaros en los cuales llena una jarra.)

JUAN.—*(Bajando la voz.)* Yo no tengo fuerzas para estas cosas. Cuando te den conversación cierra la boca y piensa que eres una mujer casada.

YERMA.—*(Con asombro.)* ¡Casada!

JUAN.—Y que las familias tienen honra y la honra es una carga que se lleva entre dos. *(Sale la hermana con la jarra, lentamente.)* Pero que está oscura y débil en los mismos caños de la sangre. *(Sale la otra hermana con una fuente de modo casi procesional. Pausa.)* Perdóname. (YERMA *mira a su marido, éste levanta la cabeza y se tropieza con la mirada.)* Aunque me miras de un modo que no me debía decirte: perdóname, sino obligarte, encerrarte, porque para eso soy el marido.

(Aparecen las dos hermanas en la puerta.)

YERMA.—Te ruego que no hables. Deja quieta la cuestión. *(Pausa.)*

JUAN.—Vamos a comer. *(Entran las hermanas.)* ¿Me has oído?

YERMA.—*(Dulce.)* Come tú con tus hermanas. Yo no tengo hambre todavía.

Juan.—Lo que quieras. *(Entra.)*

Yerma.— *(Como soñando.)*
¡Ay, qué prado de pena!
¡Ay, qué puerta cerrada a la hermo-
[sura!,
que pido un hijo que sufrir, y el aire
me ofrece dalias de dormida luna.
Estos dos manantiales que yo tengo
de leche tibia, son en la espesura
de mi carne dos pulsos de caballo
que hacen latir la rama de mi an-
[gustia.
¡Ay, pechos ciegos bajo mi vestido!
¡Ay, palomas sin ojos ni blancura!
¡Ay, qué dolor de sangre prisionera
me está clavando avispas en la
[nuca!
Pero tú has de venir, amor, mi niño,
porque el agua da sal, la tierra
[fruta,
y nuestro vientre guarda tiernos hi-
[jos,
como la nube lleva dulce lluvia.
(Mira hacia la puerta.) ¡María!
¿Por qué pasas tan de prisa por
mi puerta?

María.— *(Entra con un niño en bra-
zos.)* Cuando voy con el niño lo
hago..., ¡como siempre lloras!

Yerma.—Tienes razón. *(Coge al
niño y se sienta.)*

María.—Me da tristeza que tengas
envidia.

Yerma.—No es envidia lo que ten-
go; es pobreza.

María.—No te quejes.

Yerma.—¡Cómo no me voy a que-
jar cuando te veo a ti y a otras
mujeres llenas por dentro de flo-
res, y viéndome yo inútil en me-
dio de tanta hermosura!

María.—Pero tienes otras cosas. Si
me oyeras podrías ser feliz.

Yerma.—La mujer de campo que
no da hijos es inútil como un ma-
nojo de espinos, y hasta mala, a
pesar de que yo sea de este dese-
cho dejado de la mano de Dios.
*(María hace un gesto para tomar
al niño.)*

Yerma.—Tómalo, contigo está más
a gusto. Yo no debo tener manos
de madre.

María.—¿Por qué me dices eso?

Yerma.— *(Se levanta.)* Porque es-
toy harta. Porque estoy harta de
tenerlas y no poderlas usar en
cosa propia. Que estoy ofendida,
ofendida y rebajada hasta lo úl-
timo, viendo que los trigos apun-
tan, que las fuentes no cesan de
dar agua y que paren las ovejas
cientos de corderos, y las perras,
y que parece que todo el campo
puesto de pie me enseña sus crías
tiernas, adormiladas, mientras yo
siento dos golpes de martillo aquí,
en lugar de la boca de mi niño.

María.—No me gusta lo que dices.

Yerma.—Las mujeres cuando te-
néis hijos no podéis pensar en las
que no los tenemos. Os quedáis
frescas, ignorantes, como el que
nada en agua dulce y no tiene
idea de la sed.

María.—No te quiero decir lo que
te digo siempre.

Yerma.—Cada vez tengo más de-
seos y menos esperanzas.

María.—Mala cosa.

Yerma.—Acabaré creyendo que yo
misma soy mi hijo. Muchas veces
bajo yo a echar la comida a los
bueyes, que antes no lo hacía,
porque ninguna mujer lo hace, y
cuando paso por lo oscuro del
cobertizo mis pasos me suenan a
pasos de hombre.

María.—Cada criatura tiene su ra-
zón.

Yerma.—A pesar de todo sigue
queriéndome. ¡Ya ves cómo vivo!

María.—¿Y tus cuñadas?

Yerma.—Muerta me vea y sin mor-
taja, si alguna vez les dirijo la
conversación.

María.—¿Y tu marido?

Yerma.—Son tres contra mí.

María.—¿Qué piensan?

Yerma. — Figuraciones. De gente
que no tiene la conciencia tran-
quila. Creen que me puede gustar
otro hombre y no saben que aun-
que me gustara, lo primero de mi
casta es la honradez. Son piedras
delante de mí. Pero ellos no sa-
ben que yo, si quiero, puedo ser
agua de arroyo que las lleve.

*(Una hermana entra y sale lle-
vando un pan.)*

MARÍA. — De todas maneras, creo
que tu marido te sigue queriendo.

YERMA.—Mi marido me da pan y
casa.

MARÍA.—¡Qué trabajos estás pasan-
do, qué trabajos! Pero acuérda-
te de las llagas de Nuestro Se-
ñor. *(Están en la puerta.)*

YERMA.—*(Mirando al niño.)* Ya ha
despertado.

MARÍA.—Dentro de poco empeza-
rá a cantar.·

YERMA.—Los mismos ojos que tú,
¿lo sabías? ¿Los has visto? *(Llo-
rando.)* ¡Tiene los mismos ojos
que tienes tú!
*(*YERMA *empuja suavemente a* MA-
RÍA *y ésta sale silenciosa.* YER-
MA *se dirige a la puerta por don-
de entró su marido.)*

MUCHACHA 2ª—Chiss.

YERMA.—*(Volviéndose.)* ¿Qué?

MUCHACHA 2ª—Esperé a que salie-
ra. Mi madre te está aguardando.

YERMA.—¿Está sola?

MUCHACHA 2ª—Con dos vecinas.

YERMA.—Dile que espere un poco.

MUCHACHA 2ª—¿Pero vas a ir?
¿No te da miedo?

YERMA.—Voy a ir.

MUCHACHA 2ª—¡Allá tú!·

YERMA.—¡Que me esperen aunque
sea tarde! *(Entra* VÍCTOR.*)*

VÍCTOR.—¿Está Juan?

YERMA.—Sí.

MUCHACHA 2ª. — *(Cómplice.)* En-
tonces, luego, yo traeré la blusa.

YERMA.—Cuando quieras. *(Sale la*
MUCHACHA.*)* Siéntate.

VÍCTOR.—Estoy bien así.

YERMA.—*(Llamando.)* ¡Juan!

VÍCTOR.—Vengo a despedirme. *(Se
estremece ligeramente, pero vuel-
ve a su serenidad.)*

YERMA.—¿Te vas con tus herma-
nos?

VÍCTOR.—Así lo quiere mi padre.

YERMA.—Ya debe estar viejo.

VÍCTOR.—Sí. Muy viejo. *(Pausa.)*

YERMA.—Haces bien de cambiar de
campos.

VÍCTOR. — Todos los campos son
iguales.

YERMA.—No. Yo me iría muy lejos.

VÍCTOR.—Es todo lo mismo. Las
mismas ovejas tienen la misma
lana.

YERMA.—Para los hombres, sí; pe-
ro las mujeres somos otra cosa.
Nunca oí decir a un hombre co-
miendo: qué buenas son estas
manzanas. Vais a lo vuestro sin
reparar en las delicadezas. De mí
sé decir que he aborrecido el agua
de estos pozos.

VÍCTOR.—Puede ser. *(La escena está
en una suave penumbra.)*

YERMA.—Víctor.

VÍCTOR.—Dime.

YERMA.—¿Por qué te vas? Aquí las
gentes te quieren.

VÍCTOR.—Yo me porté bien. *(Pau-
sa.)*

YERMA.—Te portaste bien. Siendo
zagalón me llevaste una vez en
brazos, ¿no recuerdas? Nunca se
sabe lo que va a pasar.

VÍCTOR.—Todo cambia.

YERMA. — Algunas cosas no cam-
bian. Hay cosas encerradas de-
trás de los muros que no pueden
cambiar porque nadie las oye.

VÍCTOR.—Así es. *(Aparece la* HER-
MANA SEGUNDA *y se dirige lenta-
mente hacia la puerta, donde que-
da fija, iluminada por la última
luz de la tarde.)*

YERMA.—Pero que si salieran de
pronto y gritaran, llenarían el
mundo.

VÍCTOR.—No se adelantaría nada.
La acequia por su sitio, el reba-
ño en el redil, la luna en el cie-
lo y el hombre con su arado.

YERMA. — ¡Qué pena más grande
no poder sentir las enseñanzas
de los viejos! *(Se oye el sonido
largo y melancólico de las cara-
colas de los pastores.)*

VÍCTOR.—Los rebaños.

JUAN.—*(Sale.)* ¿Vas ya de camino?

VÍCTOR.—Y quiero pasar el puerto
antes del amanecer.

JUAN.—¿Llevas alguna queja de mí?

VÍCTOR.—No. Fuiste buen pagador.

JUAN.—*(A* YERMA.*)* Le compré los rebaños.

YERMA.—¿Sí?

VÍCTOR.—*(A* YERMA.*)* Tuyos son.

YERMA.—No lo sabía.

JUAN.—*(Safisfecho.)* Así es.

VÍCTOR.—Tu marido ha de ver su hacienda colmada.

YERMA.—El fruto viene a las manos del trabajador que lo busca. *(La hermana que está en la puerta entra dentro.)*

JUAN.—Ya no tenemos sitio donde meter tantas ovejas.

YERMA. — *(Sombría.)* La tierra es grande. *(Pausa.)*

JUAN.—Iremos juntos hasta el arroyo.

VÍCTOR.—Deseo la mayor felicidad para esta casa. *(Le da la mano a* YERMA.*)*

YERMA. — ¡Dios te oiga! ¡Salud!

*(*VÍCTOR *le da salida y, a un movimiento imperceptible de* YERMA, *se vuelve.)*

VÍCTOR.—¿Decías algo?

YERMA.—*(Dramática.)* Salud, dije.

VÍCTOR. — Gracias. *(Salen.* YERMA *queda angustiada mirándose la mano que ha dado a* VÍCTOR. YERMA *se dirige rápidamente hacia la izquierda y toma un mantón.)*

MUCHACHA 2ª—Vamos. *(En silencio, tapándole la cabeza.)*

YERMA. — Vamos. *(Salen sigilosamente.)*

(La escena está casi a oscuras. Sale la HERMANA PRIMERA *con un velón que no debe dar al teatro luz ninguna sino la natural que lleva. Se dirige al fin de la escena, buscando a* YERMA. *Suenan las caracolas de los rebaños.)*

CUÑADA 1ª—*(En voz baja.)* ¡Yerma!

(Sale la HERMANA SEGUNDA. *Se miran las dos y se dirigen hacia la puerta.)*

CUÑADA 2ª—*(Más alto.)* ¡Yerma!

CUÑADA 1ª—*(Dirigiéndose a la puerta y con una imperiosa voz.)* ¡Yerma!

(Se oyen las caracolas y los cuernos de los pastores. La escena está oscurísima.)

TELÓN

ACTO TERCERO

CUADRO PRIMERO

(Casa de la DOLORES *la conjuradora. Está amaneciendo. Entra* YERMA *con* DOLORES *y dos* VIEJAS.*)*

DOLORES.—Has estado valiente.

VIEJA 1ª.—No hay en el mundo fuerza como la del deseo.

VIEJA 2ª.—Pero el cementerio estaba demasiado oscuro.

DOLORES.—Muchas veces yo he hecho estas oraciones en el cementerio con mujeres que ansiaban críos y todas han pasado miedo. Todas menos tú.

YERMA.—Yo he venido por el resultado. Creo que no eres mujer engañadora.

DOLORES.—No soy. Que mi lengua se llene de hormigas, como está la boca de los muertos, si alguna vez he mentido. La última vez hice la oración con una mujer mendicante que estaba seca más tiempo que tú, y se le endulzó el vientre de manera tan hermosa que tuvo dos criaturas ahí abajo en el río, porque no le daba tiempo de llegar a las casas, y ella misma las trajo en un pañal para que yo las arreglase.

YERMA.—¿Y pudo venir andando desde el río?

DOLORES.—Vino. Con los zapatos y las enaguas empapados de sangre... pero con la cara reluciente.

YERMA.—¿Y no le pasó nada?

DOLORES.—¿Qué le iba a pasar? Dios es Dios.

YERMA. — Naturalmente. Dios es Dios. No le podía pasar nada. Sino agarrar las criaturas y lavarlas con agua viva. Los animales los lamen, ¿verdad? A mí no me da asco de mi hijo. Yo tengo la idea de que las recién paridas están como iluminadas por dentro y los niños se duermen horas y horas sobre ellas, oyendo ese arroyo de leche tibia que les va llenando los pechos para que ellos mamen, para que ellos jueguen hasta que no quieran más, hasta que retiren la cabeza: "otro poquito más, niño..." y se les llene la cara y el pecho de gotas blancas.

DOLORES.—Ahora tendrás un hijo. Te lo puedo asegurar.

YERMA.—Lo tendré porque lo tengo que tener. O no entiendo el mundo. A veces, cuando ya estoy segura de que jamás, jamás..., me sube como una oleada de fuego por los pies y se me quedan vacías todas las cosas, y los hombres que andan por la calle y los toros y las piedras me parecen como cosas de algodón. Y me pregunto: ¿para qué estarán ahí puestos?

VIEJA 1ª—Está bien que una casada quiera hijos, pero si no los tiene, ¿por qué esa ansia de ellos? Lo importante de este mundo es dejarse llevar por los años. No te critico. Ya has visto cómo he ayudado a los rezos. Pero, ¿qué vega esperas dar a tu hijo ni qué felicidad, ni qué silla de plata?

YERMA.—Yo no pienso en el mañana, pienso en el hoy. Tú estás vieja y lo ves ya todo como un libro leído. Yo pienso que tengo sed y no tengo libertad. Yo quiero tener a mi hijo en los brazos para dormir tranquila, y óyelo bien y no te espantes de lo que digo: aunque yo supiera que mi hijo me iba a martirizar después y me iba a odiar y me iba a llevar de los cabellos por las calles, recibiría con gozo su nacimiento, porque es mucho mejor llorar por un hombre vivo que nos apuñala, que llorar por este fantasma sentado año tras año encima de mi corazón.

VIEJA 1ª—Eres demasiado joven para oír consejo. Pero mientras esperas la gracia de Dios debes ampararte en el amor de tu marido.

YERMA.—¡Ay! Has puesto el dedo en la llaga más honda que tienen mis carnes.

DOLORES.—Tu marido es bueno.

YERMA. — (Se levanta.) ¡Es bueno! ¡Es bueno! ¿Y qué? Ojalá fuera malo. Pero no. Él va con sus ovejas por sus caminos y cuenta el dinero por las noches. Cuando me cubre cumple con su deber, pero yo le noto la cintura fría como si tuviera el cuerpo muerto y yo, que siempre he tenido asco de las mujeres calientes, quisiera ser en aquel instante como una montaña de fuego.

DOLORES.—¡Yerma!

YERMA.—No soy una casada indecente; pero yo sé que los hijos nacen del hombre y de la mujer. ¡Ay, si los pudiera tener yo sola!

DOLORES. — Piensa que tu marido también sufre.

YERMA.—No sufre. Lo que pasa es que él no ansía hijos.

VIEJA 1ª—¡No digas eso!

YERMA.—Se lo conozco en la mirada, y como no los ansía no me los da. No lo quiero, no lo quiero y, sin embargo, es mi única salvación. Por honra y por casta. Mi única salvación.

VIEJA 1ª — (Con miedo.) Pronto empezará a amanecer. Debes ir a tu casa.

DOLORES.—Antes de nada saldrán los rebaños y no conviene que te vean sola.

YERMA.—Necesitaba este desahogo. ¿Cuántas veces repito las oraciones?

DOLORES.—La oración del laurel dos veces, y al mediodía la oración de Santa Ana. Cuando te sientas encinta me traes la fanega de trigo que me has prometido.

VIEJA 1ª—Por encima de los montes ya empieza a clarear. Vete.

DOLORES.—Como en seguida empezarán a abrir los portones, te vas dando un rodeo por la acequia.

YERMA.—(Con desaliento.) ¡No sé por qué he venido!

DOLORES.—¿Te arrepientes?

YERMA.—¡No!

DOLORES. — (Turbada.) Si tienes miedo te acompañaré hasta la esquina.

VIEJA 1ª—(Con inquietud.) Van a ser las claras del día cuando llegues a tu puerta. (Se oyen voces.)

DOLORES.—¡Calla! (Escuchan.)

VIEJA 1ª—No es nadie. Anda con Dios. (YERMA se dirige a la puerta y en este momento llaman a ella. Las tres mujeres quedan paradas.)

DOLORES.—¿Quién es?

VOZ.—Soy yo.

YERMA.—Abre. (DOLORES duda.) ¿Abres o no?

(Se oyen murmullos. Aparece JUAN con las dos CUÑADAS.)

CUÑADA 2ª—Aquí está.

YERMA.—Aquí estoy.

JUAN.—¿Qué haces en este sitio? Si pudiera dar voces levantaría a todo el pueblo para que viera dónde iba la honra de mi casa; pero he de ahogarlo todo y callarme porque eres mi mujer.

YERMA.—Si pudiera dar voces también las daría yo para que se levantaran hasta los muertos y vieran esta limpieza que me cubre.

JUAN. — ¡No, eso no! Todo lo

aguanto menos eso. Me engañas, me envuelves y como soy un hombre que trabaja la tierra no tengo ideas para tus astucias.

DOLORES.—¡Juan!

JUAN.—¡Vosotras, ni palabra!

DOLORES.—*(Fuerte.)* Tu mujer no ha hecho nada malo.

JUAN.—Lo está haciendo desde el mismo día de la boda. Mirándome con dos agujas, pasando las noches en vela con los ojos abiertos al lado mío, y llenando de malos suspiros mis almohadas.

YERMA.—¡Cállate!

JUAN.—Y yo no puedo más. Porque se necesita ser de bronce para ver a tu lado una mujer que te quiere meter los dedos dentro del corazón y que se sale de noche fuera de su casa, ¿en busca de qué? ¡Dime!, ¿buscando qué? Las calles están llenas de machos. En las calles no hay flores que cortar.

YERMA.—No te dejo hablar ni una sola palabra. Ni una más. Te figuras tú y tu gente que sois vosotros los únicos que guardáis honra, y no sabes que mi casta no ha tenido nunca nada que ocultar. Anda. Acércate a mí y huele mis vestidos: ¡acércate! A ver dónde encuentras un olor que no sea tuyo, que no sea de tu cuerpo. Me pones desnuda en mitad de la plaza y me escupes. Haz conmigo lo que quieras, que soy tu mujer, pero guárdate de poner nombre de varón sobre mis pechos.

JUAN.—No soy yo quien lo pone, lo pones tú con tu conducta y el pueblo lo empieza a decir. Lo empieza a decir claramente. Cuando llego a un corro, todos callan; cuando voy a pesar la harina, todos callan y hasta de noche, en el campo, cuando despierto me parece que también se callan las ramas de los árboles.

YERMA.—Yo no sé por qué empiezan los malos aires que revuelcan al trigo; ¡y mira tú si el trigo es bueno!

JUAN.—Ni yo sé lo que busca una mujer a todas horas fuera de su tejado.

YERMA.—*(En un arranque y abrazándose a su marido.)* Te busco a ti Te busco a ti, es a ti a quien busco día y noche sin encontrar sombra donde respirar. Es tu sangre y tu amparo lo que deseo.

JUAN.—Apártate.

YERMA.—No me apartes y quiere conmigo.

JUAN.—¡Quita!

YERMA.—Mira que me quedo sola. Como si la luna se buscara ella misma por el cielo. ¡Mírame! *(Lo mira.)*

JUAN.—*(La mira y la aparta bruscamente.)* ¡Déjame ya de una vez!

DOLORES.—¡Juan! (YERMA *cae al suelo.)*

YERMA.—*(Alto.)* Cuando salía por mis claveles me tropecé con el muro. ¡Ay! ¡Ay! Es en ese muro donde tengo que estrellar mi cabeza.

JUAN.—Calla. Vamos.

DOLORES.—¡Dios mío!

YERMA. — *(A gritos.)* Maldito sea mi padre que me dejó su sangre de padre de cien hijos. Maldita sea mi sangre que los busca golpeando por las paredes.

JUAN.—¡Calla he dicho!

DOLORES. — ¡Viene gente! Habla bajo.

YERMA.—No me importa. Dejarme libre siquiera la voz, ahora que voy entrando en lo más oscuro del pozo. *(Se levanta.)* Dejar que de mi cuerpo salga siquiera esta cosa hermosa y que llene el aire.

(Se oyen voces.)

DOLORES.—Van a pasar por aquí.

JUAN.—Silencio.

YERMA.—¡Eso! ¡Eso! Silencio. Descuida.

JUAN.—Vamos. ¡Pronto!

YERMA.—¡Ya está! ¡Ya está! ¡Y es inútil que me retuerza las manos! Una cosa es querer con la cabeza...

JUAN.—Calla.

Yerma.—*(Bajo.)* Una cosa es querer con la cabeza y otra cosa es que el cuerpo, ¡maldito sea el cuerpo!, no nos responda. Está escrito y no me voy a poner a luchar a brazo partido con los mares. ¡Ya está! ¡Que mi boca se quede muda! *(Sale.)*

TELÓN RÁPIDO

CUADRO SEGUNDO

(Alrededores de una ermita, en plena montaña. En primer término, unas ruedas de carro y unas mantas formando una tienda rústica donde está YERMA. *Entran las mujeres con ofrendas a la ermita. Vienen descalzas. En escena está la vieja alegre del primer acto.)*

(Canto a telón corrido.)

> No te pude ver
> cuando eras soltera,
> mas de casada
> te encontraré.
> Te desnudaré
> casada y romera,
> cuando en lo oscuro
> las doce den.

VIEJA.—*(Con sorna.)* ¿Habéis bebido ya el agua santa?

MUJER 1ª—Sí.

VIEJA.—Y ahora a ver a ése.

MUJER 1ª—Creemos en él.

VIEJA.—Venís a pedir hijos al Santo y resulta que cada año vienen más hombres solos a esta romería; ¿qué es lo que pasa? *(Ríe.)*

MUJER 1ª—¿A qué vienes aquí si no crees?

VIEJA.—A ver Yo me vuelvo loca por ver. Y a cuidar de mi hijo. El año pasado se mataron dos por una casada seca y quiero vigilar. Y en último caso, vengo poque me da la gana.

MUJER 1ª—¡Que Dios te perdone! *(Entran.)*

VIEJA.—*(Con sarcasmo.)* Que te perdone a ti. *(Se va. Entra* MARÍA *con la* MUCHACHA 1ª*)*

MUCHACHA 1ª—¿Y ha venido?

MARÍA.—Ahí tienes el carro. Me costó mucho que vinieran. Ella ha estado un mes sin levantarse de la silla. Le tengo miedo. Tiene una idea que no sé cuál es, pero desde luego es una idea mala.

MUCHACHA 1ª—Yo llegué con mi hermana. Lleva ocho años viniendo sin resultado.

MARÍA.—Tiene hijos la que los tiene que tener.

MUCHACHA 1ª—Es lo que yo digo. *(Se oyen voces.)*

MARÍA.—Nunca me gustó esta romería. Vamos a las eras, que es donde está la gente.

MUCHACHA 1ª — El año pasado, cuando se hizo oscuro, unos mozos atenazaron con sus manos los pechos de mi hermana.

MARÍA.—En cuatro leguas a la redonda no se oyen más que palabras terribles.

MUCHACHA 1ª — Más de cuarenta toneles de vino he visto en las espaldas de la ermita.

MARÍA.—Un río de hombres solos baja esas sierras.

(Salen. Se oyen voces. Entra YERMA *con seis mujeres que van a la iglesia. Van descalzas y llevan cirios rizados. Empieza el anochecer.)*

MARÍA.—
> Señor, que florezca la rosa,
> no me la dejéis en sombra.

MUJER 2ª—
> Sobre su carne marchita
> florezca la rosa amarilla.

MARÍA.—
> Y en el vientre de tus siervas
> la llama oscura de la tierra.

CORO DE MUJERES.—
    Señor, que florezca la rosa,
    no me la dejéis en sombra.

(Se arrodillan.)

YERMA.—
    El cielo tiene jardines
    con rosales de alegría,
    entre rosal y rosal
    la rosa de maravilla.
    Rayo de aurora parece,
    y un arcángel la vigila,
    las alas como tormentas,
    los ojos como agonías.
    Alrededor de sus hojas
    arroyos de leche tibia
    juegan y mojan la cara
    de las estrellas tranquilas.
    Señor, abre tu rosal
    sobre mi carne marchita.

(Se levantan.)

MUJER 2ª
    Señor, calma con tu mano
    las ascuas de su mejilla.

YERMA.—
    Escucha a la penitente
    de tu santa romería.
    Abre tu rosa en mi carne
    aunque tenga mil espinas.

CORO.—
    Señor, que florezca la rosa,
    no me la dejéis en sombra.

YERMA.—
    Sobre mi carne marchita
    la rosa de maravilla.

(Entran.)

(Salen muchachas corriendo, con largas cintas en las manos, por la izquierda. Por la derecha, otras tres mirando hacia atrás. Hay en la escena como un crescendo de voces y de ruidos de cascabeles y colleras de campanilleros. En un plano superior aparecen las siete muchachas que agitan las cintas hacia la izquierda. Crece el ruido y entran dos máscaras populares. Una como macho y otra como hembra. Llevan grandes caretas. El macho empuña un cuerno de toro en la mano. No son grotescas de ningún modo, sino de gran belleza y con un sentido de pura tierra. La hembra agita un collar de grandes cascabeles. El fondo se llena de gente que grita y comenta la danza. Está muy anochecido.)

NIÑOS.—¡El demonio y su mujer!
    ¡El demonio y su mujer!

HEMBRA.—
    En el río de la sierra
    la esposa triste se bañaba.
    Por el cuerpo le subían
    los caracoles del agua.
    La arena de las orillas
    y el aire de la mañana
    le daban fuego a su risa
    y temblor a sus espaldas.
    ¡Ay, qué desnuda estaba
    la doncella en el agua!

NIÑO.—
    ¡Ay, cómo se quejaba!

HOMBRE 1º—
    ¡Ay, marchita de amores
    con el viento y el agua!

HOMBRE 2º—
    ¡Que diga a quién espera!

HOMBRE 1º—
    ¡Que diga a quién aguarda!

HOMBRE 2º—
    ¡Ay, con el vientre seco
    y la color quebrada!

HEMBRA.—
    Cuando llegue la noche lo diré,
    cuando llegue la noche clara.
    Cuando llegue la noche de la rome-
                                    [ría
    rasgaré los volantes de mi enagua.

NIÑO.—
    Y en seguida vino la noche.
    ¡Ay, que la noche llegaba!
    Mirad qué oscuro se pone
    el chorro de la montaña.

(Empiezan a sonar unas guitarras.)

MACHO.—*(Se levanta y agita el cuerno.)*
¡Ay, qué blanca
la triste casada!
¡Ay, cómo se queja entre las ramas!
Amapola y clavel será luego
cuando el macho despliegue su capa.

(Se acerca.)

Si tú vienes a la romería
a pedir que tu vientre se abra,
no te pongas un velo de luto
sino dulce camisa de holanda.
Vete sola detrás de los muros
donde están las higueras cerradas
y soporta mi cuerpo de tierra
hasta el blanco gemido del alba.
¡Ay, cómo relumbra!
¡Ay, cómo relumbra,
ay, cómo se cimbrea la casada!

HEMBRA.—
Ay, que el amor le pone
coronas y guirnaldas,
y dardos de oro vivo
en su pecho se clavan.

MACHO.—
Siete veces gemía,
nueve se levantaba,
quince veces juntaron
jazmines con naranjas.

HOMBRE 3º—
¡Dale ya con el cuerno!

HOMBRE 2º—
¡Con la rosa y la danza!

HOMBRE 1º—
¡Ay, cómo se cimbrea la casada!

MACHO.—
En esta romería
el varón siempre manda.
Los maridos son toros.
El varón siempre manda.
¡Dale ya con la rama!
Y las romeras flores
para aquel que las gana.

NIÑO.—
¡Dale ya con el aire!

HOMBRE 2º—
¡Dale ya con la rama!

MACHO.—
¡Venid a ver la lumbre
de la que se bañaba!

HOMBRE 1º—
Como junco se curva.

HEMBRA.—
Y como flor se cansa.

HOMBRES.—
¡Que se aparten las niñas!

MACHO.—
Que se queme la danza
y el cuerpo reluciente
de la linda casada.

(Se van bailando con son de palmas y sonrisas. Cantan.)

El cielo tiene jardines
con rosales de alegría,
entre rosal y rosal
la rosa de maravilla.

(Vuelven a pasar dos muchachas gritando. Entra la VIEJA *alegre.)*

VIEJA.—A ver si luego nos dejáis dormir. Pero luego será ella. *(Entra* YERMA.*)* ¡Tú! *(*YERMA *está abatida y no habla.)* Dime, ¿para qué has venido?
YERMA.—No sé.
VIEJA.—¿No te convences? ¿Y tu esposo? *(*YERMA *da muestras de cansancio y de persona a la que una idea fija le quiebra la cabeza.)*
YERMA.—Ahí está.
VIEJA.—¿Qué hace?
YERMA. — Bebe. *(Pausa. Llevándose las manos a la frente.)* ¡Ay!
VIEJA.—¡Ay, ay! Menos ¡ay! y más alma. Antes no he podido decirte nada, pero ahora sí.
YERMA.—¡Y qué me vas a decir que ya no sepa!
VIEJA.—Lo que ya no se puede callar. Lo que está puesto encima del tejado. La culpa es de tu ma-

rido. ¿Lo oyes? Me dejaría cortar las manos. Ni su padre, ni su abuelo, ni su bisabuelo, se portaron como hombres de casta. Para tener un hijo ha sido necesario que se junte el cielo con la tierra. Están hechos con saliva. En cambio, tu gente no. Tienes hermanos y primos a cien leguas a la redonda. Mira qué maldición ha venido a caer sobre tu hermosura.

YERMA.—Una maldición. Un charco de veneno sobre las espigas.

VIEJA.—Pero tú tienes pies para marcharte de tu casa.

YERMA.—¿Para marcharme?

VIEJA.—Cuando te vi en la romería me dio un vuelco el corazón. Aquí vienen las mujeres a conocer hombres nuevos. Y el Santo hace el milagro. Mi hijo está sentado detrás de la ermita esperándote. Mi casa necesita una mujer. Vete con él y viviremos los tres juntos. Mi hijo sí es de sangre. Como yo. Si entras en mi casa todavía queda olor de cunas. La ceniza de tu colcha se te volverá pan y sal para las crías. Anda. No te importe la gente. Y en cuanto a tu marido, hay en mi casa entrañas y herramientas para que no cruce siquiera la calle.

YERMA. –¡Calla, calla, si no es eso! Nunca lo haría. Yo no puedo ir a buscar. ¿Te figuras que puedo conocer otro hombre? ¿Dónde pones mi honra? El agua no se puede volver atrás ni la luna llena sale al mediodía. Vete. Por el camino que voy, seguiré. ¿Has pensado en serio que yo me pueda doblar a otro hombre? ¿Qué yo vaya a pedirle lo que es mío como una esclava? Conóceme, para que nunca me hables más. Yo no busco.

VIEJA. — Cuando se tiene sed, se agradece el agua.

YERMA.—Yo soy como un campo seco donde caben arando mil pares de bueyes y lo que tú me das es un pequeño vaso de agua de pozo. Lo mío es dolor que ya no está en las carnes.

VIEJA.—(Fuerte.) Pues sigue así. Por tu gusto es. Como los cardos del secano, pinchosa, marchita.

YERMA. — (Fuerte.) ¡Marchita, sí, ya lo sé! ¡Marchita! No es preciso que me lo refriegues por la boca. No vengas a solazarte como los niños pequeños en la agonía de un animalito. Desde que me casé estoy dándole vueltas a esta palabra, pero es la primera vez que la oigo, la primera vez que me la dicen en la cara. La primer vez que veo que es verdad.

VIEJA.—No me das ninguna lástima, ninguna. Yo buscaré otra mujer para mi hijo.

(Se va. Se oye un gran coro lejano cantando por los romeros. YERMA se dirige hacia el carro y aparece detrás del mismo su marido.)

YERMA.—¿Estabas ahí?

JUAN.—Estaba.

YERMA.—¿Acechando?

JUAN.—Acechando.

YERMA.—¿Y has oído?

JUAN.—Sí.

YERMA.—¿Y qué? Déjame y vete a los cantos. (Se sienta en las mantas.)

JUAN.—También es hora de que yo hable.

YERMA.—¡Habla!

JUAN.—Y que me queje.

YERMA.—¿Con qué motivos?

JUAN.—Que tengo el amargor en la garganta.

YERMA.—Y yo en los huesos.

JUAN.—Ha llegado el último minuto de resistir este continuo lamento por cosas oscuras, fuera de la vida, por cosas que están en el aire.

YERMA. — (Con asombro dramático.) ¿Fuera de la vida, dices? ¿En el aire, dices?

JUAN.—Por cosas que no han pasado y ni tú ni yo dirigimos.

YERMA. — (Violenta.) ¡Sigue! ¡Sigue!

JUAN.—Por cosas que a mí no me importan. ¿Lo oyes? Que a mí no me importan. Ya es necesario que te lo diga. A mí me importa lo que tengo entre las manos. Lo que veo por mis ojos.

YERMA.—(Incorporándose de rodillas, desesperada.) Así, así. Eso es lo que yo quería oír de tus labios. No se siente la verdad cuando está dentro de una misma, pero ¡qué grande y cómo grita cuando se pone fuera y levanta los brazos! ¡No te importa! ¡Ya lo he oído!

JUAN.—(Acercándose.) Piensa que tenía que pasar así. Óyeme. (La abraza para incorporarla.) Muchas mujeres serían felices de llevar tu vida. Sin hijos es la vida más dulce. Yo soy feliz no teniéndolos. No tenemos culpa ninguna.

YERMA.—¿Y qué buscabas en mí?

JUAN.—A ti misma.

YERMA.—(Excitada.) ¡Eso! Buscabas la casa, la tranquilidad y una mujer. Pero nada más. ¿Es verdad lo que digo?

JUAN.—Es verdad. Como todos.

YERMA.—¿Y lo demás? ¿Y tu hijo?

JUAN.—(Fuerte.) ¿No oyes que no me importa? ¡No me preguntes más! ¡Que te lo tengo que gritar al oído para que lo sepas, a ver si de una vez vives ya tranquila!

YERMA.—¿Y nunca has pensado en él cuando me has visto desearlo?

JUAN.—Nunca.
(Están los dos en el suelo.)

YERMA.—¿Y no podré esperarlo?

JUAN.—No.

YERMA.—¿Ni tú?

JUAN.—Ni yo tampoco. ¡Resígnate!

YERMA.—¡Marchita!

JUAN.—Y a vivir en paz. Uno y otro, con suavidad, con agrado. ¡Abrázame! (La abraza.)

YERMA.—¿Qué buscas?

JUAN.—A ti te busco. Con la luna estás hermosa.

YERMA.—Me buscas como cuando te quieres comer una paloma.

JUAN.—Bésame..., así.

YERMA.—Eso nunca, nunca. (YERMA da un grito y aprieta la garganta de su esposo. Éste cae hacia atrás. Le aprieta la garganta hasta matarle. Empieza el coro de la romería.) Marchita. Marchita, pero segura. Ahora sí que lo sé de cierto. Y sola. (Se levanta. Empieza a llegar gente.) Voy a descansar sin despertarme sobresaltada, para ver si la sangre me anuncia otra sangre nueva. Con el cuerpo seco para siempre. ¿Qué queréis saber? No os acerquéis, porque he matado a mi hijo, ¡yo misma he matado a mi hijo! (Acude un grupo que queda al fondo. Se oye el coro de la romería.)

TELÓN

FIN DE
«YERMA»

ÍNDICE

LIBRO DE POEMAS

POEMA DEL CANTE JONDO

POEMA DE LA SIGUIRIYA GITANA

POEMA DE LA SOLEÁ

ROMANCERO GITANO

POETA EN NUEVA YORK

ODAS

LLANTO POR IGNACIO SÁNCHEZ MEJÍAS

BODAS DE SANGRE

YERMA

Esta obra se acabó de imprimir
En el mes de septiembre del 2000 en los talleres de
PENAGOS, S.A. DE C.V.